U0785560

中国文字学会　主办

中国文字学报

第十一辑

中国文字学会《中国文字学报》编辑部　编

商務印書館
创于1897 The Commercial Press

图书在版编目(CIP)数据

中国文字学报.第11辑/中国文字学会《中国文字学报》编辑部编.—北京:商务印书馆,2021
ISBN 978-7-100-19326-9

Ⅰ.①中… Ⅱ.①中… Ⅲ.①汉字—文字学—丛刊
Ⅳ.①H12-55

中国版本图书馆CIP数据核字(2021)第005462号

权利保留,侵权必究。

ZHŌNGGUÓ WÉNZÌ XUÉBÀO
中国文字学报
第十一辑
中国文字学会《中国文字学报》编辑部 编

商务印书馆出版
(北京王府井大街36号 邮政编码100710)
商务印书馆发行
北京艺辉伊航图文有限公司印刷
ISBN 978-7-100-19326-9

2021年4月第1版 开本787×1092 1/16
2021年4月北京第1次印刷 印张16½

定价:80.00元

主　编　黄德宽

副主编　张涌泉　吴振武　王铁琨

顾　问　裘锡圭　李学勤　王　宁　曹先擢　傅永和

编　委　陈双新　陈伟武　程　荣　党怀兴　邓福禄

冯胜君　何华珍　黄德宽　黄天树　李国英

林志强　刘　钊　刘志基　沈　培　王　敏

王贵元　王铁琨　吴振武　徐在国　杨宝忠

喻遂生　张涌泉　赵平安　郑贤章　郑振峰

编　辑　徐在国　魏　励

目　录

审视新字形

陆 锡 兴

提要 20世纪60年代制定的新字形并不限于统一不同的印刷字形，其从俗、从简的规则，体现了简化字运动的延续。新字形办法在出版物内彻底消灭旧字形做法，不仅阻断了传统文字规范，而且给实际使用带来了困难。可以考虑学者建议，实行双轨制，新字形面向现代读者，附旧字形和新旧字形对照表；传统正字（包括其中旧字形）面向传统文献专业以及有关人士，不出新字形，不用对照表。合适时机面对新字形带来的消极因素，作出合理的调整，使回归单纯的统一字形宗旨。

关键词 新旧字形 双轨制 二元形体 古籍印刷通用字规范字形

新字形是什么？

字形是什么？字形从文字学角度来说就是字的形体，这一般是从结构上来理解的。它和字体相对应，字体是体式，一般是指各种书体，包括篆书、隶书、楷书、草书、行书、宋体、老宋体、仿宋体等等。新旧字形的字形是指什么呢？应该是印刷字形，正确含义是印刷用字模的体式，这是区别各个印刷体之间使用的专业技术语言。印刷字模的区别有老宋、新宋、仿宋、字号大小等，但是这不是字形问题。真正的印刷字形差异是在同类字模之间的差别。清代的活字采用匠体字，体式分方、长、扁三体，也有楷体字。此时宋体字采用正体之外，规范不甚严格，各个书坊之间存在差异。近代西洋铸字技术进入中国，适合大规模生产，促进读物传播。清代以来有香港字、美华字、美查字，20世纪初有商务字，其中美查字稍扁，排字省篇幅，但是不甚美观。各家印刷所字形来源不同，同一字有点画和部件写法上的细微差异。因此印刷宋体本身的确存在标准化问题，汉字字形整理便由此而起；20世纪60年代印刷字形标准化的成果为当时颁布的新旧字形方案。方案中的新字形及其以后引发的问题，是需要我们加以审视的。

新旧字形的设计背景是:(1)1955年2月,文化部、文字改革委员会联合发布《第一批异体字整理表》,共废除异体字1053个。20世纪50年代初开始的汉字简化工作轰轰烈烈地进行,1956年1月国务院全体会议第23次会议正式通过《汉字简化方案》,推出515个简化字,并有54个简化偏旁。1964年中国文字改革委员会编制《简化字总表》,515个单独简化字,1723个偏旁简化,共计2238个。(2)"二战"后,日本公布当用字表,限制字数,对形体作了简化。在这些背景下。1962年,文化部、中国文字改革委员会、教育部、中国科学院语言文字研究所共同组成了汉字字形整理组。1964年5月完成《印刷通用汉字字形表》,确定6196个规范字形。1965年1月由文化部、中国文字改革委员会联合发布,推向全国。新旧字形问世前,曾经在"内部"发出两本征求意见稿,方案没有在报刊上公开发表。笔者最早见到的《新旧字形对照举例》是在中华书局辞海编辑所1965年出版的《辞海》(未定稿)上;见到完整本《印刷通用汉字字形表》,则是在《文字改革》1983年、1984年分期连载的。尽管当时在"内部"印发了征求意见稿,但是发布范围小,关心的人少,而且当时已经很少会有人提出意见了。

新字形整理工作的原则是"以便于学习和使用"为目的,坚持从简、从俗,不拘泥于从古、从正(历代正字法规定的正体),按照合理化、系统化的要求,对6196个通用汉字在印刷物中已经存在的一字多形现象进行全面整理。具体办法有:(1)同一宋体字有不同笔画或不同结构的,选择便于辨认、便于书写的形体。这项标准的具体化,首要的一点就是字形结构和笔势都要尽可能服从横写的要求。(2)同一个宋体和手写楷体笔画结构不同的,宋体尽可能接近手写楷体,使阅读和书写的字形统一起来。(3)不拘泥文字学传统,而是从现代汉字书写和阅读的实际需要出发。三项办法中还包含有一些具体细则,如:第一点内,同一字有上下、左右结构的,取左右;部分左右结构的包孕式,改为非包孕式;改变部分不便横写的笔画。第三点内,尽量减少折笔,减少可有可无的笔画,精简、合并部件,适当按音分化字形。[①] 值得注意的是,新字形实际做法名实不符,它并不只是统一印刷宋体,不是简单地在原有基础上统一字形,而是提出了从简、从俗、"便于书写"、甚至要服从横写的要求,这远远超出了印刷字形的范围,实际是一次汉字形体的全面整理,是一次不叫简化字的简化字运动。

---

① 费锦昌:《字形规范化的必要性和基本原则》,《文字改革》1983年第1期,第13到14页。

正体与俗体二元制

印刷体不是印刷术出现而自然产生的。从唐宋以来，汉字印刷在相当长的历史时期是用手写体刻板，手写体随意性也比较大，难以取得字形的规范性地位。宋、元、明的有些书坊刻本，刻售的戏曲小说，为了节省工时，降低成本，喜欢采用草书等简体俗字，它接近手写体。在官方的干预下，在明代中叶逐步形成区别于手写体的匠体，后称作宋体。字形特征是横平竖直，横细直粗，无论笔画和结构都比较一致。匠体字发展的重要时期也正是清代文字学发达的时期，这给匠体字的形成提供了理论支撑，创造了有利的社会环境；所以匠体是古代刻字工匠和学者的合作成果。匠体以《说文》说解为构形基础，遵循宋代定型的隶变楷字结构，既有字学的科学性，又不泥古，这不仅是合理的印刷字形，同时也是字形标准化的进步措施。匠体的产生，作为印刷标准字体，与手头书写体式保持距离，形成了印刷、手写双轨平行的二元形体制度。印刷宋体的保持经典性，起到稳定形体的规范的作用。同时，手写体为了方便书写，还以一定的自由度获得了日常的便利和个性书写的空间，这种二元文字体式的合理性决定了实用价值。明白了这点，就可以知道印刷宋体与手写体两者之间的职责各有不同，这种各负其责是文字形体发展历史上的重要一步。

手写体处在一个流动状态，随着时间的推移不断地变化。手写体内容复杂，有草书、楷书和介于两者之间的行书。手写体并不都是社会下层用的字，也包括士大夫随意的、杂有行草的手写体，后人也称作手头字。版刻俗字近于手写体，为了书刻的便利快捷，自然而然地采用一些草书写法，如省略笔画、部件，简化结构，笔画结构之间连起来书写等。它的变化多端，比如同一个字有多种写法，同一个部件在不同的字内有多种变化，其最大的特点是字形的减省。世俗通俗文字，如平话、唱本等坊刻印刷物中省体、破体泛滥，民国时期收集的《宋元以来俗字谱》中的俗字仅为一部分。但是匠体字为特征的传统正字的存在，手头字、俗体字并不能妨碍正体字的经典性，不能进入字典、官方、知识阶层的印刷品。

后人把宋元俗字看作伟大发现，是由于不了解正、俗二元体制，忽视了它的消极因素。新字形和简体字都采用了手写体，把不同平面的字体合并到一个平面上。手写体一旦进入规范的印刷体，改变了原来状态，与正体字同列，就是异体关系了。如“奂”字原来是“奐”字的民间版刻简俗字，但是把它纳入印刷体当做“新字形”了，自然与传统正字“奐”字形成了对应关系。改称为新、旧字形，也不能否认两者关系，不能消灭对应的字形。

新旧字形整理工作中强调宋体和手写体的统一。1965年公布《印刷通用汉字表》规定："为了使汉字印刷体的字形趋于统一，笔画结构力求与手写楷书一致，以减少初学者阅读和书写的困难。""同一个字宋体和手写楷书笔画结构不同的，宋体尽可能接近手写楷书。"①

新字形做法忽视印刷宋体和手写体的二元机制，要求两者合一；所以有人认为，不如废除宋体字，回到匠体和手写体不分的唐宋时代。比如有人说："我们认为不能根据宋体字来改造手写体，而要手写体来改造印刷体，也就是要首先废除宋体字。"②这其实是主张走倒退的道路。因为任何事物都不是一成不变的，都是在变化的。手写体是字形演变的先锋，印刷宋体适当作些调整也是应该的；但是现代不是隶变的年代，不能大规模地改变字形，不能混同它们各自的功能和各自的基本特点。所以，印刷宋体向手写体统一，是不可能的也是做不到的。

印刷字体有两种，一种叫硬体，就是宋体，另一种叫软体，就是印刷楷体。两者结构上是一致的，但是笔画形态还是存在差别。如宋体"东"左下是撇，而楷体"东"是点；如宋体"皿"中间是二竖，楷体"皿"是撇，宋体"琴"第四笔是横，楷体"琴"是提。笔画组合差异，如宋体"日"中间一横与两竖相连，楷书"日"则只连左边；如宋体"田"中间一横两边都连，而楷体"田"两边都不连结③。要知道新字形与"旧字形"有的也只有此类细微的差异。所以称为"新笔形"和"旧笔形"，如"反"第一画从"丿"或从"一"，"屯"字第一画从"一"或从"丿"之类。"宋体尽可能接近手写楷体"的原则，能做得到吗？手写楷书虽然与宋体接近，但是包含个性化的成分，有人会按照唐楷书写，有人会按照隶古定书写，也有人会按照带草书成分的俗体书写。楷书本身并没有严格的规范。为了维护汉字的系统性和科学性，保持经典形体是必要的。宋体和楷书的区别没有必要统一，与行草手写体更没有可能统一，实际上也不可能统一。

中国大陆的新字形字模采用柳体的结构，中宫收紧，即中密外疏；中国台湾、日本的字模是中心与四周笔画分布平均。实际效果是中国大陆字更加具有书法艺术美感，缺点是中宫收紧，容易起黑团；而中国台湾、日本的字面舒朗，更加清晰。所以有人感叹："我们这个使用汉字最久、最广泛的国家，在印刷字体的研制应用方面，竟落

① 转引自苏培成：《二十世纪的现代汉字学研究》，书海出版社2001年，第279页。

② 赵太侔：《关于汉字简化问题》，《文字改革》1958年第5期，第27页。

③ 傅永和：《浅析四种印刷字体》，《语文建设》1993年第5期，第25页。

到外国人的后面。[①]"为什么中国大陆的字形设计不如中国台湾、日本呢？因为我们强调宋体和楷体的一致性，所以字形平面较多的照顾楷体的字形美观；但是忽略了印刷体的根本用途不是写，而是供人阅读，清晰是第一位的；同时要明白手写楷书的美观和印刷工艺性的美观不是一回事。这是我们对字形设计的观念的误区，考虑不周，投入不足。

新字形是简化字运动的一部分

新字形的措施值得商榷：

其一，减少笔画："尽量减少可有可无的笔画"。按，什么叫"可有可无"呢？这显然是一个主观色彩十分强烈的提法。

其二，改变笔画：按，民国时期遗留下来的不同印刷字形主要是笔画的书法不同，新字形从中选取一种作为标准，这样不能算作改变笔画。只有对传统正体的笔画改变，才能算作改变笔画，比如用《康熙字典》与新字形比较，才属于改变笔画。

其三，以讹代正，以错为正。按，在文字使用中，人们往往会把不同的字或部件混淆，造成错误。在古代的坊间刻本常常可以见到此类错字。例如"纸"受"底"影响，会在下面加一点；"步"受"少"的影响，下面加点写成"少"。这种习惯比较常见，但是规范字不能这样做。日本汉字首先采取了以讹代正的办法，在《当用字表》里把"步"定作"步"、"涉"字类推。新旧字形表也有类似的做法。犮，读 bá，《说文》："犮，走犬貌。从犬而丿之。曳其足则刺犮也。"从犮之字如跋、茇、魃、軷、犮、拔、绂、祓、韨、黻，应该从犮；但是新字形改犮为犮，这是个新造字。同样是从犮的髮字，却类推作"犮"，就是因为俗写的错误。这样大动干戈，人为制造那么多的新字形是否值得呢？何况从俗误的结果，势必造成汉字系统性的灾难，把文字之间内在的有机联系切断，使造字原理无从说起。汉字系统难道不存在吗？客观事实是它不仅存在于文字学的研究之中，同样存在于我们的文化生活之中。目前，许多历史性语文词典面临无法处理的局面。比如第一版《汉语大字典》并没有理会新旧字形的规定，不用新字形"犮"，把废掉的犮字保存下来[②]。因为新字形不符合传统的字形分析。而《汉语大词典》处理又不同。既收"犮"又收废掉的"犮"字，新旧字形同出，规范和传统两不误；其第 5 册 3 页

---

① 本刊记者：《让印刷字体在新时期放出异彩》，《语文建设》1988 年第 3 期，第 54 页。

② 《汉语大字典》（第一版）第二册，犬部 1331 页。

犬部“犮”释义①见“犮乙”。②通“拔”；拔除。其第2册870页“又部”收“犮”，释义“参见‘剌犮’”。可见两本辞书都没有做到废除旧字形的规定。因为的确做不到。裘锡圭先生曾经呼吁：“在楷书早已成熟的时代还这样做，是否很有必要。就需要认真考虑了。”“不要再破坏字形的表意和表音作用，不要再给汉字增加基本单位，不要再增加一字多音现象，不要再把意义有可能混淆的字合并成一个字。”[①]为何有关部门不听听这样的呼声呢？

苏培成先生指出：“这次整理字形涉及的字数很多，实际上已经超出了解决字形结构和笔画不统一的问题，在相当程度上可以看作是对印刷通用字字形的全面整理。”[②]新字形整理的后果是严重的，它在人们尚未知觉之中，进行了超过简化字内容的简化。简化字只是为了简化字形，其余不问。而新字形不仅简化，而且通过一个从手写、从横写、从俗等并不严肃的理由，随意改变汉字的面貌。这还不算，还要从字模着手，把本来是正字的“旧字形”在出版物上彻底消灭，甚至不承认它的现实存在和历史的存在。简化字所相对的繁体字、正体字所对应的异体字，可以在一定的范围、场合使用；简化字的范围是常用字，改变传统文字的面貌是有限的；异体字整理规定淘汰了部分异体字，也没有改变传统文字的面貌。而这个新旧字形整理的做法，强烈程度则远远超出了轰轰烈烈的简化字活动。

新旧字形整理产生出大量的异体字

某些汉字的笔画差异本身是字形差异。如“人”与“入”、“天”与“夭”、“个”与“丫”、“几”与“乃”，此为笔画之变；“大”与“犬”、“九”与“丸”、“厂”与“广”、“乞”与“气”，这是笔画多寡之变；“士”与“土”、“七”与“匕”、“己”“已”与“巳”，这是笔画长短之变。新旧字形之间以笔画变化为基本特点，大致上有笔画之间的变换（例如撇变点、竖变勾之类），有的是长度之变，有的是断、连之变，有的是笔画数量之变。新旧字形之变中也有部件之变。所谓部件是指相对独立，成为组成字形的笔画组合。部件和笔画变化并没有绝对的界限，上述的笔画变化其实已经涉及了部件变化。新旧字形的部件变化不仅是这些笔画变化引起的，还有直接用新的部件取代旧部件的，例如用“冫”代“氵”，如“凉”、“盗”、“羡”；“⺈”代“爪”，如“争”等。所以，无论笔画还是部

① 裘锡圭：《从纯文字学角度看简化字》，《语文建设》1991年第2期，第19、20页。

② 苏培成：《有关新字形的三个问题》，载《汉字字形研究》商务印书馆2004年，第15页。

件变化形成的新旧字形的差异(部分新旧字形实际上是字形差异),严格地说就是异体字。当然,某些笔画细微变化,在人们习惯认知范围之内,可以视为异体字。

简化字和异体字都是有一定的范围的,新旧字形却可以无限类推,新字形的范围太大了,一个新字形要完全替代旧字形,意味着由这个新字形组成的一群字都产生出一大群旧字形。例如改"爭"为"争","箏"与"筝"、"掙"与"挣"、"崢"与"峥"、"睜"与"睁"、"猙"与"狰",如此等等,"奐"为"奂",要新造"奂"字群的一串新字形,如此类推,汉字数量翻番,这就犯了一个大忌。汉字简化有一条原则,不能无限扩大汉字的数量,因此规定汉字简化字的类推是有范围的。这是汉字简化字纠结的大问题,专家开了专门会议,想解决偏旁类推问题,结果不了了之,给文字工作者出了个大难题。第二版《汉语大字典》"凡例・收字":"根据当今用字实际需要,适当收录《简化字总表》以外的类推字,释义以'╳'表示。"而第二版《汉语大词典》(征求意见本)"凡例・字形和字体":"简化字以《通用规范汉字表》列入的字为限,表外字一律不类推。"对于新旧字形,两种国家级大型语文辞书也不同。第二版《汉语大字典》"凡例・字形":"个别使用新字形会产生混淆的保留旧字形;对讹字保留原形体,不作字形整理。"而第二版《汉语大词典》(征求意见本)"凡例・字形和字体":"除了个别字形,原则上采用新字形,不用旧字形。"在日常使用中,不要说普通人,就是专业工作者,也记不住哪个是类推简化字,哪些不是;哪些是新旧字形关系,有各自的写法。查字典时如何利用对照表,自己解决查字的问题?

如何对待海量的新旧字形?有两种完全不同的态度:一种是不回避现实,刘蕴璇先生提出新旧字形与简繁体相对应,严格控制范围。

刘蕴璇文章《从"惧俣"、"褉误"谈语文辞书的字形规范》,提出了新旧字形的"双轨制",主张只有简化字可以使用新字形,繁体字使用旧字形。刘蕴璇说:"统一字形标准,并不意味着要把全部汉字都'统一'成新字形。《汉语大字典》收字 54678 个,《中华字海》收字 85568 个,其中绝大部分是现代已停用的异体字、繁体字和'死字',如果把它们统统改造成为新字形,那么,会给本来已够繁多的汉字字库里又增加数以万计的无用的'新字',这显然是不妥当的。"①

《规范汉字表》课题组赞成这个想法:"凡是在古籍中不曾出现或较少出现的'新字形',将被处理为简化字(争、奂、吴等),不再出现于古籍中,而原来和它们对应的

① 刘蕴璇:《从"惧俣"、"褉误"谈语文辞书的字形规范》,《语文建设》1996 年第 12 期。

‘旧字形’将被处理为繁体字。”[①]

简化字大量使用了手写体，其中包括行书和草书，新字形也是依据手写体定型，两者显示出共同性。把某些新旧字形作为简繁体处理，这无论从性质上，还是客观效果上都是可行的。

另一种意见不赞成新字形与繁体字挂钩的办法，反对者往往具有研究现代汉语汉字的背景。

李义琳等认为：“繁体字、异体字与旧字形，是不同层面上的三类不规范字形。繁体字是对应《简化字总表》的简化字而言，异体字在《第一批异体字整理表》中是对应选用字而言，旧字形是对应《印刷通用汉字字形表》而有细微差别的字。不论是异体字还是选用字、繁体字还是简化字，都可能有新旧字形的差异。”还说：“就旧字形本身说，也不是全部都统一的，如与新字形‘户’对立的旧字形就有‘戶戸’两种(陆按：还漏一个字形——戸)，20 世纪 60 年代重印的《汉语词典》(黎锦熙主编的《国语词典》简本，陆按：1937 年初版，1957 年开始多次出版 1947 年删节本)就是两形杂出。甚至还有一个新字形对应三个、四个旧字形的情况。若现代通用字以外的字‘不必使用新字形’的话，到底该取哪一种旧字形才好呢？这也是颇费斟酌的。”[②]李文还说：“(《汉语大词典》)这部大型工具书出版以来受到普遍好评。它用了‘繁体字新字形’，还用了‘异体字新字形’，并没有造成不伦不类，而是使字形更趋统一。修订本《辞海》也采用了这一原则，证明繁体字新字形是行得通的。”[③]

新旧字形整理者本意并没有希望出现海量字数的局面，所以认为可以通过控制字模制作来否定旧字形的存在。

苏培成先生说：“我们认为，推行新字形就是用新字形取代旧字形，所以不会出现刘文所担心的‘增加数以万计的无用的“新字”’的问题。《汉语大词典》为我们提供了实例。例如，它只有用新字形‘吴’组成的‘蜈、娱、挨、俣、误’等字，没有用旧字形‘吳’组成的相对应的字，所以字数并没有增加。大家知道，从性质、用途等方面看，新旧字形和繁简字不是一回事。繁体和简体是汉字的两种体式，两者之间不是一一整齐对应，所以我们要研究它们的对应和转换。新旧字形不是这样，新旧字形完全是一一对应，新字形完全可以取代旧字形，不会造成任何问题。我们推行新字形，不再使

① 《规范汉字表》课题组：《研制〈规范汉字表〉的设想》，《语言文字应用》2002 年第 2 期。

② 李义琳、林仲湘：《也谈新旧字形和语文辞书字形规范》，载《语文现代化论丛》第三辑，语文出版社 1997 年，第 101 页。转引自苏培成：《有关新字形的三个问题》，载《汉字字形研究》，语文出版社 2004 年，第 25 页。

③ 同上。

用旧字形。原有的旧字形出版物一旦重新出版，除非是影印，一律改用新字形。有人问：如果读书遇到了由旧字形‘吳’组成的字需要去查《汉语大词典》，不就查不着了吗？我们认为没有困难，只要有一张《新旧字形对照表》就解决了问题。”[①]

笔者觉得有必要澄清上述某些说法。（一）繁体和简体是不是一一整齐对应，所以要研究转换关系。（二）简化字内有两种情况，一种单纯形体简化，只是一对一的关系；另一种是同音兼并，就是一对多的关系。因此正确的说法应该是：同音兼并来的字，要研究转化关系；大部分简繁体并没有转换问题，与新旧字形一样。

新旧字形是一一对应，旧字形可以取代掉，那么异体字绝大部分也是一一对应，除了同音兼并简化字外，简繁体也是一一对应，是否可以一律对待，贯彻到底，把异体、繁体都取代掉呢？

传统正字之“旧字形”不可能被消灭

宋体字作为一个字形规范，它的笔画结构保有理性的基础，赖以保证字形合理的逻辑意义，用来维系整个汉字系统。虽然汉字的字形经过数千年的演变，但是《说文》字形基础，不仅为文字学家认可，也为通俗的文字规范所倚重。

通过控制字模生产，来消灭旧字形，这是过分的手段，其不当之处在于违反基本的实际使用实践。其一，传统的正体字，“晉”“爭”等在大陆新字形之外，无论历史，还是境外汉字的现实，都是主流。我们怎么能消灭？在以后的出版物上消灭“旧字形”，那么以前出版物里的“旧字形”能消灭吗？境外的“旧字形”能消灭吗？其二，以文字学的构形为基础的字形，不能抛弃。一些被废的旧字形，与文字构造原理密切相关，新字形无法解释。《汉语大字典·八部》以“眞”为主条，“真”为附条。以《说文》的说解作为字形依据。这也是《汉语大字典》不得不保留一些旧字形的原因。其三，有些新旧字形本来就是异体字关系，例如“眞”字，《正字通·目部》：“真，俗眞字。”此类早为文献记录在案的异体字，是无法弃之不顾的。其四，那些长期以来的常用字形，出现率非常之高，要强制把它彻底消灭。但是那些没有列入旧字形的大量死字、罕用的异体字倒可以进入出版物，是非颠倒，情理不合。其五，废除的旧字形，意味着进入历史领域，进入储存领域。有人认为旧字形只需要一张表就可以解决了，实际上不可能，辞书是快餐型的知识体，人们就是用查检的办法寻求知识，如果文字本身要附加

① 苏培成：《有关新字形的三个问题》，载《汉字字形研究》，商务印书馆2004年，第25页。

表格的话，是行不通的。首先读者是"无知者"，不明白有转换的条件；其次也不一定懂得如何转换。如果这种办法行得通的话，那辞书就相当简单了，特别简繁体只要一个表格，就可以省去很大篇幅。可惜没有人会这样做，因为它不符合辞书的规律。

第一版《汉语大词典》是采用新字形的。有时不得不收列一些旧字形。正条收"争"，在"爪部"收"爭"①。这似乎是为了照顾传统正字的查检，但是这同样也可以指明从"争"之字，皆可从"爭"。第一版《汉语大词典》新字形"奂"为主条，同时又收旧字形"奐"，作为它的异体（第6卷1102页）。

1986年版《汉语大字典》也是以"奂"为主条，未收旧字形。但是说解中，用了旧字形。"奂"义项2："换取。后作'换'。《说文》：'奐，取奐也。'"其中"奐""换"都是旧字形。其实用"旧字形"是为了引用朱骏声等书证。它只能作为异体字逐字收入，对汉字来说又增加了大量多余信息，增加了麻烦。因为汉字有现行规范和历史规范的差异，我们可以建立新规范，取代旧规范，可是确实无法消灭旧规范的遗存。这是汉字字数不断积累，不断增加的重要原因。而且旧字形对新字形而言，不可能被强制退出应用，种种现实（无论历史的或者当代的）都表现出它是处于应用状态的。所以说即使新字形可以完全取代旧字形，也永远不可能取消旧字形。

"旧字形"是不可能消灭的，因为它是传统正字，是二千多年的规范化努力的结晶。它由匠体字推广，由官方权威的《康熙字典》所确定，而且贯彻到各种正式的文件和书籍中。特别借助西方近代印刷造字技术，一百多年深入到各个文化领域，出版了海量的书籍文献，这是无法回避的。尤其接触传统文献的人士，可以没有新字形，也不能没有传统正字（旧字形）。2016年国家语委"十二五"科研规划中有一委托项目"汉字古籍印刷通用字字形标准研制"，该项目是继《通用规范汉字表》之后的又一重大汉字规范课题；对规范繁体字应用、指导古籍印刷、推进中国文化传播具有重要的理论与实践价值。2015年第三版《辞源》，被誉为"通往传统文化的桥梁"，它重视"字源"，这个字源就是传统正字。所以新《辞源》没有完全采用新字形，而是采用"古籍印刷通用字规范字形"，恢复了"奐""犮""晉""吳"，但没有恢复"眞""直"。对于大部分可以识别的部首、部件基本采用新字形。这是一个示范性传统文化字形处理办法，它基本不需要新旧字形对照表，免除大部分新旧字形带来的双倍字量。这启示我们，以后可以把出版物分为两类，一类是严格的传统古籍（出土文献在内），包括为其服务的辞书，采用古籍印刷通用字规范字形，只用传统正字，不出现新字形。另一种虽然也

① 第1版《汉语大词典》，第6卷，汉语大词典出版社，第1102页。

兼及古代文献，但主要为一般读者使用，则可以采用新字形，不出现“旧字形”，包括为他们服务的辞书，如古今兼收的《汉语大字典》《汉语大词典》《新华字典》，现代语文的《现代汉语词典》之类。至于20世纪60年代以来新版《辞海》，当然只用新字形，而新字形《辞海》就是始作俑者。这样都可以根据不同需要，对新旧字形选择使用，在避免巨量的字形的同时又不降低辞书和传本古籍的学术质量。

传统正字超越大陆，境外有中国香港、台湾、澳门等地区仍是使用传统正字。日本、韩国虽然压缩汉字数量，采用部分简省体，以利当代使用；但是并没有废除传统汉字，它的流传古籍、有关出版物依然是传统正字。近年来韩国民众对传统文化的重视，注意到传统汉字的重要性；日本依然关注传统正字的使用，呼吁统一东亚汉字。有日本学者提出以代表传统正字的《康熙字典》字形作为统一东亚汉字的一种方案[①]。我国改革开放，文化自信增强，应该胸怀放开，从新审视以前对传统文化的态度。如果我们废除了传统正字，使我们在汉字上与这些汉字使用者失去了共同点，以至对以后构建东亚通用汉字丧失了领导权，那么最大损失的是我们自己。

总之，(1)从繁简体、异体字到新旧字形，努力追求当今使用价值的同时也带来了繁杂的规则，使用并不简便，不利于保存传统文化。(2)在双轨制的条件下，出土文献尤其应该采用“古籍印刷通用字规范字形”，以臻完善。(3)我们文字学界的学者有条件、有责任，积极参与汉字规范的制定，以期达到一个完善的汉字规范。

（陆锡兴：南昌大学人文学院，330031，南昌）

① 何群雄：《汉字在日本》，香港商务印书馆2001年，第164、173页。转引自谢世涯：《信息化网络时代的汉字》，载《汉字传播与中越文化交流》，国际文化出版公司2004年，第414页。

现代汉字中的“复活字”研究*

曹维平　陈双新

提要　“复活字”是指古代早就存在，因某种原因基本不再使用但现代又被重新启用的汉字。对“复活字”进行全面的梳理对于我们进一步挖掘汉字的字形演变规律和使用规律具有重要意义。本文以《通用规范汉字表》为测查范围，共测查出180个复活字，顺便测查出220个未复活字，按照汉字的特性对其进行分类，阐述这些汉字“复活”的原因。

关键词　现代汉字　复活字

现代汉字中有一些字在古代早就存在但极少使用或基本不用，只是由于该字具有笔画或结构上的优势而在后世被重新启用，我们称之为“复活字”。本文以现代汉字中存在的这类字为研究对象，以《通用规范汉字表》为测查范围①，共测出“复活字”180个（见附录），并进行分类整理。

一　字形偶同

汉字简化过程中，对原有构件采取更换声符或意符、改换结构、符号替换等方式后，使得简化后的字形与历史上的某个字形偶然相同，造成了汉字“复活”的现象。据其来源可分为四种：

1. 更换声符造成的偶同

这类“复活字”是指现代简化字更换了其原有的声符后而出现的与历史上的某个字形偶同的字。纯粹从字形来看，应该说是历史上的原有字形的“复活”，但从字形来源来看，也可以说是历时的“同形”。

---

*　本文为国家社科基金项目（14ZDB099）、北京市社科项目（18JDYYB002）、北京语言大学研究生创新基金项目（19YCX158）的阶段成果。

①　周有光先生曾说：“将现代汉字表里的字作为现代汉字，这种现代汉字表就是‘现代汉语用字全表’，尚待研究选定。”苏培成：《二十世纪的现代汉字研究》，书海出版社2001年，41页。

［1］迁

《玉篇・辵部》:“迁,且堅切,行進也。”[①]《廣韻・先韻》:“迁,伺候也;又迁,標記也。”今为“遷”之简化字,改声符“䙴”为“千”。

［2］担

《玉篇・手部》:“担,丁但切,拂也。”今为“擔”之简化字。

［3］抬

《集韻・之韻》:“笞,《說文》擊也,或从手。”古“抬”为“笞”之异体,今为“擡”之简化字。

［4］种

《廣韻・東韻》:“种,直弓切,稚也。”今为“種”之简化字,改声符“重”为“中”。

［5］胜

《說文・肉部》:“犬膏臭也,从肉生聲,一曰不孰也。”又《字彙・肉部》:“胜,今通用腥。”今作为“勝”之简化字,改繁体字“勝”之右侧“券”为“生”[②]。从字源来看,“勝”与“胜”没有一个构件相同,前者从力朕声,左部的“月”由“舟”演变而来,后者从肉生声,左部的“月”由“肉”变来。

［6］宪

《直音篇・宀部》注“宪”为老弱之义。今为“憲”之简化字,改繁体字“憲”之下部为“先”。“憲”本为从心从目害省聲,不能切分为“宀”和“㥶”,汉字简化时没有考虑这种构形构意关系,而把下部的声符的一部分和两个表意构件一并简化为“先”。

［7］烛

《集韻・東韵》:“爞,旱灼也;或省。”本为“爞”之省体,表示“旱热之气”,今为“燭”之简化字,声符“蜀”省为“虫”,不再表音。

［8］痒

《說文・疒部》:“痒,瘍也”。后作与“癢”同,如《集韻・養韻》:“痒,膚欲搔也,或作癢。”今沿用为“癢”之简化字,改声符“養”为“羊”。

［9］虮

《廣韻・脂韻》:“虮,密虮,蟲名。”今为“蟣”之简化字,改声符“幾”为“几”,表示“虱子的卵”。

---

① 本文行文为简体字,因涉及到大量字形分析,引用古代字书和文献时一般依其原貌而使用繁体,后同。

② “勝”的声符本作𦩍(后作声符时写作朕,单独成字时写作“朕”)而不是“券”,同声符字还有“騰、滕、騰、賸、謄、縢、塍、騰、縢、塍”等。

[10]优

《龍龕手鏡・人部》:"优,五穀精如人白髮也,音尤"。今为"優"之简化字,改声符"憂"为"尤"。

此类汉字还有"块、钥、价、灯、运、扰、芜、药(葯)、购(䝼)、钻(鉆)、芦、极、园、犹、岭、泞、柠、苧、适、胆、洁、样、敌、积、猎、痴、忏、芸、沄、机、蚝、邮、证(証)、胶、扑"等35字。

从上面的字例中我们分析出这部分字有如下几个特点:

1.大部分简省过后的字形其声符更符合现代读音,如"遷",本从"䙴"得声,《康熙字典》:"䙴,音仙",与现代读音已有较大差别,但改换为"千"之后不仅更容易认读,也更贴合现代读音,这也是现代简化字的一个共同特征——更换后的声符形体简单且表音更准确,"担""胆""运""证"(部分字见附表,下同)等亦是如此。有些"复活字"的结构更具优势,以"宪"为例,简化字改繁体字"憲"之下部为"先",以其为声符,将原字拆分为结构更为简单的形声结构。"憲"本为从心从目害省聲,不能切分为"宀"和"恚",但汉字简化时没有考虑这种构形构意关系,而把下部的声符的一部分和两个表意构件一并简化为"先",此外还有"胜"字也是如此。这也反映了结构简便的形声字更能被大众所接受,而字形的理据性显得没那么重要了。

2.一部分简省过后的声符与之前的声符读音相同或相近,但是笔画更简,如"優——优""癢——痒""蟣——虮"等等。

3.部分简省过后的声符虽不能表音,但保留了原字声符的特征部分,能让使用者与正字相联系,不会造成认识上的困难。更重要的是,这一部分简化字有其历史和群众基础,如"烛"字,元刊本《京本通俗小说》和《古今杂剧》中"燭"都作"烛"①,这种"复活"字因为有其历史基础,更容易被推广和接受。

2.更换意符造成的偶同

上一类"复活字"是汉字简化时更换声符所致,这一类是更换义符所致。

[11]愿

《説文・心部》:"愿,謹也,从心原聲。"本表示"谨慎、老实",今为"願"之简化字,改意符"頁"为"心"。

[12]肮

《廣韻・唐韻》:"肮,胡郎切,大脈也。"今为"骯"之简化字,改意符"骨"为"肉",多

---

① 刘复、李家瑞:《宋元以来俗字谱》,文字改革出版社1957年,第53页。

表示“肮脏”。

[13]唇

《說文・口部》:“唇,驚也,从口辰聲。”今为“脣”之简化字,改意符“肉”为“口”。

这一类的古字“复活”的原因主要在于其表意上的优点。比如“願”字,《说文・页部》:“願,大头也。”本与“头”有关,故从“页”,但此义基本消失,而引申义“心愿、愿望”倒极为常用,在这个意义上“页”就不起表意作用,而部件“心”作义符更合适;“脣”表示“口端”也就是嘴唇,从“口”比从“月(肉)”也更易于理解。

3.字形简省造成的偶同

这类“复活字”是汉字简化时对原部件进行简省所致。

[14]广

《說文・广部》:“广,因广爲屋,象對刺高屋之形,讀若儼然之儼。”今为“廣”之简化字。

[15]巩

《說文・丮部》:“巩,褱也,从丮工声。”表示“抱”,今为“鞏”之简化字。

[16]医

《說文・匚部》:“医,盛弓弩矢器也,从匚从矢。”今为“醫”之简化字。

[17]筑

《說文・竹部》:“筑,以竹曲五弦之樂也,竹亦声。”今为“築”之简化字。

[18]隶

《說文・隶部》:“隶,及也,从又,从尾省。”今为“隸”之简化字,省去声符“柰”。

除此之外还有“么、亏、杂、吨、奋、垦、虑、离、录”9字。

这一类“复活字”在字义上都与简化字无关,绝大部分的字音也与现代汉字不同,只是在汉字简化过程中,省略了繁体字的部分构件之后与古字字形偶同,造成了“复活”的现象。这一类“复活字”在古代使用频率极低,且大部分属于“死字”或正字之“异体”,但是由于有如下优势而被“复活”:

首先,这些字形都是由繁体字简省部件或保留最具特征性的部件而来,省减前后的字形间有很直接的联系。最为重要的是,这些字形与其他字形有足够的区分度,不会与其他字发生混同。对于追求文字简便的使用者来说,一个简化字形区分度高且能与原字联系紧密,那么这种简化就很成功,除了“广”“巩”“医”等之外,“开”“关”“条”“务”等简化字也只是正字的一个部件,汉字的理据性在此刻则不做重点考虑。

其次,省略之后的部件结构简单,能够减轻学习和使用负担,提高文字使用效率。

最后，因为这些古字使用频率极低，"复活"之后不至于引起汉字体系的混乱。

4. 符号代替造成的偶同

这部分汉字"复活"是由于正字的某个部件被替换为一个符号而造成了字形偶同的现象。

[19]币

《龍龕手鏡・巾部》:"币，《隨函》云：合作印字。"今为"幣"之简化字，以"一撇"代替声符"敝"。

[20]仅

《説文・女部》:"仅，古文奴，从人。"又《正字通・人部》:"仅，同付。"今为"僅"之简化字，以符号"又"代替声符"堇"。

[21]圣

《説文・土部》:"圣，汝潁之閒謂致力於地曰圣，从土从又，讀若兔窟。"表示"掘地"。今为"聖"之简化字，其简化方式可能为草书楷化，三国・皇象《急就章》作""，唐・孙过庭《书谱》作""[①]，楷化之后上部符号化为"又"，下部讹为"土"，与"圣"字形偶同。

[22]坏

《説文・土部》:"坏，丘再成者也，一曰瓦未燒。"今为"壞"之简化字，声符草书楷化后符号化为"不"。

除此之外还有"邓、叹、还、怀、团"5 字

这一类的"复活字"与现代汉字在音义上都没有关系，只是在对繁体字的部件进行符号化之后造成了字形的偶同现象。其最大的特点是笔画少，书写便利，并且保留了原字的意符或轮廓。这些"复活字"基本是记号字，替换之后的部件既不表音也不表意。此种简化方式的产生反应了民众对于字形简化的迫切需要，而且这些字非一人一时造就，而是经历了众多使用者和时间的检验以"约定俗成"的姿态出现在现代汉字中。

二　改换字例

这部分字由于结构复杂且很常用，故对其结构进行较大改造或启用一个意义无

① 以上字体见《大书源》，日本二玄社 2014 年，第 2171 页。

关的原有字形。

[23] 听

《説文・口部》:“听,笑皃,从口斤聲。”后借为“聽”的俗字,如《正字通・口部》:“听,俗借为聽字省文。”今沿用为“聽”的简化字。

[24]灵

《廣韻・青韻》:“灵,《字類》云:‘小熱皃’。”后借为“靈”之俗字,如《正字通・火部》:“灵,俗靈字。”今沿用为“靈”之简化字。

[25]惊

《集韻・陽韻》:“惊,悲也,吕張切。”今借为“驚”之简化字。

[26]体

《廣韻・混韻》:“体,麤皃,又劣也,蒲本切。”本表示“粗笨”。今借为“體”之简化字。

[27]茧

《玉篇・艸部》:“茧,遅隆切,草。”本表示草名。今借为“繭”之简化字。①

除此之外还有“厂、旧、呆、杰、儿、忧”6字。

这一类“复活字”有如下特点:

第一,“复活字”与原字笔画差距很大,以上五字原字的笔画数分别为22、24、22、22、18,“复活字”的笔画数分别为7、7、11、7、9,多的减少三分之二,少的也减少了一半。

第二,有些字读音与正字相同而被“借用”,如“灵”以及附表中的“杰”“旧”等。

第三,最重要的一点,这些“复活字”在结构上具有优势。如“惊”本作“驚”,《说文・马部》:“驚,马骇也。”本义表示“马受惊”,故其字从“马”,后由于意义演变,“驚”字引申为泛指“受惊、惊动”而非特指“马”,故从“马”已不能很好表意了,于是大众便改本字为从“心”“京”声的新形声字,符合字义演变的特点,“体”“茧”等字也是如此。此外,有些“复活字”由原来的不易理解的复杂结构改换为清晰明了的左右或上下结构,如“聽、靈、繭”。

---

① 《説文・糸部》:繭,从糸从虫,芇省。楷化之后“芇”符上部讹变为了“艹”字头,结构变得面目全非,简化字又将“艹”字头下部省为“虫”。

三　使用古本字、或体、俗字[①]

这部分正字的古体、或体或俗体由于具有结构或表音、表意上的优势而被重新启用，上升到正字行列。

[28]肤

《玉篇・肉部》："膚，府隅切，皮也。肤，同上。"今为"膚"之简化字。

[29]网

《説文・网部》："网，庖犧所結繩以漁。從冂，下象網交文。"又《正字通・网部》："网，網本字。"今为"網"之简化字。

[30]庄

《干禄字書》："庄，俗莊字，非。"今为"莊"之简化字。

[31]岩

《龍龕手鏡・山部》："巖，古作岩。""岩"为会意字（从"山"从"石"）而"巖"为形声字（《说文・山部》："巖，从山嚴声"）。古籍中"巖"字通行而"岩"字少用，现代汉字则以"岩"为正体。

[32]笔

《集韻・質韻》："筆，或作笔。"今为"筆"之简化字，改意符"聿"为"毛"，与制笔之材料发展有关。

[33]怜

《玉篇・心部》："怜，心了也。"后用作"憐"之或体，如《集韻・先韻》："憐，《説文》：'哀也。'或作怜。"今为"憐"之简化字，改声符"粦"为"令"。

[34]断

《玉篇・斤部》："斷，丁管徒管二切，截也；又丁亂切，決也。断，同上，俗。"今为"斷"之简化字，简化方式为草书楷化，三国・皇象《急就章》作"断"，楷化之后如北魏《王绍墓志》作"断"[②]。

[35]属

《廣韻・燭韻》："屬，付也，足也；属，俗。"《說文・尾部》："屬，从尾蜀聲。"俗省意符为"尸"，又改声符为"禹"。今为"屬"之简化字。

---

① 这部分字在民间有使用基础，然而未进入主流正字行列，今简化字将其列入正字，因此也当做"复活字"看待。

② 见《大书源》，日本二玄社 2014 年，第 1239 页。

[36]尽

《篇海類編·數目類·尺部》:"尽,音盡,俗用。"今为"盡、儘"之简化字,简化方式为草书楷化,王羲之《十七帖》作"",苏轼作""①,楷化后写作"尽"。

除此之外,还有"与、万、个、无、抚、籴、气、从、复、厘、丽、尔、达、众、麦、弃、滗、乱、袜、霉、粮、继、兽(嘼)、号、惧、韵、杀、蛊、双、毡"30字。

首先,这一类字"复活"之后音义未变,在使用上不会有混淆。

其次,有些"复活字"是由原字简化而来,常见简化方式之一就是草书楷化。草化发生在西汉,成熟于魏晋。② 而楷化后收入到字书中的则更晚。此类汉字具有以下特点:①笔画极简;②书写更为便捷,很多笔势无需断笔,可一次写就;③保留原字大致轮廓,具有一定的区分度;④草写受书法名家的影响能被民众广泛认可。草书楷化字由于具有上述优势而影响深远,这也成为现代汉字中一种极重要的简化方式。

最后,"复活"皆有理可据,有本可循。如"网""岩"等古已有之,"笔""肤"等成为"约定俗成"的"俗字"而被广大民众所接受,这也是这些字能够"复活"的最大原因。

四 新造专字类

随着现代汉语的发展,有些领域如化学元素的新发现和音译外来词的需要,以及汉语口语书面化的发展,需要创造新的汉字,新造字与早就存在但极少使用或其音义被其他字代替的字同形,故也可视为原有字形的"复活"③。

[37]她

《集韻·支韻》:"她,子野切,同姐。"今表示人称代词。

[38]吩

《正字通·口部》:"吩,俗噴字。"今表示"吩咐、嘱咐"之意。

[39]咖

《龍龕手鏡·口部》:"咖,俗,加、伽、迦三音。"义不详。今表示音译词。

[40]哈

《玉篇·口部》:"哈,五合切,魚多皃。"今多用为拟声词,表笑声。

---

① 见《大书源》,日本二玄社2014年,第1868页。

② 吴立业,陈双新:《草书揩化字研究》,《中国文字研究》2019年1期。

③ 这一部分的"复活字"有一部分是类推简化字,如"金"旁类推简化为"钅",严格来说与古字字形略有区别,但仅偏旁繁简不同,一般视为同一个字,故亦收录。

[41]鐲

《説文・金部》:"鉦也。从金蜀聲。"本为一种鐘状铃铛。今表示"手镯"。

[42]吡

《玉篇・口部》:"吡,毗必切,鳴吡吡。"本表示"鸟叫声"。今表示有机化合物用字,如"吡啶"。

[43]溴

《改並四聲篇海・水部》引《對韻音訓》:"溴,水氣。"今表示一种非金属化学元素。

[44]胲

《説文・肉部》:"足大指毛也,从肉亥聲。"今表示有机化合物的一类,亦称"羟胺"。

[45]鐒

《集韻》:"鉾,《广雅》:'鉾,炉镝也。'一曰鉾,铜器。或从勞。"本为"鉾"之或体。今表示化学元素名称。

除此之外,还有"份、汽、疙、挎、咐、啡、泵、钣(鈑)、硅、咧、吧、哆、咪、啤、呋、苯、矸、咔、酮、胺、肮、胂、胍、胰、腈、锗(鍺)、锫(錇)、镤(鏷)、钾(鉀)、镉(鎘)、锕(錒)、钒(釩)、钡(鋇)、钠(鈉)、铊(鉈)、钯(鈀)、钴(鈷)、铈(鈰)、铊(鉈)、铋(鉍)、铍(鈹)、铒(鉺)、铪(鉿)、铬(鉻)、锇(鋨)、锌(鋅)、锶(鍶)、镎(鎿)、镧(鑭)、镭(鐳)"等50字。

形声结构构字能力最强,也是新造字的首选结构,以化学用字为例,依据外文发音借用某个汉字表音,再据其特性借某汉字表意,既能一眼可知其读音,又能从偏旁知其性质类别,也可以说是"谐音原则"①。如金属化学元素以"金"或"石"为形符,有机化合物则以"月"("肉"的变形)为形符,而随着白话文的发展而产生的口语词则皆从"口",声符也与现代汉语读音以及音译发音相符合。

五 "复活"原因简析

关于现代汉字中"复活字"能复活的原因,主要有三点:

①汉字发展现状的需要:汉字的总趋势是不断趋简,但在发展过程中还是存在许多笔画繁多、结构不明的字,影响大众的学习和使用。随着时代的发展,汉字的运用日益频繁,必须要对常用字进行笔画上的省减和结构上的改造。

---

① 刘泽先:《从化学字的兴衰看汉字的表意功能》,《语文建设》1991年10期,第29页。

②汉字在实际应用中逐渐降低对理据的需求。隶变之后很多汉字的理据已经非常隐晦甚至消亡,汉字与古文字的联系出现断裂;然而理据性的缺失并未影响汉字的使用,一方面文字的工具属性开始占据主导,另一方面理据性的丧失使得随意解构汉字的事情时有发生。随意解构汉字的结果之一就是随意重构汉字,六朝以来“乃以百念为忧,言反为变,不用为罢,追来为归,更生为苏,先人为老,如此非一,遍满经传。”(《颜氏家训·杂艺》)人们对于汉字的随意重构在现代汉字规范前都一直在进行,有些重构的汉字由于先天不足消失在历史长河,如“悳(憂)”“兂(老)”“䛒(變)”等,然而有些符合时代发展的重构字因其有极强的生命力(具体汉字及优势上文已有论及)而被保留下来,这是导致“复活字”出现的直接原因。

③汉字总字数虽然在不断增加,但常用字的数量基本保持不变,“每一个时期的常用汉字,大约都在 4000—6000 这个范围之内”[①],其余的大量汉字使用频率很低,这就为“复活字”的出现奠定了基础——“复活”字基本不影响当前的文字体系。

六　附论“未复活字”问题

在汉字发展历史当中,还有一些字具有结构和笔画上的优势而未被复活。经测查,在《通用规范汉字表》范围内,有 220 个未复活字(见下):

[1] 驾——㸅
[2] 型——茥
[3] 毒——𡊙
[4] 拯——抍
[5] 厚——㫗
[6] 殃——袂
[7] 香——皀
[8] 泉——洤
[9] 涎——㳄
[10] 前——歬
[11] 耕——畊
[12] 泰——夳
[13] 近——𡵂
[14] 恐——忎
[15] 晃——晄
[16] 造——艁
[17] 疼——痋
[18] 旁——㫄
[19] 悟——𢘙
[20] 展——㠭
[21] 陶——匋
[22] 罙——深
[23] 恕——𢖽
[24] 捷——疌
[25] 基——坖
[26] 奢——奓
[27] 堂——坣
[28] 敏——勄
[29] 碍——导
[30] 族——矦
[31] 寂——𡧍
[32] 琴——珡
[33] 帽——冃
[34] 集——亼
[35] 番——𤰞
[36] 蒙——冡
[37] 嗜——呩
[38] 溺——㳗
[39] 慎——昚
[40] 端——耑
[41] 漏——屚
[42] 醒——醒
[43] 曙——暏
[44] 疆——畺
[45] 姹——奼
[46] 盍——盇
[47] 遂——𨔵
[48] 疱——皰

① 刘又辛:《汉字发展史纲要》,中国大百科全书出版社 2000 年,第 284 页。

[49] 姬——妍
[50] 绥——夂
[51] 貌——皃
[52] 邕——㽞
[53] 粗——柤
[54] 菽——尗
[55] 蛆——胆
[56] 耋——耊
[57] 跬——趌
[58] 嗣——孠
[59] 衍——辛
[60] 臧——𠥓
[61] 漩——淀
[62] 撙——剸
[63] 篡——机
[64] 麓——禁
[65] 懿——㦤
[66] 遘——冓
[67] 垢——坸
[68] 圬——杇
[69] 挖——穵
[70] 幽——峜
[71] 陡——阧
[72] 剥——朴
[73] 崖、涯—厓
[74] 袋——帒
[75] 徙——征
[76] 豚——㹠
[77] 液——洂
[78] 棒——桻
[79] 椒——茮
[80] 棉—𣖕、柄
[81] 酣——佄
[82] 晴——殅
[83] 堡——垛
[84] 猩——狌
[85] 然——肰
[86] 遂——㒸
[87] 慌——㤝
[88] 蓬——莑
[89] 睫——䀹
[90] 照——炤
[91] 溯—㴑、泝
[92] 嫉——㑵
[93] 熏——焄
[94] 掬——匊
[95] 慷——忼
[96] 霄——氱
[97] 潮——淖
[98] 懊——怃
[99] 撼——揻
[100] 餐——湌
[101] 蹂——禸
[102] 噪——喿
[103] 瞬—眣、眴
[104] 襟——䘳
[105] 嚼——噍
[106] 刖——跀
[107] 坻——坧
[108] 凷——塊
[109] 肱——厷
[110] 劾——勀
[111] 泅——汓
[112] 柩——匛
[113] 陟——徝
[114] 剞——刬
[115] 盎——瓮
[116] 娩——㝃
[117] 菡——莟
[118] 蚱——虴
[119] 啜——吷
[120] 铨——硂
[121] 旌——旍
[122] 婧——妌
[123] 袈——毠
[124] 袷——秴
[125] 琫——琣
[126] 揆——楑
[127] 腱——筋
[128] 痣——䏄
[129] 遒——逎
[130] 渫——涞
[131] 瑁——珇
[132] 趑——赼
[133] 椵——葭
[134] 酪——佫
[135] 嗉——膆
[136] 嵩——崧
[137] 貉——狢
[138] 觥——觵
[139] 塍——倂
[140] 痼——𤵸
[141] 旒——㐬
[142] 煜——焴
[143] 蚩——妛
[144] 翥——𦑝
[145] 墉——䧡
[146] 豨——狶
[147] 齦——狠
[148] 蜩——蚒
[149] 箍——笟
[150] 滹——浮
[151] 蘶——荎
[152] 樊——棥
[153] 踟——峙
[154] 獠——𧳜
[155] 瘠——膌
[156] 糅——粈
[157] 熄——熜
[158] 潺——潹
[159] 褫——𧙄
[160] 璞——玣
[161] 鬆——髲
[162] 薅——茠
[163] 瞠——憆
[164] 噉——吨
[165] 盥——盗
[166] 劓——𠜲
[167] 廪——廩
[168] 燎——尞
[169] 醘——䤁
[170] 磴——隥
[171] 貔——豼
[172] 臆——肊

[173] 蝨——蚤	[185] 鬍——髦	[197] 鬒——㐱	[209] 跳——𨀖
[174] 餮——飻	[186] 楸——枆	[198] 醵——酟	[210] 痹——疪
[175] 簪——先	[187] 禋——裀	[199] 疏——疎	[211] 暴——杲
[176] 黥——剠	[188] 灌——濢	[200] 砌——矵	[212] 沔——污
[177] 爝——焳	[189] 漨——浲	[201] 炭——岆	[213] 痔——症
[178] 蠹——蠧	[190] 瑦——琥	[202] 耽——躭	[214] 犍——牨
[179] 珕——蛠	[191] 墣——圤	[203] 豺——犲	[215] 鲇——鲶
[180] 剕——䠊	[192] 墡——磰	[204] 豹——犳	[216] 螈——蚖
[181] 狻——貁	[193] 噀——潠	[205] 涛——涭	[217] 燧——煫
[182] 绤——峪	[194] 稑——穋	[206] 悴——忰	[218] 鼾——哻
[183] 埼——碕	[195] 曈——眮	[207] 富——冨	[219] 鬻——儥
[184] 崟——岑	[196] 馘——聝	[208] 斟——酙	[220] 簠——盙

相对于正字，这些"未复活字"也具有明显优势：①笔画少。如"夳（泰）""冃（冒）""亼（集）""豼（貔）""奓（奢）"等。②声符表音准确，如"斗""犻"。③结构简单明晰。如"聝（馘）"表示"古代战争中割取敌人的左耳以计数献功"，从"耳"更合适。然而这些字却未被"复活"，为什么呢？其原因试释如下：

首先，这些汉字的表意度不够。如"夳、冃、亼"虽然相对于"泰、冒、集"笔画上有明显优势，但表意不易明白。汉字发展演变过程中，其表意性虽然一直处于下降状态，但也不是毫不顾忌，不少字在早期字形基础上又添加表义构件以进一步明确所表词义就是证明，上个世纪七十年代末颁布的二简字很快被废止，也与此有关。

其次，还有一部分"未复活"字是作为某些字的本字而存在的，如"厓—崖、涯""皃—貌""冓—遘""罙—深"[①]等等，但是这些字却未以汉字简化字的形态复活，其原因主要在于汉字表意准确性的需要。汉字的孳乳分化是文字演变的一个重要现象，"为了保证记录语言的精确性，就在表示原词的字形上加注一些区别性的标志，从而分化出几个在字义上有联系的新字"[②]。分化的结果之一就是使得汉字的表意性更加精确。如"厓"字，既指山边，如《说文·厂部》："厓，山边也"；又指水边，如《玉篇·厂部》："厓，水边也"；又泛指边际，如《文选·扬雄〈甘泉赋〉》："岭巆嶙峋，洞无厓兮。"

① 郝士宏认为"深""探"为"罙"的后起分化字，为"罙"字的两个方面字义。见《古汉字同源分化研究》260页。

② 郝士宏：《古汉字同源分化研究》，安徽大学出版社2008年，第38页。

李善注引《埤苍》:“岭嶒嶙峋,深无厓之貌。”加“目”符为“睚”,《说文新附》:“睚,目际也。”因此,“厓”字由于字义的分化导致其字形必须加“山”和“氵”等意符来区分其字义,所以“厓”字渐废,而“崖”“涯”通行。“茾”“宲”等字皆如此。

第三,汉字的“复活”也应该考虑到字形的区别。有些未复活字虽然结构简洁,但与其他汉字字形相近,容易引起混同。如“旡(簪)—无”、“禸(蹂)—内”、“虴(蚱)—乇”、“皃(貌)—兒”、“吨(暾)—吨”、“次(涎)—次”、“夳(泰)—太”“冃(冒)—月”等等,这些汉字在历史的发展过程中就由于形近而被抛弃,如“次”,慧琳《一切经音义》卷四九《大庄严论》第六卷“吐涎”下有注:“次虽正体,为与次字滥,故时不用”,可见字形的区别度在文字的发展演变过程中始终需要重点考虑①。

然而是不是所有的“未复活”汉字都完全不适合重新启用呢?可能也不是,这要具体问题具体分析。随着简化字的推行和计算机技术的发展,有些汉字已经与原来汉字有了足够的区分度,如“肊”,《说文·肉部》:“肊,胸骨也,臆,肊或从意。”现代汉字以“臆”为正字,然简化字中一些从“意”的字都简化为了“乙”,如“亿——億”“忆——憶”,那么将“臆”简化为“肊”也并无不妥,而且有利于维护现代汉字的系统性,值得注意的是台湾《标准行书范本》就采用了“肊”的写法;又如“蠹”,未复活字作“螙”,《说文·䖵部》:“蠹,木中虫。从䖵橐声。螙,蠹或从木,象虫在木中形。”隶变之后声符被省,已经失去了表音功能,而且笔画繁杂,而“未复活字”无论在表意性还是笔画数都要优于正字;再如“畺”,《说文·畕部》:“畺,界也。从畕;三,其界畫也。”本为“疆”之本字,无论从象形度、结构上都要优于“疆”,且有足够的理据性和区分度,是否可以复活也值得思考。

因此,我们对于现代汉字的思考不能把目光仅仅局限在精简笔画上面,也要考虑到“约定俗成”、表意准确性以及汉字的区分度。但是简化字的“从俗”往往又是以牺牲汉字的系统性为代价,如何权衡两者之间的利弊需要认真研究。“从俗”原则是简化汉字的先决条件,文字的社会属性和工具性要求我们首先需要考虑到文字在历史上的使用和演变,“述而不作”最稳妥且最易于推广,只有以此为基础,选择笔画少和优势结构的汉字才有意义,简化字的推广才会成功。

---

①　现代汉字中这类现象依然存在,如“没—设”“己—巳—已”“于—干”“土—士”等等,这些形近字传承已久,极为常用,虽然是汉字教学中的难点和易写错认错的典型,但稍有改动都会带来极大影响,目前只能通过加强汉字教学等方式提高使用者的分辨能力。

参考文献

[1]陈彭年等:《钜宋广韵》,上海古籍出版社 2017。
[2]丁度等:《集韵》,上海古籍出版社 2017。
[3]段玉裁:《说文解字注》,上海古籍出版社 1988。
[4]顾野王:《大广益会玉篇》,中华书局 1987。
[5]李圃:《古文字诂林》,上海教育出版社 2004。
[6]沈克成:《书同文——现代汉字论稿》,海锦绣文章出版社 2008。
[7]苏培成:《当代中国的语文改革和语文规范》,商务印书馆 2010。
[8]许慎:《说文解字》,中华书局 2013。
[9]张自烈、廖文英:《正字通》,中国工人出版社 1996。
[10]慧琳:《一切经音义》,台湾大通出版社 1951。
[11]宋濂:《篇海类编》(复印本),北京章和文化传播有限公司 2018。
[12]司马光等:《类编》,中华书局 1984。
[13]日本二玄社编辑部:《大书源》,日本二玄社 2014。
[14]韩孝彦，韩道昭:《改并四声篇海》,上海古籍出版社 2002。

(曹维平、陈双新:北京语言大学语言科学院,100083,北京)

附录 “复活字”表(180 个)

一、字形偶同

1. 更换声符造成的偶同

序号	复活字	备注
1	迁	《玉篇・辵部》:“迁,行進也。”《廣韻・先韻》:“迁,伺候也;又迁,標記也。”今为“遷”之简化字。
2	优	《龍龕手鏡・人部》:“优,五穀精如人白髮也,音尤。”今为“優”之简化字。
3	价	《說文・人部》:“价,善也。”今为“價”之简化字。
4	灯	《玉篇・火部》:“灯,火。”后作为“燈”之俗字。《正字通・火部》:“灯,俗燈也。”今为“燈”之简化字。
5	运	《集韻・隱韻》:“运,走皃。”今为“運”之简化字。
6	扰	《玉篇・手部》:“扰,福也。”又《字彙・手部》:“扰,動也。”今为“擾”之简化字。
7	芜	《字彙・艸部》:“芜,音无,草名。”后借之为“蕪”之俗字。如《正字通・艸部》:“芜,同蕪,俗省。”今为“蕪”之简化字。
8	药(葯)	《玉篇・艸部》:“葯,白芷葉。”今作为“藥”之简化字,改声符“樂”为“约”。按:严格来说,“药”似乎不能算是复活字,但“糸”旁与“纟”是无争议的类推简化关系,“药、葯”基本公认为同一个字,因此予以收录,下文“购”“钥”“钻”等皆如此。

（续表）

序号	复活字	备注
9	购(購)	《篇海類編·珍寶類·貝部》："购，治也。"又《直音篇·貝部》："购，廩給。"今为"購"之简化字。
10	钥(鈅)	《玉篇·金部》："鈅，兵器也。"今为"鑰"之简化字。
11	钻(鉆)	《説文·金部》："鉆，鐵銸也，从金占聲，一曰膏車鐵鉆。"今为"鑽"之简化字。
12	块	《龍龕手鏡·土部》："块，於夬反。"义不详。今为"塊"之简化字。
13	芦	《集韻·姥韻》："苄，艸名，《説文》：'地黃也'……或作芦。"今为"蘆"之简化字。
14	极	《説文·木部》："极，驢上負也。"今为"極"之简化字。
15	园	《玉篇·囗部》："园，削也，亦作刓。"今为"園"之简化字。
16	犹	《龍龕手鏡·犬部》："犹，犬吠聲也。"后借与"猶"同，如《正字通·犬部》："犹，與猶通。"今为"猶"之简化字。
17	担	《玉篇·手部》："担，拂也。"今为"擔"之简化字。
18	抬	《集韻·之韻》："笞，《説文》擊也，或从手。"今为"擡"之简化字。
19	岭	《玉篇·山部》："岭，岭嶒，山深小皃。"今为"嶺"之简化字。
20	泞	《集韻·語韻》："泞，丈吕切，澄也。"《改並四聲篇海·水部》引《玉篇》："泞，水亭皃。"今为"濘"之简化字。
21	柠	《集韻·語韻》："柠，木名，梧桐也。"今为"檸"之简化字。
22	苧	《類編·艸部》："苧，陳如切，艸名，可爲繩。"今为"薴"之简化字。
23	适	《玉篇·辵部》："适，疾也。"今为"適"之简化字。
24	种	《廣韻·東韻》："种，稚也。"今为"種"之简化字。
25	胆	《廣韻·寒韻》："胆，口脂澤，出《證俗文》。"后借为"膽"之俗字，如《正字通·肉部》："俗以胆为膽。"今为"膽"之简化字。
26	胜	《説文·肉部》："犬膏臭也，从肉生聲，一曰不孰也。"又《字彙·肉部》："胜，今通用腥。"今作为"勝"之简化字。
27	洁	《玉篇·水部》："洁，音吉，水也。"今为"潔"之简化字。
28	宪	《直音篇·宀部》注"宪"为老弱之义。今为"憲"之简化字。
29	样	《集韻·陽韵》："样，槌也。"今为"樣"之简化字。
30	敌	《廣韻·删韵》："敌，盡皃。"今为"敵"之简化字。
31	积	《改並四聲篇海·禾部》引《搜真玉鏡》："积，音枳。"今为"積"之简化字。
32	烛	《集韻·東韵》："爞，旱灼也；或省。"今为"燭"之简化字。
33	猎	《廣韻·昔韻》："猎，獸名，似熊，出《山海經》。"今为"獵"之简化字。
34	痒	《説文·疒部》："痒，瘍也"。后作与"癢"同，如《集韻·養韻》："痒，膚欲搔也，或作癢。"今为"癢"之简化字。
35	痴	《玉篇·疒部》："痴，痴瘵不達也。"今为"癡"之简化字
36	忏	《玉篇·心部》："忏，怒也。"今为"懺"之简化字

（续表）

序号	复活字	备注
37	芸	《説文・艸部》:“芸,艸也,似目宿。”今为“蕓”之简化字。
38	沄	《説文・水部》:“沄,轉流也。从水云聲。”今为“澐”之简化字。
39	虮	《廣韻・脂韻》:“虮,密虮,蟲名。”今为“蟣”之简化字。
40	机	《説文・木部》:“机,木也。”段玉裁注:“葢卽榿木也,今成都榿木樹,讀若豈。”今为“機”之简化字。
41	蚝	《玉篇・虫部》:“蛓,毛蟲也,蠀、蛁、蟌、蚝並同上。”本表示“毛虫”。今为“蠔”之简化字。
42	邮	《説文・邑部》:“邮,左馮翊、高陵,从邑由聲。”今为“郵”之简化字。①
43	证(証)	《説文・言部》:“証,諫也,从言正聲。”后与“證”通,段玉裁《说文解字注・言部》:“今俗以証爲證驗字。”今为“證”之简化字。
44	胶	《集韻・爻韻》:“胶,脛骨也。”今为“膠”之简化字。
45	扑	《集韻・屋韻》:“攴,《説文》:小擊也。或作扑。”今为“撲”之简化字。

2. 更换意符造成的偶同

序号	复活字	备注
46	愿	《説文・心部》:“愿,謹也,从心原聲。”今为“願”之简化字。
47	肮	《廣韻・唐韻》:“肮,大脈也。”今为“骯”之简化字。
48	唇	《説文・口部》:“唇,驚也,从口辰聲。”今为“脣”之简化字。

3. 字形简省造成的偶同

序号	复活字	备注
49	么	《古今韻會舉要・蕭韻》:“幺,今俗做么。”今为“麽”之简体。
50	广	《説文・广部》:“广,因广爲屋,象對剌高屋之形,讀若儼然之儼。”今为“廣”之简化字。
51	亏	《説文・亏部》:“亏,於也,象气之舒亏。”今为“虧”之简化字。
52	巩	《説文・丮部》:“巩,褱也,从丮工声。”今为“鞏”之简化字。
53	杂	《龍龕手鏡・木部》注为“朵”之俗字。今为“雜” 之简化字。
54	医	《説文・匸部》:“医,盛弓弩矢器也,从匸从矢。”今为“醫”之简化字。
55	吨	《集韻・魂韻》:“吨,吨吨,言不明也。”今为“噸”之简化字。
56	奋	《改並四聲篇海・大部》引《餘文》:“奋,今做畖,鹽澤也。”今为“奮”之简化字。

---

① “郵”本为会意字,现代汉字改意符“垂”为声符“由”。

（续表）

序号	复活字	备注
57	垦	《集韻・魂韻》："垠，博雅厓也，亦書作垦。"今为"墾"之简化字。
58	虑	《玉篇・虍部》："虑，愁皃。"今为"慮"之简化字。
59	离	《説文・内部》："离，山神，獸也。"今为"離"之简化字。
60	筑	《説文・竹部》："筑，以竹曲五弦之樂也，竹亦声。"今为"築"之简化字。
61	隶	《説文・隶部》："隶，及也，从又，从尾省。"今为"隸"之简化字。
62	录	《説文・录部》："录，刻木录录也。"今为"録"之简化字。

4. 符号代替造成的偶同

序号	复活字	备注
63	币	《龍龕手鏡・巾部》："币，《隨函》云：合作印字。"今为"幣"之简化字。
64	仅	《説文・女部》："仅，古文奴，从人。"又《正字通・人部》："仅，同付。"今为"僅"之简化字。
65	邓	《改並四聲篇海》引《搜真玉鏡》："邓，音山，古地名。"今为"鄧"之简化字。
66	叹	《龍龕手鏡・口部》："叹，《川韵》作又字。"今为"嘆"之简化字。
67	圣	《説文・土部》："圣，汝潁之閒謂致力於地曰圣，从土从又。"今为"聖"之简化字。
68	坏	《説文・土部》："坏，丘再成者也，一曰瓦未燒。"今为"壞"之简化字。
69	还	《龍龕手鏡・辵部》："还，俗；不、浮二音。"今为"還"之简化字。
70	怀	《改並四聲篇海・心部》引《俗字背篇》："怀，怒也。"今为"懷"之简化字。
71	团	《龍龕手鏡・囗部》："团，俗，音囚"。今为"團"之简化字。

二、改换字例

序号	复活字	备注
72	厂	《説文・厂部》："山石之厓岩，人可居，象形。"今为"廠"之简化字。
73	旧	《龍龕手鏡・日部》："旧，同臼。"今为"舊"之简化字。
74	呆	《説文・人部》："呆，古文保。"后借为"痴儍"之意，元・宮大用《范張雞黍》第二折："垂釣的嚴子陵不是呆。"今沿用为"獃"之异体字。
75	听	《説文・口部》："听，笑皃，从口斤聲。"后借为"聽"的俗字，如《正字通・口部》："听，俗借为聽字省文。"今沿用为"聽"的简化字。
76	灵	《廣韻・青韻》："灵，《字類》云：'小熱皃。'"后借为"靈"之俗字，如《正字通・火部》："灵，俗靈字。"今沿用为"靈"之简化字。
77	杰	《廣韻・薛韻》："杰，梁四公子名䰠杰也。"后借与"傑"通用，如《正字通・木部》："杰，今人以为豪傑之傑。"现代汉字亦以"杰"为正字。
78	惊	《集韻・陽韻》："惊，悲也，呂張切。"今为"驚"之简化字。

（续表）

序号	复活字	备注
79	体	《廣韻・混韻》:“体,麤皃,又劣也。”今为“體”之简化字。
80	儿	《説文・儿部》:“儿,仁人也,古文奇字人也,象形。”今借为“兒”之简化字。
81	忧	《説文・心部》:“忧,不動也,讀若祐。”今借为“憂”之简化字。
82	苋	《玉篇・艸部》:“苋,草也。”今借为“繭”之简化字。

三、使用古本字、或体、俗字

序号	复活字	备注
83	与	《説文・勺部》:“与,賜予也,一勺爲与,此与與同。”段玉裁注:“今俗以與代与。與行而与废矣。”今作为“與”之简化字。
84	万	《玉篇・方部》:“俗萬字,十千也。”今为“萬”之简化字。
85	个	《集韻・箇韻》:“箇,或做个,通做個。”今为“個”之简化字。
86	无	《説文・亾部》:“无,奇字無。”今为“無”之简化字。
87	抚	《改並四聲篇海・手部》引《搜真玉鏡》:“抚,音撫,俗用。”今为“撫”之简化字。
88	籴	《廣韻・锡韵》:“糴,徒歷切,市穀米。籴,俗。”今为“糴”之简化字。
89	肤	《玉篇・肉部》:“膚,府隅切,皮也。肤,同上。”今为“膚”之简化字。
90	气	《説文・气部》:“雲氣也,象形。”段玉裁注:“气氣古今字,自以氣为雲氣字,乃又作餼爲廩氣字矣。气本雲气,引申爲凡气之偁。”今作为“氣”之简化字。
91	从	《説文・从部》:“相聽也,从二人。”段玉裁注:“按从者今之從字,從行而从廢矣。”今为“從”之简化字。
92	复	《説文・夂部》:“复,行故道也。”段玉裁注:“彳部又有復,復行而复废矣,疑彳部之復乃后增也。”今为“復”之简化字,又借为“複”之简化字。
93	厘	《正字通・厂部》:“厘,俗廛字。”后作为“釐”的俗字,如《篇海類編・地理類・廠部》:“厘,俗做釐省。”今为“釐”之简化字。
94	丽	《説文・鹿部》:“麗,旅行也。鹿之性,見食急則必旅行,从鹿丽聲。丽,古文。”按:《説文解字注》《説文句讀》等都依小徐本作“丽,古文”。“丽”与“麗”盖本为一字,今作为“麗”之简化字。
95	尔	同“尒”,《集韻・紙韻》:“尒,亦书作尔。”二字不同在于书写手法。而“尒”古同“尔”,《玉篇・人部》:“尒,亦作爾。”今以“尔”为“爾”之简化字。
96	达	《説文・辵部》:“達,行不相遇也。从辵羍聲。达,達或从大。”今为“達”之简化字。
97	网	《説文・网部》:“网,庖犧所結繩以漁。從冂,下象網交文。”又《正字通・网部》:“网,網本字。”今为“網”之简化字。
98	众	《説文・人部》:“㐺,①衆立也,从三人。”“众”为“衆”之古文,学界已有定论。今为“衆”之简化字。

① 见《说文》小篆字形。

（续表）

序号	复活字	备注
99	庄	《干禄字書》:“庄，俗莊字，非。”今为“莊”之简化字。
100	麦	《玉篇·麥部》注“麦”为“麥”之俗字。今为“麥”之简化字。
101	弃	《說文·華部》:“弃，古文棄。”现代汉字以“弃”为正字。
102	岩	《龍龕手鏡·山部》:“巖，古作岩。”今为“巖”之简化字。
103	笔	《集韻·質韻》:“筆，或作笔。”今为“筆”之简化字。
104	滗	《集韻·質韻》:“潷，或从笔。”今为“潷”之简化字。
105	乱	《廣韻·換韻》:“亂，俗作乱。”今为“亂”之简化字。
106	袜	《集韻·末韻》:“袜，所以束衣也，或从糸，或与襪同。”今为“襪”之简化字。
107	霉	《正字通·雨部》:“霉，义与黴同。”今为“黴”之简化字。
108	怜	《玉篇·心部》:“怜，心了也。”后用作“憐”之或体，如《集韻·先韻》:“憐，《說文》:‘哀也。’或作怜。”金为“憐”之简化字。
109	粮	《玉篇·米部》:“糧，穀也；粮，同糧。”今为“糧”之简化字。
110	断	《玉篇·斤部》:“斷，截也；又決也。断，同上，俗。”今为“斷”之简化字。
111	继	《玉篇·糸部》:“继，同繼，俗。”今为“繼”之简化字。
112	兽(嘼)	《說文·嘼部》:“嘼，犍也。”徐灝《說文解字注箋·嘼部》:“若嘼與獸，則實本一字。”今以“兽”为“獸”之简化字。
113	号	《說文·号部》:“号，痛聲也。”段玉裁《说文解字注》:“凡嗁號字古作号……今字則號行而号廢矣。”今为“號”之简化字。
114	惧	清·龙启瑞《字學舉隅》注“惧”为“懼”的俗字。今为“懼”之简化字。
115	属	《廣韻·燭韻》:“屬，付也，足也；属，俗。”今为“屬”之简化字。
116	韵	《集韻·焮韻》:“韻，《說文》:和也。或作韵。”现代汉字以“韵”为正字。
117	杀	《五經文字·殳部》:“殺，从殳，杀声；杀，古殺字。”今为“殺”之简化字。
118	尽	《篇海類編·數目類·尺部》:“尽，音盡，俗用。”今为“盡、儘”之简化字。
119	蛊	《龍龕手鏡·蟲部》:“蛊，同蠱。”今为“蛊”之简化字。
120	双	《字彙·又部》:“双，俗雙字。”今为“雙”之简化字。
121	毡	《正字通·毛部》:“毡，俗氈字。”今为“氈”之简化字。

四、新造专字

序号	复活字	备注
122	份	《說文·人部》:“份，文質僣也，从人分聲。”今表示量词“份数”。
123	她	《集韻·支韻》:“她，子野切，同姐。”今表示人称代词。
124	汽	《說文·水部》:“汽，水涸也，或曰泣下。”今表“水汽”之“汽”。
125	疙	《玉篇·疒部》:“疙，魚乞切，癡皃。”今多表示“疙瘩”。
126	挎	《集韻·模韻》:“挎，苦胡切，持也。又挎，空也，拆也。”今表示“胳膊弯起来挂着东西”，如“挎包”。

（续表）

序号	复活字	备注
127	吩	《正字通·口部》:“吩,俗噴字。”今表示“吩咐、嘱咐”之意。
128	咐	《字彙補·口部》:“咐,嘘也。”今表示“吩咐、嘱咐”之意。
129	咖	《龍龕手鏡·口部》:“咖,俗,加、伽、迦三音。”义不详。今表示音译词。
130	啡	《廣韻·海韻》:“啡,匹愷切,出唾聲。”今表示音译词。
131	泵	清·钮琇《觚賸》:“水之磯激爲泵,音聘。”今表示音译词。
132	钣(鈑)	《廣韻·潸韻》:“鈑,鉼金也。”今表示“板状金属”。
133	硅	《廣韻·陌韻》:“硅,硅破。”今表示一种非金属元素名。
134	咧	《集韻·薛韻》:“咧,咧咧,鸟声。”今用为语气词。
135	吧	《廣韻·麻韻》:“吧,吧呀,小兒忿爭。”今表示语气词。
136	哈	《玉篇·口部》:“哈,五合切,魚多皃。”今多用为拟声词。
137	哆	《説文·口部》:“哆,張口也。从口,多聲。”今表示“发抖,战栗”,如“哆嗦”。
138	咪	《龍龕手鏡·口部》:“咪,同咩。”今多用为拟声词。
139	啤	《龍龕手鏡·口部》:“啤,俗,音卑。”义不详。今表示“啤酒”。
140	镯(鐲)	《説文·金部》:“鐲,鉦也。从金蜀聲。”今表示“手镯”。
141	呋	《龍龕手鏡·口部》:“呋,正作趺。”表示“脚背”。今表示化学物名。
142	吡	《玉篇·口部》:“吡,毗必切,鳴吡吡。”今表示有机化合物名。
143	苯	《玉篇·艸部》:“苯,苯蕁、草叢生也。”今表示有机化合物名。
144	矸	《廣韻·翰韻》:“矸,石净也。”今表示夹杂在煤里的石块。
145	咔	《龍龕手鏡·口部》:“咔,俗;哢,正。鳥鳴。”今表示象声词。
146	酮	《玉篇·酉部》:“酮,徒董切,酢欲壞。”今表示有机化合物的一类。
147	溴	《改並四聲篇海·水部》引《對韻音訓》:“溴,水氣。”今表示为一种非金属化学元素名称。
148	胲	《説文·肉部》:“胲,足大指毛也,从肉亥聲。”今表示为有机化合物的一类。
149	胺	《玉篇·肉部》:“胺,肉敗也。”今表示为有机化合物之简称。
150	朊	《玉篇·月部》:“朊,月光微也。”又《類編·肉部》:“朊,胃府也。”按:《玉篇》与《类编》所收并非一字,前者从“月”,后者从“肉”,古从“肉”者隶变往往讹为“月”。今用作蛋白质的旧称。
151	胂	《説文·肉部》:“胂,夹脊肉也,从肉申聲。”今表示一种有机化合物的名称。
152	胍	《玉篇·肉部》:“胍,故胡切,肐胍,大腹也。”今表示一种有机化合物的名称。
153	胰	《廣韻·脂韻》:“胰,夹脊肉也。”今特指“胰腺”。
154	腈	《玉篇·肉部》:“腈,腈肉也。”今为有机化合物的名称。
155	铹(鐒)	《集韻》:“鉾,《广雅》:‘鉾,炉镝也。’一曰鏂鉾,铜器。或从勞。”今表示化学元素名称。
156	锘(鍩)	《玉篇·金部》:“鍩,他點切,取也。”今表示化学元素名。
157	锫(錇)	《集韻·侯韻》:“錇,鉗鏂大釘。”今表示化学元素名。

（续表）

序号	复活字	备注
158	镤(鏷)	《篇海類編·珍寶部·金部》:"鏷,生鐵。"今表示化学元素名称。
159	钾(鉀)	《玉篇·金部》:"鉀,鉀鑪箭。"今表示化学元素名称。
160	镉(鎘)	《玉篇·金部》:"鎘,盧的切,釜。"今表示化学元素名称。
161	锕(錒)	《集韻·歌韻》:"錒,鏻釜屬,或从阿。"今表示化学元素简称。
162	钒(釩)	《玉篇·金部》:"釩,拂也。"今表示化学元素名。
163	钡(鋇)	《玉篇·金部》:"鋇,鋒也。"今表示化学元素名称。
164	钠(鈉)	《玉篇·金部》:"鈉,打鐵。"今表示化学元素名。
165	铊(鉈)	《玉篇·金部》:"鉈,金也。"今表示化学元素名。
166	钯(鈀)	《説文·金部》:"鈀,兵車也,一曰鐵也。从金巴聲。"今表示化学元素名。
167	钴(鈷)	《玉篇·金部》:"鈷,鈷鏻也。"今表示化学元素名。
168	铈(鈰)	《玉篇·金部》:"鈰,劍名。"今表示化学元素名。
169	铊(鉈)	《説文·金部》:"鉈,短矛也。从金它聲。"今表示化学元素名。
170	铋(鉍)	《玉篇·金部》:"鉍,矛柄也。"今表示化学元素名。
171	铍(鈹)	《説文·金部》:"鈹,大鍼也;一曰劒如刀裝者,从金皮聲。"今表示化学元素名。
172	铒(鉺)	《玉篇·金部》:"鉺,鉤也。"今表示化学元素名。
173	铪(鉿)	《廣韻·合韻》:"鉿,二尺鋌。"今表示化学元素名。
174	铬(鉻)	《説文·金部》:"鉻,鬄也,从金各聲。"又《玉篇·金部》:"鉻,古額切,鉤。"义为一种兵器。今表示化学元素名。
175	铁(鐵)	《龍龕手鏡·金部》注"鐵"为"鐵"之俗字。今表示化学元素名。
176	锌(鋅)	《玉篇·金部》:"釨,剛也。鋅,同上。又金皃。"今表示化学元素名。
177	锶(鍶)	《字彙·金部》:"鍶,音松,铁器。"今表示化学元素名。
178	鎓(鎓)	《字彙·金部》:"鎓,音翁,鍬也。"今表示盐类的一种,鎓盐。
179	镧(鑭)	《玉篇·金部》:"鑭,力旦切,金光皃。"今表示化学元素名。
180	镭(鐳)	《廣韻·灰韻》:"鐳,瓶也,壺也。"今表示化学元素名。

《说文》“回”字考*

张世超

提要 据现在所见古文字材料可知,《说文》中之“回”字字形来源于战国时期的楚文字,最初是为“围”造的简体字,《说文》“回”字古文来源于战国文字“云”之省变。至西汉中期后,此二字形被人误解,以误解载入《说文》。

关键词 《说文》回 围 趄 圆

一

《说文·囗部》:“回,转也。从囗,中象回转形。囘,古文。”古代典籍中“回”字作“回转”“回环”之义者十分常见,故学界对于训“转也”多无异议,文字学家所讨论的都是篆文字形是如何表现回转之义的。如徐锴《说文系传》解释篆文曰:

“浑天之气,天地相成。天周地外,阴阳日月五星回薄其中也。”

其说过玄,先民断不会将如此玄虚的道理融入象形字的解构中去。然篆文“回”也的确难以找到更好的解释。连清代《说文》大家段玉裁也只能这样说:

“中当作囗,外为大囗,内为小囗,皆回转之形也。如天体在外左旋,日月五星在内右旋是也。”

相比之下,“回”字的古文倒更能表现回转之意。徐锴说它“直象回转之形”,段玉裁说它“象一气回转之形”。徐灏《说文解字注笺》曰:

“古文回盖象水旋转之形,故颜回字渊,水部曰:渊,回水也。”

此说最能得许氏之意,也最为后世治《说文》者所赞同。

---

* 本文曾在中国文字学会第十届学术年会(2019年10月,郑州)上宣读,蒙季旭昇先生提示《君子为礼》中的颜渊名用例。今据以修改文末部分,并向季先生致谢。

二

如果用古文字材料进行比较，会发现“回”古文“”之字形早见于殷墟甲骨文。甲骨文有字作A形：

合4931	毌回父丁爵	虢季子白盘“宣”所从	秦公簋“趄”所从
A	B	C	D

其字下部所从象盘旋运动之路线，为字之基本形，上部增从“止”，表示人之行动。全字即后世之“趄”初文，《说文·走部》：“趄，趄田易居也。”讲的是其引申义。

西周金文有字如B形，与A显然为同字。《金文编》据《说文》“回”字古文收入“回”字下。[①] 高鸿缙的说法代表了释此为回水象形者的意见：

> “此象渊水回旋之形，故托以寄回旋之意，动词。后引申为回归，久而成习，而渊水回旋，乃造洄字以还其原。”[②]

加上“颜回，字子渊”之证，这似乎是个较完美之说。然如果将古文字材料排列起来就会发现，此说有个致命的弱点：字符仅见于殷末周初的文字，从西周中期起，形变为C、D等形[③]，直至春秋战国文字中，形再未出现。

石鼓文“宣”所从	秦简“垣”所从	兆域图“垣”所从	货币文字“垣”所从	楚简《系年》“洹”所从
E	F	G	H	I

石鼓文中此字形如E，战国文字中，除秦系文字作F形外，皆作G、H或I形。[④]

---

① 容庚：《金文编》，中华书局2003年，第425页。

② 高鸿缙：《中国字例》二篇186页。

③ 参看《金文编》“趄”、“宣”下诸字。

④ 参看何琳仪：《战国古文字典》，中华书局1998年，第1051—1054页。

而秦文字之 F 形显然是由石鼓文 E 形"截除性简化"的结果。[①] 如果说,《说文》"回"之古文"囘"跨越了千余年的字形演变,直接上承商末周初的亘字,总是令人难以置信的,何况"回""趄"毕竟不是同一个字。

1960 年,在河北沧县肖家楼村的一处战国遗址中出土了大批的刀币,总数有一万多枚。刀币正面铭为"明"字,背文则繁杂多样,整理者统计,有 300 余种。从已经公布的材料来看,这些背文是铸币者在制模时所作的标记,少量的单字和大量的几何符号、象形符号都是作标记用的。正如整理者所说:"字类繁复,有干支、记数和其他一些单字,多数为记号,还有一些象形图案。"[②]因此,这批背文中的绝大部分是不能视为文字的。

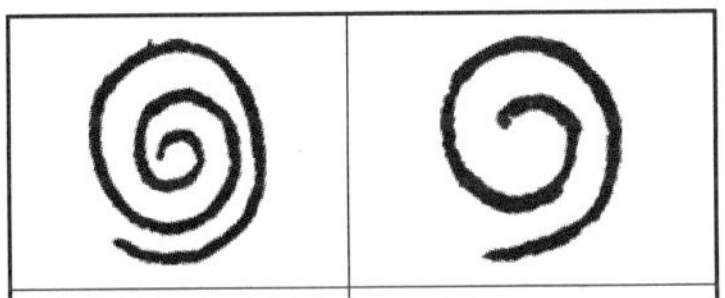
J　K

商承祚等人编著的《先秦货币文编》在这批背文中选取了 J、K 二形,据《说文》释为"回",未免草率。[③]

据上文的分析已经可知,战国时期"亘(趄)"字已经没有作亘类字形者了,刀币背文 J、K 带有很强的图绘意味,尤其是 J 形,与当时文字的风格相去甚远,是决难释为"亘(趄)"或"回"的。季旭昇引 K 形以证成"回水"之说,当亦不可信。[④]

三

汉语中有三个词语出同源:其一为"圆",本为名词,后亦用如形容词。最初写作"○",后为区别于"璧"增"鼎"作"鼎",示鼎口之圆,讹为"员",增符分化作"圆";其二为作圆形运动之"趄"或"亘",最初写作"亘",或"亘",西周中期以后作"亘"等形,又增意

① 林澐:《古文字研究简论》,吉林大学出版社 1986 年,第 75—78 页。

② 天津市文物管理处:《河北沧县肖家楼出土的刀币》,《考古》1973 年第 1 期,第 35—41 页。

③ 商承祚、王贵忱、谭棣华合编:《先秦货币文编》,书目文献出版社 1983 年,第 80 页。同书"回"下所收的另一形作𠃑,采自清人倪模的《古今钱略》,倪氏书中所收明刀币背文多有"左"或"右"字。"左/右"下多为数字、干支字和一些作标记的单字,也有一些作标记的符号和图形。也就是说,倪书刀币背文除多出"左/右"标记字外,其下的文字符号与肖家楼刀币背文是同样性质的。因此,倪书的"𠃑"与 J、K 同样,释为作标记用的图形为妥。

④ 季旭昇:《说文新证》,艺文印书馆 2014 年,第 516 页。

符"走"或"辵"。"圆""趄"古音同纽，其韵一属文部一属元部，文、元二部相通之例甚多，如元部之"虔"从"文"声；文部之"狺""誾"皆从元部之"言"声。《说文·口部》"圜，天体也。从口，睘声。"实际上，"圜"就是"圆"这个词声转入元部者。元部之"环"就是文部之"圆"的派生词。

且己爵	花东 195
L	M

其三为"围"，包围也是一种呈圆形的运动。最早作 L 形，后省化作 M 形（即"韋"字）。又增意符"囗"分化作"围"。"围"字古音与"圆"同纽，韵属微部，与"圆"之文部阴阳对转。《说文》部首，"围"之初文"囗"，就来自"圆"之初文"○"。[①]

四

清华战国楚简《系年》里多见以"回"表"围"之例，如（释文采用简式）：

(1) 幽王起自(师)，回(围)平王于西申。（第二章）

(2) 二邦伐鄀，徙之中城，回(围)商密。（第六章）

(3) 晋文公立四年，楚成王率诸侯以回(围)宋伐齐。（第七章）

(4) 晋文公立七年，秦、晋回(围)郑。（第八章）

对于这些文字现象，整理者一律以通假视之。"回""围"二字语音相通没有问题，传世典籍中也有不少例子。[②] 但应当注意到的是，《系年》一篇共见有 21 次"围"字，全都作"回"。返视"回"字构形，使我们意识到，这就是为包围之"围"造的字：中间之方形代表城邑，见于"邑""围""征""卫"等古文字，外面加一"囗"，象绕城外复修一环形墙，犹郭之于城。也可以把外部之"囗"视为表示围城之人的抽象符号。"回"亦可视为古 L 字形的简化体——如此分析"回"字结构，比起《说文》家们"在外左旋""在内右旋"之类说法要现实、可信得多。总之，"回"字是战国时期楚人为"围"造的异体

---

① 裘锡圭：《文字学概要》，商务印书馆 1996 年，第 111 页。

② 参看高亨：《古字通假会典》，齐鲁书社 1989 年，第 505 页。

字。楚文字中,"回""韋"作为同一字异体的声符使用,也证明了"回""围"二字的关系。[①]

秦文字中,"包围""周围"等义都作"围",唯睡虎地秦简《秦律十八种》中的《司空》律,见有一"回"字用例,其辞如下:

(5)舂城旦出繇(徭)者,毋敢之市及留舍闠外,当行市中者,回,勿行。(《秦律十八种·司空》)[②]后一句整理者翻译作:

"路经市场中间的,应绕行,不得通过。"[③]十分正确。

"绕行"之义,典籍中作"违"。《左传·成公十六年》:"有淖于前,乃皆左右相违于淖。""相违于淖"即绕淖而行。

秦文字偶用"回"字,用法也较特殊,其"回"字字形应是从楚文字中输入的。

汉初的出土文献里,"回"字仍然为"围"字异体,我们试举几例:

(6)齐宋攻魏,楚回(围)翁(雍)是(氏)。(马王堆帛书《战国纵横家书·苏秦谓陈轸章》)[④]

(7)为高楷车可以投五十步之内者,二百步而一,小回楷车五十步而一。(《银雀山汉墓竹简·守法守令等十三篇》)[⑤]

"楷车",《墨子·备城门》作"藉车",是一种投掷滚木的守城器械。《墨子·备城门》:"以木大围长二尺,四分而早凿之,置炭木其中而合慕之,而以藉车投之。"则简文"小回"即"小围",指口径小之滚木。

(8)回璧四具。(张家山汉简《遣策》)[⑥]

田河认为"回"当读为"围",即陆德明《经典释文》所云"径尺曰围"。"回璧"即"围璧",指"径尺之璧",相当于典籍中习见的"尺璧"。[⑦]

(9)盖庐曰:"攻军回众,何去何就?何如而喜,何如而凶?"申胥曰:"凡攻军回众之道,相其前后,与其进芮(退),慎其填(尘)埃,与其緂气。"[⑧]

关于"回众",整理者无说。今按,"围地"为古军事术语,《孙子·九地》:"所由入

---

① 参裘锡圭、李家浩《曾侯乙墓竹简释文与考释》注104关于"𫐐""帏"二字的说解。《曾侯乙墓》,文物出版社1989年,第575页。李守奎《楚文字编》分"𫐐""帏"为二字,华东师范大学出版社2010年,第478、480页。

② 睡虎地秦墓竹简整理小组:《睡虎地秦墓竹简》(精装本),文物出版社2001年,第53页。

③ 《睡虎地秦墓竹简》(平装本),文物出版社1978年,第90页。

④ 马王堆汉墓帛书整理小组:《马王堆汉墓帛书》叁,文物出版社1983年,第71页。

⑤ 银雀山汉墓竹简整理小组:《银雀山汉墓》壹,文物出版社1985年,第128页。

⑥ 张家山二四七号汉墓竹简整理小组:《张家山汉墓竹简》,文物出版社2006年,第189页。

⑦ 田河:《张家山二四七号汉墓遣策补正》,《社会科学战线》2010年第11期,第84—89页。

⑧ 张家山二四七号汉墓竹简整理小组:《张家山汉墓竹简》,文物出版社2006年,第165页。

者隘，所从归者迂，彼寡可以击吾之众者，为围地。”①清于鬯《香草续校书》曰：“围地者，谓地之围，非谓被兵围也。被兵围则是死地，非围地矣。……盖其地实亦险阻而少出路耳。”②简文“回众”即指“围地之众”。

大约在西汉中期以后，“回”字开始广泛地表示“回转”“回环”之义。③ 至许慎作《说文》时，人们已不知“回”字的本义为何了。

五

下面再说一说《说文》“回”字古文的来源。

据前文可知，古文字字符“”自西周中期即已消失。说“回”字古文直接承自商周之际的文字不太可信，何况也与《说文》古文源自六国文字这一学术共识相抵牾。故其来源还应到战国文字中去寻找。

《说文·又部》：“，入水有所取也。从又在下，，古文回。回，渊水也。”又《水部》：“，沈也。从水从叟。”以“叟”为潜水义之专字，“湶”为沉没专字。出土文献中并无这样的区别。“叟”应是“湶”字的前身。

“叟”字在战国楚简中多次见到，仅李守奎等所编上博简文字编“叟”字下就收有字形五例，④如郭店简《唐虞之道》有字如N，上博简《曹沫之阵》有字如O，清华简《心是谓中》有字如P。

《唐虞之道》第2简	《曹沫之阵》第9简	《心是谓中》第6简
N	O	P

三字之用例如下：

(10)身穷不均，叟(没)而弗利穷(躬)，息(仁)歆(矣)。——《唐虞之道》⑤

① 《十一家注孙子》，上海古籍出版社1978年，第267页。

② 于鬯：《香草续校书》，中华书局1982年，第446—447页。

③ 出土文献中可以见到的较早之例，是尹湾汉简《神乌赋》中有“非回”，即联绵词“徘徊”。这已经是西汉晚期的文字了。

④ 李守奎、曲冰、孙伟龙：《上海博物馆藏战国楚竹书（一—五）文字编》，作家出版社2007年，第155页。

⑤ 释文参裘锡圭先生按语。

(11)以亡道称而叟(没)身就世,亦天命。——《曹沫之阵》[1]

(12)君公、侯王、庶人、坪(平)民,丌(其)母(毋)蜀(独)忻(祈)保家叟(没)身于畏(鬼)与天。——《心是谓中》

N、O、P释为“叟”是没有问题的。黄德宽、徐在国指出其上部所从为“云”是正确的,然从而释之为“抎”则未可信从。[2]

学界或比较字形,认为“叟”字上部所从不是“云”。这里有必要就“云”之字形略作讨论。

“云”字殷墟甲骨文作Q形,此类字形经西周文字向下流传。古文字材料中虽说少见,仍可见其迹象。

合21324	合13418	攻敔大子姑发䛇反剑
Q		R

1959年12月安徽淮南市八公山区蔡家岗赵家孤堆战国墓出土的攻敔大子姑发䛇反剑铭“云”字作R形。[3] 其辞为:

(13)才(在)行之先,云(员)用云(员)蒦(获),莫敢卸(御)余。——攻敔大子姑发䛇反剑

此春秋时代字形十分重要,无此字形,我们将无由窥探“云”字字形分两系流传之情形。“云”之一体自商代经西周、春秋传至战国,姑称之为“古体”。古体“云”的构形特点是:顶部一或二短横画(后期多为一画),主体竖画向下,向左或向右旋转成螺旋形。字形R是其例,上文所列“叟”字N、O、P上部所从即古体“云”。字形P上部所从字笔画向左弯曲后又向上穿越横画,即强调表达螺旋之意所致。

“云”之另一体构形特点是:顶部一或二短横画,主体竖画向下,多向右弯曲。楚文字中上部之短横画又往往被写作圆点。如:

---

① “就”下一字整理者李零释为“死”之异体,此从高佑仁释“世”,见氏著《谈〈曹沫之陈〉的“没身就世”》,武汉大学“简帛网”2006年2月20日。

② 黄德宽、徐在国:《郭店楚简文字续考》,《江汉考古》1999年第2期,第75页。

③ 安徽省文化局文物工作队:《安徽淮南市蔡家岗赵家孤堆战国墓》,《考古》1963年4期,第204页。铭文收于《集成》11718。释文参董珊《吴越题铭研究》,科学出版社2014年,第9页。

《玺汇》4877	楚文字“囩”(圆)所从	
S		

此种字体之“云”，我们称为“简体”。在战国时期，无论独用还是作为偏旁，简体“云”都是广泛使用的，其原因显然是古体“云”字中的螺旋形笔画较难写。唯一的例外是古体“云”保留在“𠬛(沒)”字里。

古文字中的某一字形或构字偏旁如果产生了异体，那种罕见的形体有时被保留在某个特定的字形中，这是受文字约定俗成的符号性制约的结果。例如，“奔”原从三“止”，后“止”讹如“屮”，后世写作“奔”，“止”之异体“屮”或“十”仅在“奔”中使用；又如，“鼓”字本从“攴”，示以鼓锤敲击之意，所从之“攴”，甲骨、金文中有或作“支”者，“攴”之异体“支”亦仅在“鼓”中使用。战国文字中古体“云”保留在“𠬛(沒)”中与“奔”“鼓”之例同样道理。

至此我们可知，据古文字材料分析，“𠬛”字本为从“又”，“云”声之字。古音“云”属文部、“𠬛(没)”属物部，文、物阳入对转。其声纽一为匣母、一为明母，古重唇音与喉牙音关系密切[1]，有学者认为，在更早的汉语里，唇音与喉牙音存在复辅音情况[2]，“云”为“𠬛(没)”之声符犹“黑”为“墨”之声符。[3] 以“云”为“𠬛(没)”之声符语音上是没有问题的。

“𠬛(沒)”字所从之“云”简省掉顶部之横画(后渐变为竖画)，就成为一螺旋形。《清华大学藏战国竹简(八)》收有《邦家处位》，其中有“没”字如T。《睡虎地秦简·秦律十八种》里有“没”字如U。《侯马盟书·委质类》有从“𠬛”声之“⿰𠬛页”如V：

《邦家处位》4简	《秦律十八种》103简	《侯马盟书·委质类》
T	U	V

① 参杨泽生《续说从“卜”形的“孔子”合文》，《古文字研究》第三十辑，中华书局2014年，第336页。

② 参师玉梅《说“防卫”》，《中国文字学报》第四辑，商务印书馆2012年，第48页。

③ 确切点说，“墨”是“黑”之增符分化字，参王力《同源字典》，商务印书馆1982年，第253页。

从字形 T 至 U、V，足可见“回”字形之来源。《说文》中所谓“回”字古文“囘”，实来源自“叟”字之简体所从之“云”，从古文字材料看，这种简体可能即始自秦、晋地区文字。

西汉中期以后，人们已不清楚“回”形的来源。因“叟（没）”字所代表的常见意义“潜水”“沉没”皆与水相关，故将“叟”字上部所从之“回”视为回水象形。又因“回”字已被用来表“回转”之义，故将“囘”认作“回”之古文——这便是《说文》“回”古文“囘”之来源。

《说文》正篆中，“回”及“洄”所从皆作“回”，唯“叟”字所从作“囘”，正证明了所谓“回”之古文“囘”来源于“叟”所从，而“囘”与“回”本非一字。①

至于颜渊的名字问题，春秋时期的颜渊当然不会以战国时才出现的“回”字为名。颜渊之名在出土的先秦文献中已可见到，《上博》（五）《君子为礼》中三见、《弟子问》中一见，均作“韋”。② 如：

(14)颜渊畤（侍）於夫子。夫子曰：“韦（回），君子为豊（礼），以依於仁。”颜渊作而答曰：“韦（回）不悬（敏），弗能少居也。”——《君子为礼》第 1 简

此外，《上博》（八）《颜渊问於孔子》二见，皆作“愇”。③ 这些材料都印证了我们关于“回”是战国时楚人所造的“围”字异体的论断。当年此字还没有“洄水”之义，用它作颜渊之名，是汉代的事情。

从名字相应的角度看，楚简中颜渊之名的“韋”或“愇”，或应即为“瀾”的假借字。《说文・水部》：“瀾，不流濁也。從水，圍聲。”其字源于“圍”，清人朱骏声曰：“止水围守，少所宣泄之谓。”④总之，西汉中期以后，人们把它换成了“回”。这时候，“回”字已经有了“回转”之义了。

（张世超：东北师范大学文学院，130024，长春）

---

① 《二部》尚有“亘”字，谓“从囘。囘，古文回。”实际上“亘”所从为“趄”字初文，字形囘与殷、周初“趄”字初文暗合。

② 《上海博物馆藏战国楚竹书》（五），上海古籍出版社 2005 年，“释文”第 254、260 页。

③ 《上海博物馆藏战国楚竹书》（八），上海古籍出版社 2011 年，“释文”第 145、152 页。

④ 《说文通训定声・履部》。

说"季"

季旭昇

提要 "季"字,《说文》释为"少偁",即伯、仲、叔、季排行中最小的一个,字;分析字义为"从稚省声"。林义光以为把"禾"分析为"从稚省声"不合理,因此改释为从子禾,释义也改为"幼禾",以为是"穉"的古文。不过,甲骨文的"季"字上部所从的"禾"有几个特别标出禾穗,比较像是成熟的谷子,而不像是"幼禾"。综合各种条件,我们以为"季"的本义应该是"穊",栽种时过于密集的谷子,成熟时禾穗较不饱满,因此农人收割后被挑出放在一旁,由小孩子扛回去。音再转就是《诗经·大田》中的"穧"。

关键词 穧 穊 穉 幼禾 少偁

"季"字的本义,《说文解字》卷十四下云:

季:少偁也。从子,从稚省,稚亦声。(居悸切)①

历代学者大抵遵从此说,一直到近代,林义光才提出不同的意见。《文源》卷十云:

禾为稚省,不显。《说文》云稚亦声,是季与稚同音,当为穉之古文,幼禾也。从子禾,古作𥝢(趞尊彝),引申为叔季之季,亦与穉通用。《诗》有齐季女(《采苹》)、季女斯饥(《候人》),季犹穉也。②

此说一出,学界大都欣然接受,如马叙伦《说文解字六书疏证》卷二十八、笔者的《说文新证》卷十四,都采用了林义光的说法。不过,马叙伦采用了冯振心的说法,以为"季"从"子"声。

林义光不接受《说文》的说法,应该是正确的。《说文》释"季"为"少偁",所以从"子"是合理的。但是从"禾"就不好讲,《说文》因此提出从"稚"省,形声字的声符本身就是一个形声字,然后省掉"形声字"的"声符",只剩不表音的"意符",不表音的"意

---

① 许慎撰、徐铉校定:《说文解字》,北京中华书局1985年影印丛书集成初编影平津馆丛书本,卷十四下,叶六下。

② 林义光:《文源》,中西书局2012年,卷十,叶十六,第355页。

符”如何能发挥形声字“声符”的功能呢？段玉裁在《说文解字》卷二上“哭　哀声也。从吅、狱省声”下就发出过这样的质疑：

> 按许书言省声，多有可疑者。取一偏旁，不载全字，指为某字之省，若家之为豭省，哭之从狱省，皆不可信。狱固从㹜，非从犬而取㹜之半。然则何不取㱿、独、倏、猺之省乎？①

这话说得很有道理，“哭”从“吅”有道理，但是从“犬”就很费解，段玉裁勉强说“安见非哭本谓犬嗥而移以言人也”？也很难让人信服，犬嗥跟人哭相差很远，很常见的人哭，不从“人”去想办法造字，偏偏要拿一个跟人哭相去很远的犬嗥来替代，也不符合汉字心理学。许慎当然也知道“哭”字从“犬”不合理，因此就着“犬”旁找到一个跟“哭”字音近的“狱”作为“哭”的声符，这当然也很难让人接受。形声字就是要表音的，很多形声字的声符在后世读起来没什么表音的效果，那是因为时移地转，语音发生变化所造成的。岂有在一开始造字，就故意造一个形声字，而声符省声，省到完全没有表音功能，这是不符合汉字造字理论，也不会是汉字造字的现实。

当然，一定有人会举甲骨文“配”字从“如（表示一男一女‘一对’人牲，即‘妃’的初文。参见‘妃’字条）省声”、战国文字“肥”从“如”省声来作为旁证。② 不过，甲骨文“配”字从“如”省声、战国文字“肥”从“如”省声，毕竟是极罕见的特例，这种特例往往还有我们所不知道的特别因素。能有其它合理解释时，应该尽量避免这种不合文字造字常理的特例。

相形之下，林义光改释形为从禾从子，改释义为“稺”；确实较为合理。马叙伦用冯振心说，以为“季”从“子”声，都比《说文》合理。

不过，仔细思考“季”的意义、字形演变，我们觉得林义光的改释其实未必合理。主要理由如下：

首先，古文字中“伯仲叔季”义的“白（伯）、中（仲）、弔（叔）”三字都是假借（“中”可以视为引申），没有理由为“季”造本字。何况“子”的本义就是“幼儿、稚子”，也没有必要为这个义项重复造字。

其次，甲骨及金文中的“季”字上部所从往往是成熟的谷子，而非林义光所说的幼禾。请看“季”字的字形表：

---

① 段玉裁：《说文解字注》，卷十四下。

② “配”、“肥”从“如”省声，见陈剑《释〈忠信之道〉的“配”字》，《国际简帛研究通讯》第二卷 2002 年第六期，又见复旦网 2008 年 2 月 20 日。

 1 商.合 21119	 2 商.合 21120	 3 商.后 1.9.6	 4 商.花 249	 5 商晚.亚酰季作兄己鼎
 6 商晚.亚酰季作兄己鼎	 7 商晚.季父戊子鼎	 8 周早.义仲鼎	 9 周早.季犀簋	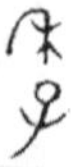 10 周早.洓季作鬲
 11 周早.[illegible]季作父癸方鼎	 12 周早.季執鬲	 13 周中.井季魯鼎	 14 周中.蔺簋	 13 周晚.克鼎
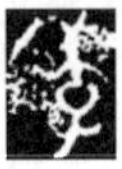 14 周晚.良季鼎	 15 周晚.仲师父鼎	 16 周晚.师寏父鼎	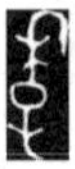 17 周.季悆鼎	 18 春.吴季子之子剑
 19 战.齐.古陶 3.673	 20 战.晋.盛季壶	 21 战.楚.书也缶	 22 战.楚.郭.老甲 1	 23 战.楚.清伍.命 13

"季"上部从"禾"、下部从"子",少部分"子"旁作"孑"。"孑",李家浩先生《释老簋铭文中的"滤"》从为即"也"字,象子张口嘑号之形。[①] "季"字从"孑(嘑)",应该是形音俱近而讹写,"嘑(定纽支部)"、"子(精纽之部)",二字声韵俱近。(或者依本文看法,"季"是孤苦的"幼子"扛"穧",因此从"孑"表示其孤苦嘑号。)金文少数"子"字也讹写作"孑",如《集成》9295.2 者姛觥作。因此上列字形,无论其"子"旁上部是否从"口",我们目前都一律视为同字。

至于"禾"旁与"子"旁分书或合书,目前看不出有什么不同。西周中期、晚期以后,基本上都是合书。

在上列字表中,我们应该很容易注意到甲骨文△1、2 形上从禾,禾形特别画出上部饱满下垂的穗,很容易让人注意到这是成熟的禾。甲骨文中"禾"形画出此形的,一

① 李家浩:《释老簋铭文中的"滤"》,《古文字研究》第二十七辑,中华书局 2008 年。

定都是下垂饱满的穗实，如《合》19804 、《合》9464 、《合》9615 ，学者或释为“穗”，裘锡圭先生以为酷肖成熟的谷子①。甲骨文中从这种形体的“禾”的字，也都一定与成熟谷子有关，如：“穆”作 （《合》28400），象成熟有芒颖之禾穗下垂形；“利”作 （《合》7042）、（《合》7043），从刀割取成熟禾穗。

这种“季”字上部禾形特别标出饱满的穗形，在周代铜器铭文中非常见（为了证明这种情形，西周字形本文特地多挑这些字形），一直到周代晚期的克鼎，仍在禾形上部末笔作肥笔，表示饱满下垂的穗。

“季”字上部所从既然是禾穗成熟下垂之形的“禾”，因此我们有理由认为“季”字的本义就不可能是“幼禾”、“稺”。

此外，依林义光之说，“季”字从子禾，“子”为胎儿或幼儿，如“孕”作 （《合》21071），从人腹中怀子、“保”作 （《合》8670）。甲骨中兽类的胎儿也可以写作“子”，如 （《合》11267），从廾豕，像豕腹中有子。但目前还未见从“子”来比拟幼禾的这种造字手法，因此释“季”为幼禾，其实是有问题的。

甲骨所有的“季”字都作上禾下子之形，应该有类似图画的表意功能。甲骨文是比较早期的文字，仍然保留很强的图画性格（这一点很多学者谈过），甲骨文中从禾之字作上下结构的只有“年”、“秦”②、“季”三字，图画表意性都很强。

“年”字甲骨文作 （《合》20652）、（《合》10069）、（《合》6649）、（《合》28821）、（《合》9808）等形，叶玉森《说契》叶一下以为“从禾下见根形，禾熟则犁其根，根见则一年尽。……又疑从人戴禾”；董作宾《卜辞中所见之殷历》以为从壬或人声；陈梦家《卜辞综述》以为卜辞的“年”即“稔”；张秉权《殷代的农业与气象》以为“甲骨文的‘年’字，象一个人的头上顶着禾的形状”。虽然姚孝遂按语以为“‘年’象人首戴禾之说，纯属臆测。小篆为从‘禾’‘千’声，而契文皆从‘人’，而‘千’与‘人’实本同音”（以上诸家说参《甲骨文字诂林》1502 号），其实二说并不冲突，“年”字当释为“从禾从人，象人首戴禾，人亦声”。

“秦”字甲骨文作 （《合》299）、（《合》27315）、（《合》30340），从二手持午（杵）捣

① 裘锡圭：《甲骨文中所见的商代农业》，载《裘锡圭学术论文集》，复旦大学出版社 2012 年，第 233 页。邬可晶最近承裘说，撰文以为这个字就是“穗”，见邬可晶《释“穗”》，第七届出土文献青年学者论坛会议，广州：中山大学。

② “”（《粹》1576），郭沫若《殷契粹编》210 叶下（762 页）隶作“𥢶”，且以为即“秦”字：“疑秦以束禾为其本义。”《甲骨文字诂林》987 页云：“与秦字无涉，字不可识。”辞残存“子𥢶”二字，难以确定。除了这个字形外，“秦”字都作上下结构。

禾。被捣的禾都在杵的下方。

“季”的结构与“年”最类似，从“禾”从“子”，“禾”在“子”的上方，不太可能是形声字（无论是稚省声、子声，或穗声[①]），它应该跟“年”一样属于图画式的象意字，表现的就是“子”背着某种“禾”，从声音来推，疑即“穊”的本字。《说文》卷七上：“穊，稠也。从禾、既声。”季，上古音属见纽脂部；穊，属见纽微部。二字上古声纽相同，韵则脂微旁转，例证甚多。《史记・齐悼惠王世家第二十二》：“深耕穊种，立苗欲疏，非其种者，鉏而去之。”种田之法，土地要深耕，播种要稠密，但是插植禾苗时却要保留一定的空间，不能太密。太密了每株禾苗能吸收的养分不足，将来结实便不好，谷粒不够饱满。这种谷粒不够饱满的“禾”，农夫一般是不要的，割下来后不带走，留给寡妇稚子拾取。所以“季”字从子背禾。

“季”字在甲骨中多用为先公名，金文则多用为行次名，应该是属于假借。“季”字既被假借，于是另造形声字“穊”以存本义。“穊”字音转而为“穧”，“穧”上古音属精纽脂部，与见纽微部的“穊”上古韵为旁转，声纽虽不同，但研究上古音的学者都知道上古齿音精系字与牙音见系字相通并不罕见，如“耕”从“井”声之类的例子，学者或以复辅音 sk-来表示。再说，《说文》以为“季”从“稚”声，“稚”的上古音属澄母脂部，与精纽脂部的“穧”就更近了。

《诗・小雅・大田》：“彼有不获稺，此有不敛穧。彼有遗秉，此有滞穗，伊寡妇之利。”郑笺云：“成王之时，百谷既多，种同齐孰，收刈促遽，力皆不足，而有不获不敛，遗秉滞穗，故听矜寡取之以为利。”[②]

孔疏：“天泽以时，故得五谷大成。由此民所收刈力皆不足，而令彼处有不获刈之稺禾，此处有不收敛之穧束。又彼处有遗余之秉把，此处有滞漏之禾穗，此皆主不暇取，维是寡妇之所利。言捃拾取之以自利已。今王不能然，使矜寡无所资，故刺之。定本集注穧作积。……穧者禾之铺而未束者；秉，刈禾之把也。《聘礼》曰：‘四秉曰筥。’注云：‘此秉谓刈禾盈手之秉。筥，穧名也，若今莱易之间刈稻聚把有名为筥者，即引此诗云‘彼有遗秉，此有不敛穧’是也。……《王制》及《书传》皆云：‘矜寡孤独，天民之穷而无告者，皆有常饩。’《地官.遗人》：‘门关之委积，以养老孤。’则官自有饩。而须捃拾者，以丰年矜寡捃拾足能自活，王者恐其不济，或力不堪事，乃饩之。”

---

① “季”从“穗”声，为近年郚可晶的新说，详见下文。

② 《毛诗注疏》，艺文印书馆 1954 年，第 474 页。下孔疏同。

旭昇按：诗文"彼有不获稺，此有不敛穧。彼有遗秉，此有滞穗"，郑笺只说丰年农民人力不足，收割不及，因此留下一些给寡妇。对于"稺"、"穧"二字，传、笺、疏都不解释，似乎直接等同"禾"了。但是本诗前面明明有"去其螟螣，及其蟊贼，无害我田稺"，所有解诗家都知道此处的"稺"是"稺禾"，即还未成熟的谷子。为什么到"不获稺"就等同"禾"了呢？[①] 宋范处义《诗补传》说："稺，谓旁出之幼禾，获不及者。"[②]杨简《慈湖诗传》释"稺"为"禾不坚好，故不获。而他日稍有实，则寡妇取焉"；[③]清傅恒等撰《御纂诗义折中》以为"稺，晚禾"；[④]清马瑞辰《毛诗传笺通释》以为"穉有二义。《閟宫》诗《传》：'先种曰稙，后种曰穉'，《说文》'穉，幼禾也。'《系传》本下有'晚种后孰者'五字，是禾之幼者曰穉，禾之晚种者亦曰穉。此诗'无害我田穉'谓幼禾也；'彼有不获穉'谓晚种后孰者也。"[⑤]他们都看到了《传》、《笺》、《疏》未解释"稺（穉）"的问题，各自提出了解释。范处义释为"旁出之幼禾"，虽然典籍未见此一用法，但旁出之幼禾应较晚熟，农人可能就不割取了，留给寡妇。傅恒释为"晚禾"、马瑞辰释为"禾之晚种者"，如果指较晚种的谷子，那就不太可能了，播种应该是同时，不会有些早种，有些晚种。傅恒之说如果释为晚熟的谷子，应该还是有可能的，同一批谷子，成长有快有慢，应是合理的。杨简释为"禾不坚好"，意思是谷子长得较慢，谷粒还不饱满。这应该是最好的解释。据农业专家称，一穗谷子的花有一万朵，而且一穗谷的万朵小花并不是在一夜间尽开，而是分散在一个月左右的日子里连续开放。[⑥] 因此应该有一些谷子结实会比较晚，农夫如果见到谷子长得较慢、"禾不坚好"的谷子，就不去割取它，留给寡妇晚几天收割，这就是"不获稺"。

"不敛穧"，各家大都释为"不收敛之穧束"，如上引范处义《诗补传》就说"穧"是"谓既刈而束不及者"。其实，《说文》释"穧"为"获刈"，是动词，但依各家的解释，"穧"都变成了名词，这样使用，除了《诗经》之外，其他文献并无任何证据。郑笺明明说"丰年农民人力不足"，为什么还要割了而不扎起来？勉强说是农夫的善心，故意不扎，留

---

① 《礼记·坊记》引诗作"《诗》云'彼有遗秉，此有不敛穧，伊寡妇之利'"，虽然省了两句，但是并没有解决"穧"的问题。又，据阮元校勘记，"穧"或作"积"。以押韵而言，作"积"者非是。

② 宋范处义：《诗补传》（钦定四库全书荟要），卷二十，叶二十六。扬之水：《诗经名物新证》，北京古籍出版社 2000 年，第 79—80 页予以引述，应该是赞同此说。

③ 宋杨简：《慈湖诗传》（钦定四库全书），卷十四，叶二十七。

④ 清傅恒等撰：《御纂诗义折中》（钦定四库全书），卷十四，叶二十六。

⑤ 清马瑞辰：《毛诗传笺通释》（钦定四库全书），卷二十二，叶十三。

⑥ 华人百科"谷子"，见 https://www.itsfun.com.tw/%E7%A9%80%E5%AD%90/wiki-6095481-9395471。

给寡妇。但是这么解释，总是无法说明为什么“穧”可以释为一般的“禾”、成熟的谷子。

“敛”的本义是“收”(依段注本《说文解字》)，“不敛穧”就是割下来但是不收走的“穧”，如果依郑笺，《大田》收割时民力不足，为什么还要“割下来但是不收走”？如果是农民好意要留给寡妇的，那跟“不获穉”一样，留在田里让寡妇自己割取就可以了。可见释为“割下来但是不收走”是有问题的。

我们认为“穧”应该本作“穊”，《说文》卷七上：“穊，稠也。”谷子如果长得太密，营养不足，到收割时，穗实不饱满，农夫大概也不想要，因此虽然收割了，但是农夫并不带走，就留给寡妇拾取了。这应该就是“不敛穧”吧！

“穊”是禾穗不饱实的谷子，农人割下来不想带走，留在田里给寡妇拾取，因此由“子”来拿，“季”字从子从禾，应该就是会这种意义吧！

《诗·小雅·大田》所述“彼有不获穉，此有不敛穧。彼有遗秉，此有滞穗，伊寡妇之利”是周代的风俗，商代是否有这种风俗不得而知。但是农人在收割农作物时，对于长不好的“穉”、“穧”作点不同的处理(留给寡妇幼子)，并给这些长得不好的谷子“穉”、“季”等专名，应该也是合理的吧。

邬可晶以为《合》19804“”、《合》9464“”、《合》9615“”等字即“穗”字，而现存时代最早的殷墟自组肥笔类卜辞中，“季”字作“”(《合》21119)、“”(《合》21120)，应该分析为从“子”、“穗”声，是为“少俑”或“幼稚”义而造的。[①] 但正如本文前面所说的，“伯”“仲”“叔”都是假借，稚子义的“季”似乎没有必要造本字。而“季”字在《甲骨文字编》中收了18个字形，其中从“穗”的只有2个，这似乎说明了“穗”声在“季”字的组成中，“穗”声并不是绝对必要的。“季”字似乎还是应看成从“子”负“禾”的象意字，“禾”或写成“穗”则有兼声的功能。这就像“年”字，一般释为从“人”负“禾”的象意字，“人”旁也兼声。从人负谷物表收成，又见“𢿋”字，“𢿋”字从“人”负“麦”、从“攴”，以示“获麦”的“福祉”。

鉴于“禾”、“穗”大量的混用，或许我们可以推测“禾”“穗”本是一字，此字泛指谷类时读“禾”，强调成熟饱满的谷子时读“穗”。作“”时固然象成熟饱满的谷穗下垂，作“禾”字头部下垂，其实也是成熟饱满的谷子。只有这样解释，才能理解应该从成熟饱满的穗子的“年”字为什么几乎看不到从“穗”的写法(邬文只举出《合》9818一个例

① 邬可晶：《释“穗”》，第七届出土文献青年学者论坛会议，广州：中山大学，2018年8月18日—19日，第37—46页。刘钊教授于研讨会中提供相关讯息及不同意见，谨此致谢。

子）。同样的，也才能理解为什么应该从成熟饱满的穗子的“穗”的“秦”字、“匽”字、“秉”字都从“禾”不从“穗”；而表示收割成熟“谷子”的“利”字36件中只有2件从“穗”，其余都从“禾”（以上统计参李宗焜《甲骨文字编》1773号“禾”字及其下从“禾”诸字）。

（李旭昇：聊城大学特聘教授，252059，聊城）

汉字动态构形，六书指事为首*

赵 小 刚

提要 《说文解字·叙》关于汉字起源的叙述与许慎关于六书名称的顺序一致。伏羲作卦、神农结绳等都是标指或提醒事物、事件的手段。古人创制汉字首先采用原有指事符号，并使其与词结合，这就是指事字。因而，许慎认为六书当中指事为首，这符合记事方法演进的历史，符合考古成果展现的事实，符合语言催生文字的顺序，符合人的书、画能力发展实际，符合汉字构形动态演变进程。

关键词 指事 六书 动态演变

汉字学史上，六书名称与其内部顺序经历了一系列变化。胡朴安《汉字简史》将汉代至明代主要学者的观点归纳为八种，象形或指事总被认为是六书之首。其中郑玄、班固、徐锴、郑樵、吴元满、张有、杨桓、王应电等，认为象形居首；许慎、卫恒、戴侗等，认为指事第一。①

清代学者中，戴震的观点可作代表。他在《答江慎修先生论小学书》中说："大致造字之始，无所凭依。宇宙间，事与形两大端而已，指其事之实曰指事，一、二、上、下是也；象其形之大体曰象形，日、月、水、火是也。文字既立，则声寄于字，而字有可调之声；意寄于字，而字有可通之意，是又文字之两大端也。因而博衍之：取乎声谐曰谐声，声不谐而会合其意曰会意。四者，书之体止此矣。……六者之次第出于自然，立法归于易简。"②依其叙述顺序，亦以指事居首。

章太炎明确将指事列为六书之首。《国故论衡·小学略说》指出："六书次第，以指事居首为最合，指事之次为象形。""指事之字，除上、下外，计数之字，自一至十，古人皆以为指事。""若一字而增损点画，于增损中见意义者，胥指事也。""造字之朔，象

---

* 本文为国家语委项目"汉语言文字活力与文化自信的关系研究"（YB135－66）的阶段性成果。

① 胡朴安：《汉字简史》，新世纪出版社 2017 年，第 71—72 页。

② 戴震撰，赵玉新点校：《戴震文集》卷三，中华书局 1980 年，第 64 页。

形居先，而指事更在象形之前。”[1]这里反复肯定指事居六书之首，且指出指事字包括两类，一类是上、下这样的标指符号和数目字，另一类是在象形字上增减笔画而成。

黄侃继承并发扬章太炎观点。他在《说文略说・论六书起源及次第》中说：“六书之名，……指事之字，当在最先。生民之初，官形感触，以发词言，感叹居前，由之以为形容物态之语；既得其实，乃图言语之便，为之立名。是故象形之字，必不得先于指事。……盖指事，视而可识，察而可见；事不可指，借形以表之。是故象形之字乃所以济指事之穷。”[2]这里在肯定指事为六书之首的同时，还指出人们首先为语言中表示感叹的语气词及事物属性词造字。

我们认为，指事居首的观点有理，符合记事方法演进历史，符合考古成果展现的事实，符合语言催生文字的顺序，符合人的书、画能力发展实际，符合汉字构形动态演变的进程。

许慎在《说文・叙》开头阐述汉字起源问题时首先从伏羲作卦、神农结绳说起，随后才说到黄帝之史仓颉创造书契。这并非对有关汉字传说的一般性叙述，而是许氏对汉字起源的思考与判断结果。《说文・叙》说，作卦目的是“垂宪象”（留下含有某种道理的痕迹）。当然，作卦方法可能是用手画出笔道，也可能是用树枝、草杆摆置几何图形，总之是抽象、笼统地标指或提醒事理存在及其变化情况，就是《周易・系辞下》所谓：“包牺氏……始作八卦，……以类万物之情。”显然，这种符号不是实物的图像。假如画在地面、墙壁等处，不便移动，就会影响标指或提示效力。因此，人们又采用结绳记事法，《说文・叙》说，结绳目的是“统其事”，就是在绳索上打结来帮助记忆或总括性地提及事件。关于作卦与结绳，传世古籍中多见记载，于此无须罗列。尽管作卦与结绳两者形式有别，但本质相同，都是标指或提醒事件。这样的实践过程无疑给人们创制文字提供了思路，对文字的出现造成了影响，因而后来产生的文字，其理路与此相通。裘锡圭先生说：“在文字产生之前，人们早已在用实物、图画和符号记事表意了，而且所用的各种方法跟古汉字这类早期文字的造字原则有很多共通之处。”[3]

可以设想，事件愈来愈多，则简单的标指或笼统的提醒就难以满足需要。此时人们受到“蹏迒之迹”可以对鸟兽“别异”的启发，于是“造书契”以细致区分“百工”“万品”。其步骤首先是“依类象形”，然后是“形声相益”。

上述分析表明，“垂象”（留下含有某种道理的痕迹）与“统事”在“象形”与“形声”

---

① 章太炎著，傅杰编校：《国学讲演录》，华东师范大学出版社 1995 年，第 5—8 页。

② 黄侃：《黄侃论学杂著》，上海古籍出版社 1980 年，第 5—6 页。

③ 裘锡圭：《文字学概要》，商务印书馆 2013 年，第 1 页。

之前。先民处于不同的发展阶段，陆续刻画、书写出繁简不一、形状互别的专用符号，或将原有标指、提示性符号吸收转化为专用符号，这就是指事字、象形字、形声字。如此说来，《说文·叙》以伏羲作卦、神农结绳二事为开篇，是与许慎将指事作为六书之首的理论相一致的。

我国的考古成果表明，史前很多遗存（陶器、龟甲、兽骨、骨器等）上面刻写的非象形性符号，都可能与汉字有关。约公元前7724年的今河南舞阳贾湖文化墓葬，出土的龟甲等物品上面有不少契刻符号。李学勤先生将其与古埃及文字符号相比，认为这些符号“确有可能与文字起源相关，其中一部分只是符号，另一部分则应视为原始文字”。[①] 距今约7800—7300年的甘肃大地湾一期文化遗址，出土的陶盆、陶钵内腹壁有用颜料绘写的连续性线条或单个的符号十多种。专家认为“这些符号有些可能具有记事或表达某种意义的功能，也有可能就是中国最早的文字雏形”。[②]

在稍晚的仰韶、大溪、马家窑、良渚、龙山等文化遗址里，类似符号更多。最典型的是大约公元前5000年的仰韶文化早期半坡类型遗址。这些符号基本上都画在同一种陶器的同一部位，有很强的规律性。考古学者认为，这些符号“很可能是我国古代文字原始形态之一”。[③] 此外，郭沫若、[④]李孝定、[⑤]于省吾、[⑥]郑德坤、[⑦]陈炜湛、[⑧]张光裕[⑨]等学者都认为半坡遗址的符号与汉字有关，甚至就是早期汉字。

如此多的学者认为半坡类型遗址所见符号为早期汉字，根本原因在于这些符号具有明显的约定性，且在较为广大的领域内使用。情况如饶宗颐先生所说：“新石器时代人们已使用一种简单的符号，写绘或刻画在陶器的上面。在中国，这些陶符的出现，西自关陇渭水高原，古代氐羌活动的区域，迤南至长江的中下游以至海滨的东越、南越，以及骆越云贵高原的滇越、剽越，也出现同样的陶符，普遍流行。”并且“因为从半坡时期直至战国、两汉这一段漫长的年代中，今日已有许多不同地区出土的陶器上

---

① 李学勤：《古代文明十讲》，复旦大学出版社2005年，第95页。

② 甘肃大地湾文物保护研究所：《大地湾遗址出土文物精粹》，商务印书馆2016年，第17页。

③ 中国科学院考古研究所、陕西省西安半坡博物馆：《西安半坡》，文物出版社1963年，第198页。

④ 郭沫若：《古代文字之辩证的发展》，《考古学报》1972年1期，第1—13页。

⑤ 李孝定：《从几种史前和有史早期陶文的观察蠡测中国文字的起源》，《南洋大学学报》1969年3期，第1—28页；《再论史前陶文和汉字起源问题》，《中央研究院历史语言研究所集刊》1979年第50本第3分，第431—483页。

⑥ 于省吾：《关于古文字研究的若干问题》，《文物》1973年2期，第32—35页。

⑦ 郑德坤：《中国上古数名的演变及其应用》，《香港中文大学学报》1973年1期，第37—58页。

⑧ 陈炜湛：《汉字起源试论》，《中山大学学报》（社会科学版）1978年1期，第70—77页。

⑨ 张光裕：《从新出土材料重新探索中国文字的起源及其相关问题》，《中国文化研究所学报》1981年第12卷，第91—150页。

面刻着同样的符号，……这些符号虽然简单，但大部分可以证明和文字形象有蛛丝马迹的分不开的关系”。①

从世界范围来看，原始文字一般包括象形成分浓厚的图画字和抽象简单的约定性符号两大类，而“古老的约定符号大概在图画文字产生之前很久就出现了”。② 从旧石器时代、中石器时代、新石器时代至铜石并用时代和青铜时代，这种约定符号越来越常见。虽然如此，但是由于汉语词的单音节结构和形态较少变化等特点的制约，作为后来汉字的发展方向，约定性符号始终“没有成为广泛通用的表词文字体系赖以产生的基础”，在成熟的汉字体系中“只有少数个别的表词字由古老的约定符号产生”，③大部分汉字则由图画字发展而来。

那么，上述约定符号中究竟有没有一些符号最后发展成为真正的汉字呢？回答是肯定的。裘锡圭先生曾经指出：“在原始文字产生之前，人们已经在用抽象的几何图形和象征等比较曲折的手法表意了。这些方法可以用来为一部分上面提到的那些词（赵按：指数词、虚词、属性词等）造字。有些词的意义可以用抽象的图形表示。例如为较小的数目造字的时候，可以继承原始社会阶段划道道和点点子的表数办法，古汉字的‘一’、‘＝’、‘≡’、‘亖’就是例子。”裘先生还指出：“在文字形成过程刚开始的时候，通常是会有少量流行的记号被吸收成为文字符号的。古汉字里‘×’（五）、‘∧’（六）、‘十’（七）、‘八’（八）这几个数字的前身很可能就是原始社会阶段用来记数的记号。”④我国台湾学者陈昭容也指出：“记数字在各期陶文中多见且写法大致固定，与甲骨文、金文无别，……中国文字的记数字起源甚早，从一到八，在仰韶时期即已完成，应可以肯定”。⑤ 这一判断与秦汉时代人们认为早期“书契”是数字的观点一致，汉代刘熙在《释名·释书契》中说：“契，刻也，刻识其数也。”

如此说来，约定性符号应当是指事字的前身，有的被后来的汉字系统吸收，成为真正的指事字，使用至今。虽然吸收的仅是一小部分，但作为创制汉字漫长过程中的一种开创性试验和汉字发源的一个阶段，其事实不容否定。

从语言催生文字的角度来看，人们也是首先利用指事的方法造字。前文指出，黄

---

① 饶宗颐：《符号·初文与字母——汉字树》，上海书店出版社2000年，第2—3页。

② ［苏联］B. A. 伊斯特林著，左少兴译：《文字的历史》，中国国际广播出版社2018年，第43页、第62页。

③ 同上书，第77页。

④ 裘锡圭：《文字学概要》，商务印书馆2017年，第2页、第4页。

⑤ 陈昭容：《从陶文探索汉字起源问题的总检讨》，《中央研究院历史语言研究所集刊》1986年第57本第4分。

侃认为人们首先为表示感叹的语气词及事物属性词造字。裘锡圭先生也认为:“人们最先需要为它们配备正式文字的词,其意义大概都是难于用一般的象形方法表示的,如数词、虚词、表示事物属性的词,以及其他一些表示抽象意义的词。”[①]这是说,造字之初,是将某些刻画符号与表示抽象意义的语言单位联系起来。其实,古代学者早有类似观点。清代学者王鸣盛《六书大意》中说:“余考郑(赵按:指南宋郑樵《六书序》)首象形,形虽是造六书之本,似宜冠首,但许以指事为首,与郑作‘处事’不同。许举‘上’、‘下’二字为说,缘‘上’、‘下’之字,使人一目了然,毋庸拟议者。推此而言,则‘一’、‘二’、‘三’等亦是指事,指事当居首矣。”他还肯定地说道:“此指事为制字之本,断无先之者也。”这说明人们首先为数词及“上”“下”这样表示相对位置的词造字。

就人类书写、绘画的发展过程而言,一个人幼年时期动手画“画”,无论拿起刻刀、木棍还是笔,首先刻画出来的是简单的笔道或不规则的符号,而非象形图案。当他成长至一定的年龄阶段,其认识水平到了一定的高度,观察越来越细致,形象思维越来越发达,手脑配合越来越和谐,心智可以在观察实物之后留下印象,且能指挥双手画出实物轮廓时,这才能画出图画。之所以如此,当然是因为笔道或不规则的符号画起来容易,而图画需要较为复杂的思维帮助之故。笔道或不规则的符号就是指事,图画就是象形。

前文已述,首先创造并加以使用的指事字中有一部分是数目字。但是还有另外一些字,如“本”、“甘”、“刃”、“卒”等,也被公认为指事字。显然,这是不同的两类,前者独自成形,而后者则以象形字为基础。既然我们认为象形字出现于指事字之后,那么这种现象该如何解释呢?郭沫若认为,汉字起源具有指事与象形两个系统,“指事系统应当发生于象形系统之前”,指事字与象形字辩证发展。[②] 这一主张有理,但尚未完全解释一些指事字以象形字为基础的事实。黄德宽先生指出:“汉字构形方式是一个随着汉字体系发展而发展的动态演进的系统。在汉字发展的不同历史层面,构形方式系统也有着相应的发展和调整。这种发展反映在汉字体系中,即是不同结构类型的汉字分布情况的消长变化。”[③]就是说,指事字(以及其他类型的汉字)并非一次性、采用一种方式创造出来,而是在不同阶段采用不同方法创造的结果。可以看

① 裘锡圭:《文字学概要》,商务印书馆 2017 年,第 2 页。
② 郭沫若:《古代文字之辩证的发展》,《考古学报》1972 年 1 期,第 1—13 页。
③ 黄德宽:《开启中华文明的管钥——汉字的释读与探索》,北京师范大学出版社 2011 年,第 3—4 页。

出，在两类指事字中间，象形字是其过渡。这也就是说，首先有抽象性、约定性的前期指事字，然后有象形字，再有依托象形字而成的后期指事字。[①] 汉字发展史也表明了这一点：殷商时期的指事字，主要是继承或转化原始的刻画记事符号而来的抽象性字符；西周、东周时期的指事字，则主要是在象形字基础上附加标指性的符号构成，此即前文所引章太炎所说"增损点画"以"见意义者"。两周时期基本不再出现利用抽象符号构成的新的指示字。对此，黄德宽先生早已揭明。[②]

今天来看，自西汉迄今，学者对指事与象形孰先孰后的问题争持不下，根本原因在于静止地看待汉字类型，有的人立足于前期指事字，认为先有简单刻画符号，后有象实物之形的符号，于是得出指事为首、象形其次的结论；有的人立足于后期指事字，认为指事字依托象形字，于是得出象形为首、指事其次的结论。两相比较，显然前者合理，因为如果以象形为六书之首，虽然说明了"本"、"刃"、"厷"、"亦"等以象形字为基础的指事字，却导致"一""二"、"小"、"上"、"下"等约定性符号发展而来的指事字无有归属。而许慎《说文·叙》恰恰把"古文"中的"上"、"下"列为指事字的典型例子，且在说解中特意指出此二字为"指事"。由此可见，许慎关于指事的看法是恰当的。唐兰关于《说文·叙》的"指事"曾经作过这样的分析："许氏举的例是上下，他的本意是很清楚的，指事文字原来是记号，是抽象的，不是实物的图画。这些记号，可能在文字未兴以前，早就有了。在文字发生时，同时作为文字的一部分。所以许氏的意思，他们是在象形以前的。"[③]

（赵小刚：西北大学文学院，710127，西安）

① 从动态演进角度来看，象形也包括前期象形字和后期象形字，这里指前期象形字。关于这个问题拟另文论述。

② 黄德宽：《开启中华文明的管钥——汉字的释读与探索》，北京师范大学出版社 2011 年，第 8—9 页。

③ 唐兰：《中国文字学》，上海古籍出版社 2001 年，第 62 页。

《楚辞》新解一则
——"稻粢穱麦"之"穱"与金文甲骨之"䅺"*

黄锡全

提要 将《楚辞·招魂》"稻粢穱麦,挐黄粱些"中的"穱"和金文中的"穛"联系,认为"穱""穛""穛"乃一字之异体。且"焦(穛)"作为农作物,亦见于甲骨文。据《说文》及段注、《集韵》的解释,"穱"为"黍之不黏者"。

关键词 《楚辞·招魂》 金文 穱 穛

《楚辞·招魂》"稻粢穱麦,挐黄粱些"中的"穱",究竟是何义或何种作物,说法不一。这也关乎到古代农作物的有关问题,值得进一步探讨。

东汉王逸作《楚辞章句》,北宋洪兴祖作《楚辞补注》兼采有关说法,是研究《楚辞》具有代表性的注解,对后世影响较大。①

王逸注:

> 稻,稌。粢,稷。穱,择也,择麦中先熟者也。挐,糅也。言饭则以秔稻糅稷,择新麦糅以黄粱,和而柔嬬,且香滑也。

洪兴祖补注:

> 颜师古云:《本草》所谓稻米者,今之稉米耳。《说文》云:稻,稌也。又《急就篇》云:稻黍秫稷。左太冲《蜀都赋》云:秔稻汉漠。益知稻即稉,共粳并出矣。粢,子夷切。《本草》云:稷,即穄也。今楚人谓之稷。穱,音捉,稻处种麦也。挐,女居切。《记》云:饭:黍稷稻粱白黍黄粱。《本草》:黄粱出蜀、汉,商、浙间亦种之,香美逾于诸粱,号为竹根黄。

其中涉及对几种农作物的看法,至今意见也不完全一致,情况较为复杂。为避免纠葛,这里暂不一一讨论,只谈其中的"穱"。

---

* 本文为国家社科基金重大项目"甲骨学大辞典"(项目号:18ZDA303)阶段性成果之一。

① 洪兴祖:《楚辞补注》,中华书局1983年,第207页。

上引注解，王逸认为“穱”是“择也”之意，将“穱麦”连读解为“择麦中先熟者”。洪兴祖以为“穱”音“捉”，“穱麦”是“稻处种麦”。“择麦中先熟”与“稻处种麦”这两种说法多为后世各家解读所采用。①

细读原文，感觉这里的“稻粢穱麦”应是指四种作物，将“穱麦”连读解释为早熟麦或稻下种麦未必正确。麦有早熟，同句“稻、粢”也应有早熟。收割稻子后所种之麦或者稻下点麦，就是麦，没有必要作特别说明。如按上面批注，稻就是稻米（有黏性，但不如糯米，有别于不黏的粳稻），粢为稷（黍之一种），麦即麦子，剩下的“穱”显然应该是单独的一种作物，没必要与麦联系起来变成“穱麦”而解释为“早熟麦”或“稻下种麦”。

认为“穱”是一种作物，仅仅上面解释恐怕还难以令人信服。下面罗列数条金文予以佐证：②

用盛旞（稻）京（粱）穛。　　(白句簋1、西周中期)金文通鉴4989

用盛旞（稻）旅（粱）穛。　　(白句簋2、西周中期)金文通鉴续编30410

用盛沙（粱）旝（稻）穛。　　(伯绅簋、西周中期)金文通鉴5100

用成（盛）术（秫）旞（稻）穛粉（粱）。　　(弭仲簠、西周晚期)金文通鉴5975

用饙稻（稻）穛（穛）需（糯）粉（粱）。　　(兽叔奂父盨、西周晚期)金文通鉴5655

用成（盛）穛旞（稻）需（糯）梁（粱）。　　(白公父簠、西周晚期)金文通鉴5976

“穛”，白句簋2作，伯绅簋作，兽叔奂父盨作，弭仲簠作，白公父簠作。此字本从“小”或“少”，为声符，讹变从“火”，省声从“隹”，为《说文》“穛”字无疑。其形来源于甲骨文的，周忠兵先生释读甲骨文为“焦（穛）”，可信。③ 显然，“穛”就是一种农作物当可无疑。

---

① 萧统：《文选·枚乘·七发》，中华书局1981年，第480页：“穱麦服处，躁中烦外。”李善注：“以穱麦分剂而食马，马肥，故中躁而外烦也。”意即用早熟的麦子喂养它，使它性情急躁。

② 吴镇烽编著：《商周青铜器铭文暨图像集成》1—35卷，上海古籍出版社2012年。吴镇烽编撰：《商周金文数据通鉴》（电子版）2013年1月；《商周金文数据通鉴·续编》（电子版），2016年10月（为方便查阅，编号前仍保留“3”）。有关研究论文如：田率：《内史盨与白克父甘娄盨》，北京大学出土文献研究所编《青铜器与金文》第一辑下，上海古籍出版社2017年，第429页；谢明文：《白句簋铭文小考》，华东师大《中国文字研究》第18辑，上海书店出版社2013年；收入谢明文：《商周文字论集》，上海古籍出版社2017年，第175页；谢明文：《曾伯克父甘娄簠铭文小考》，复旦大学出土文献与古文字研究中心网2016年10月30日发布；黄锦前：《读伯克父甘娄盨铭琐记》、《论新刊布的曾伯克父诸器》，2016年11月未刊稿；张光裕：《新见〈曾伯克父甘娄簠〉简释》，北京大学出土文献研究所编《青铜器与金文》第一辑，上海古籍出版社2017年，第11—23页；刘社刚：《兽叔盨铭文及相关问题》，《中国文物报》2003年9月19日第七版；程燕《兽叔盨新释》，《古文字研究》第25辑，中华书局2004年，第200页。张再兴：《近年新发表西周金文字形小考》，《中国文字研究》第15辑，郑州大象出版社2011年。

③ 周忠兵：《释甲骨文中的“焦”》，《文史》2013年第3期，总第108辑。

《说文》："糕，早取谷也。从米，焦声。一曰小。"段玉裁《说文解字注》："穛即糕字，亦作穱。古爵与焦同音通用也。"《玉篇》："穱，早熟也，或作穛。"《集韵》"糕"，或作"穛"。"早熟"之义显然来源于《说文》及王逸注。但"穱"或作"穛""糕"，为同字异体则无问题。"爵"，精母药部。"焦"，精母宵部。二字音近字通。如《说文》"噍"字或作"嚼"，典籍"醮"或作"潐"，"爝"本亦作"燋"，"蕉"即"爝"等。[①] "穛""糕"当即"穱"。

《礼记·内则》："饭：黍、稷、稻、粱、白黍、黄粱、稰穛。"郑玄注："熟获曰稰，生获曰穛。"若按郑注，"熟获""生获"所指为何种作物不明，"稰穛"若是一种作物又较费解。若以"早熟"之义验诸上列金文多不合。如"稻京(粱)糕(白句簋1)""粱稻糕(伯绅簋)"。若理解为稻、粱早熟者，那"稻糕糯粱(鲁叔奂父盨)""糕稻糯粱(白公父簠)""朮(秫)稻糕粱(弭仲簠)"又该如何解释？西周金文所"盛"食物有"糕"而不见"黍稷"，春秋金文"盛"装食物有"黍稷稻粱"而不见"糕"(如伯克父盨、簠)，[②]说明"糕"是一种作物，若相互对应大致相当于"黍稷"，而不是"早取谷"。《内则》的"稰穛"对应的是"白黍""黄粱"，所指应该是"某种穛"。"稰"，当为"糈"，意为精米。《楚辞·离骚》："怀椒糈以要之。"王逸注："糈，精米，所以享神。"[③]"稰穛"当是精细的穛，正好与白黍、黄粱对应。

《集韵》："穱，穄也。"《说文》："穄，糜也。从禾，祭声。""糜，穄也。从黍，麻声。"段注："糜，黍之不黏者。"若此，"穱"、"糕"就是"穄"，亦即"糜"，也就是不黏的黍。

若此说成立，甲骨文中的农作物"焦(糕)"，也当为"穱"，就是"穄"，黍之一种。"登糕"就是"进献穄(不黏黍)"。[④]

《吕氏春秋·孝行览·本味》："饭之美者，玄山之禾，不周之粟，阳山之穄，南海之秬。"高诱注："穄，关西谓之糜，冀州谓之䵚。秬，黑黍也。"程瑶田谓："稷与穄双声，故俗误认为穄。其误自唐之苏恭始。"[⑤]

(元)王祯《农书·百谷谱》云：(钦定《四库全书》本)

"穄，禾从祭，谓可以供祭也。其苗、茎、穗、叶，与黍难别，故言黍必及于穄

---

① 高亨纂著、董治安整理：《古字通假会典》，齐鲁书社1989年，第803页。

② 黄锡全：《金文中的"稻糕糯粱"略议》，《古文字研究》第33辑，中华书局2020年(待出版)。

③ 洪兴祖：《楚辞补注》，中华书局1983年，第37页。

④ 金文还有两见"糕"，赏赐物名。高卣：《集成》5431：十二月，"赐臣(糕)(麸)"。遹簋(《集成》4207)：六月，"王亲赐遹(糕)"。诸家意见不一，可参见上列周忠兵文，及陈剑：《西周金文"牙麸"小考》，收入其著《甲骨金文考释论集》，线装书局2007年，第57页。

⑤ 可参见陈奇猷：《吕氏春秋校释》，学林出版社1984年，第761页注74；王利器：《吕氏春秋注疏》，巴蜀书社2002年，第1436页。稷、穄当为黍中的不同种类。

者，其米用有异也。种治之法，与黍俱同。凡穄，味美者，亦收薄，难舂。割穄欲早，盖晚多零落。收讫，宜蒸而裛之。曝干，舂而为米，其米疏爽，可炊煮作饭。时诸谷未熟，可以接饥。其色鲜黄，其味香美。然所种特少，为农家之稀馔也。”

这样，《楚辞·招魂》“稻粢穱麦，挐黄粱些（挐，掺杂混合）”，就是将稻米、粢米、穄米（糜）、麦米，掺杂混合黄粱（粟米）烹饪，是一种美味。

（黄锡全：郑州大学汉字文明研究中心，450052，郑州）

论西周初期召氏家族的世系

刘攀峰

提要 文章对目前所见西周初期有关召氏家族的铜器进行了梳理和研究，对召公、燕侯克、燕侯旨、父辛、召伯父辛等相关人物及其关系进行了辨析，讨论了西周初期召氏家族封于燕国和留于畿内的两支世系。

关键词 西周初期 召氏家族 世系

召氏家族在西周历史上有着举足轻重的地位，关于西周初期召氏家族的分封及召氏家族的世系，史书中有不少记载，但亦有许多疑惑之处。随着考古发掘材料的日益丰富，相关的一些问题逐渐明晰起来。本文将对目前所见西周初期有关召氏家族的铜器进行梳理和研究，对相关人物的关系进行辨析，进而梳理出西周初期召氏家族封于燕国的一支和留于畿内的一支的世系。

召公奭是西周初年的重要功臣，他为周王朝的建立、发展和稳定做出了杰出的贡献，典籍中或称为保、或称太保等。铭文中关于他的事迹也不乏记载，如太保簋（《集成》04140）铭文曰："王伐录子耶，戲厥反，王降征令于太保，太保克敬亡遣，王侃太保，赐休余土，用兹彝对令。"太保玉戈（《考古与文物》1986 年 1 期 71 页图 2）铭文曰："六月丙寅，王在丰，令太保省南国，帅汉，徣殷南，令厉侯辟，用黿走百人。"旅鼎（《集成》02728）铭文曰："唯公太保来伐反夷年，在十又一月庚申，公在盩师，公赐旅贝十朋。旅用作父尊彝，." 太保簋铭文记载录子耶反叛，王命令太保征伐录子耶，太保能够顺利的完成任务，王嘉奖赏赐给太保余地之土地。太保玉戈铭记六月丙寅王在丰地，命令太保沿汉水南下省察南土之国。旅鼎采用大事纪年的方式，这一年公太保征伐叛变的淮夷之人，后面讲公赏赐旅贝十朋，这个公应该是承前省略仍是指太保召公奭。这几件器物都是成康时期的器物，可见西周早期召公在平定叛乱、稳定西周的政治局面方面立下了汗马功劳。

除以上器物外，西周早期有"太保"字样的还见于克盉（《近出》942）、克罍（《近出》987）等器物。克盉侈口，方唇，分档式，四柱足，有鋬有流，盖的沿上有一钮套接链条与鋬相连，盖沿和颈部饰鸟纹。克罍平沿方唇，束颈圆肩，鼓腹圈足，盖面隆起，上有圈状捉手，颈部饰两道弦纹，盖上和器肩部均饰圆涡纹。克盉、克罍器盖均有铭文且相同，铭文曰：

王曰："太保，唯乃明乃心，享于乃辟。余大对乃享，令克侯于匽(燕)。旃羌、兔、叡、雩、驭、征。"克宋[1](燕)，入土眔厥司。用作宝尊彝。

从克盉、克罍的形制、纹饰和铭文字体风格看，此两件器物是西周早期的器物。学者或认为这两件器物的年代应在武王时期，[2]或认为此处的王应该指成王。我们赞同后一种观点，铭文的后面有"太保"的称谓，太保在西周时期地位显赫，"他既是周王的辅弼重臣，又是最高的执行官。"[3]《尚书·君奭》曰："召公为保，周公为师，相成王左右。"这里的太保应该指召公奭。此外，M1193 还出土有一件铜戈，上有"成周"的字样，《简报》的作者认为："'成周'戈的出土说明此墓的年代上限不得早于成王时期，但其它器物也不会晚于康王时期。"[4]此足以证克盉、克罍中的王应当指成王。

这两件器物讲述的是周成王封克到燕国做诸侯这件事情，而周王之所以封克于燕是感念于召公奭对周王朝的贡献。铭文前段主要写成王对召公奭的赞扬，后段写成王对克的分封，而所封的地点就在今天的北京地区。《史记·燕召公世家》索隐云："召者，畿内菜地……后武王封之北燕，在今幽州蓟县故城是也。亦以元子就封，而次子留周室代为召公。"据这段史料记载并结合这篇铭文，克应该是召公奭的长子。王世民说："考虑到出土二器的墓，在琉璃河墓地中规格最高，有四条墓道，地处显著位置；与其他墓地相比，此墓的规模仅次于浚县新村一号墓(该墓两条墓道)，是目前所知有数几座西周时期身份最高的贵族墓葬之一。因此，断定其为第一代燕侯的墓葬，应该没有什么疑问。"[5]1193 号大墓的发掘者亦认为"此墓必是地位显赫的一代燕侯之墓"。[6] 综上所述，我们认为克应该是代召公就封的第一代燕国诸侯。

在克盉克罍出土之前，学者通过对"梁山七器"和太保诸器的研究，认为燕侯旨是燕国的第一代国君，他是召伯父辛(召公奭)的儿子。下面我们就来看看相关器物记

---

① 黄德宽：《释琉璃河太保二器中的"宋"字》，《古文字学论稿》，安徽大学出版社 2008 年，第 27—30 页。

② 张亚初：《北京琉璃河出土西周有铭铜器座谈纪要》，《考古》1989 年第 10 期，第 957 页。

③ 张亚初、刘雨：《西周金文官制研究》，中华书局 1986 年，第 1 页。

④ 中国社会科学院考古研究所、北京市文物研究所：《北京琉璃河 1193 号大墓发掘简报》，《考古》1990 年第 1 期，第 31 页。

⑤ 张亚初：《北京琉璃河出土西周有铭铜器座谈纪要》，《考古》1989 年第 10 期，第 955 页。

⑥ 中国社会科学院考古研究所、北京市文物研究所：《北京琉璃河 1193 号大墓发掘简报》，《考古》1990 年第 1 期，第 31 页。

录了怎样的事情以及这些器物中人物的关系。西周金文中有“燕侯”字眼的还见于以下器物：燕侯旨鼎(《集成》02628)、燕侯旨鼎(《集成》02269)、圉鼎(《集成》02505)、堇鼎(《集成》02703)、伯矩鬲(《集成》00698)、燕侯簋(《集成》03614)、燕侯盂(《集成》10303—10305)、复尊(《集成》05978)和亚盉(《集成》09439)，我们先讨论其中的几件。

燕侯旨所作鼎有两件，《集成》02628 著录的这件平沿方唇，立耳，浅分档，三柱足，器身饰三组与三足对应的兽面纹。此鼎的形制、纹饰与旅鼎(《集成》02728)几乎全同。铭文曰：“燕侯旨初见事于宗周，王赏旨贝廿朋，用作有姒宝尊彝。”铭文记载燕侯旨初次到宗周谒见天子听命受事之事。另一件燕侯旨鼎立耳，腹部下垂底儿呈圆形，三柱足，颈部饰目纹。铭文曰：“燕侯旨作父辛尊。”此器为西周早期偏晚阶段的器物，约属康王时期。这件器物是燕侯旨为其亡父父辛所做的祭器。与燕国有关同时又有“父辛”称号的还有以下诸器：

宪鼎(《集成》02749)：唯九月既生霸辛酉，在燕，侯赐宪贝、金，扬侯休，用作召伯父辛宝尊彝，宪万年子子孙孙宝光用。太保。

伯宪盉(《集成》09430)：伯宪作召伯父辛宝尊彝。

龢爵(《集成》09089)：龢作召伯父辛宝尊彝。

伯龢鼎(《集成》02407)：伯龢作召伯父辛宝尊鼎。

宪鼎索状立耳，腹部向下倾垂，三柱足，颈上饰一道弦纹。这段铭文曰：“在燕，侯赐……”，说明此处的侯应该指燕侯。此器物是宪为召伯父辛所做的祭器。伯宪盉传出山东梁山，体呈椭方形，兽首鋬，四柱足，盖上和颈部饰各弦纹两道。该器是伯宪为召伯父辛所做的祭器。盛冬铃指出：“按惯例，凡‘伯某父’或‘伯某’的‘伯’，必指行第而非爵称。”[①]伯宪与宪鼎中的宪为同一人。李学勤指出“这几件祭召公的铜器，都不早于康昭之际。”[②]这种看法是比较符合实际的。龢爵和伯龢鼎都是龢为召伯父辛所作器，且都是西周早期的器物，龢和伯龢也应该是同一个人。这几件器物从器形、纹饰和字体特征看都属于西周早期偏晚阶段的器物。

这几件器物中作器者有燕侯旨、伯宪和伯龢，他们的父亲或称为父辛、或称召伯父辛。此外，铭文中还有包含“召公”字样的器物，为方便与以上诸器放在一起讨论，我们也将相关器物的铭文录于下面：

小臣𪒠鼎(《集成》02556)：召公建燕，休于小臣𪒠贝五朋，用作宝尊彝。

---

① 盛冬铃：《西周铜器铭文中的人名及其对断代的意义》，《文史》第 17 辑，第 36 页。

② 李学勤：《新出青铜器研究》，文物出版社 1990 年，第 51 页。

太史友甗(《集成》00915):太史友作召公宝尊彝。

叔造父尊(《新收》349):叔造父作召公宗宝尊彝,父乙。

师卫鼎(《通鉴》02298):丰公使卫陟于厥啻临,射于□□城,召公赉卫贝廿朋、臣廿,厥牛廿、禾卅车。师卫用作厥祖宝彝。

小臣䢅鼎仅存拓片,从字体特征看属于西周早期前段的器物。由"召公建燕"可知"周代初年封北燕时,虽然实际上由召公的元子当燕侯,但是在初封之际,召公确曾亲自莅燕,安排建国大事。"[①]

太史友甗是十八世纪末山东寿张梁山所出七器之一,是太史友给召公所作的祭器,一般认为此器的年代当在康王晚期,太史友应是召公奭的子辈。叔造父尊是西周早期后段的器物,叔造父属于召公的其中一支,父乙是他父亲的庙号。师卫鼎铭文中的召公为生称,其作器时代也在成康时期。

上文中召公和召伯父辛是否为同一人?父辛与召伯父辛是否为同一人?指的又是谁呢?他们之间又有怎样的关系呢?

我们先来讨论召公和召伯父辛是否为同一人。陈梦家、陈平、朱凤瀚等人持他们为同一人的说法,[②]唐兰、何幼琦、张亚初、冯蒸等人认为他们并非同一个人。[③]我们倾向于后一种说法。持第一种说法的学者认为《诗经》中的《甘棠》《黍苗》、《崧高》等篇中有召伯,而《江汉》篇中称召公,他们都指召公奭。实际上《甘棠》《黍苗》、《崧高》篇中的召伯指的是召伯虎,他是宣王时期的大臣,是召公奭的后人,并非召公奭本人。另一方面他们认为在"梁山七器"中,宪鼎、伯宪盉铭文中称"召伯父辛",而太史友鼎称"召公",所以召伯父辛即召公。其实,这并不能作为召伯父辛正是召公的证据,这几件器物为什么会出土于梁山地区现在还不清楚,只是有各种各样的猜测,包括它们之间的关系我们并不知道。遍捡金文中关于召公的铭文,目前我们还没有发现一例"召公"称为"召伯"的明证。因此,我们认为召伯父辛与召公并不是同一个人,以上小臣䢅鼎、太史友甗、叔造父尊、师卫鼎中的召公才指召公奭,而其余诸器中的召伯父辛并不是召公奭。

---

① 裘锡圭:《古文字论集》,中华书局 1992 年,第 356 页。

② 陈梦家:《西周铜器断代》,中华书局 2004 年,第 96—97 页;陈平:《燕史纪事编年会按》,北京大学出版社 1995 年,第 161—162 页;朱凤瀚:《房山琉璃河出土之克器与西周早期的召公家族》,《远望集—陕西省考古研究所华诞四十周年纪念文集》,陕西人民美术出版社 1998 年,第 307 页。

③ 唐兰:《西周青铜器铭文分代史征》,中华书局 1986 年,第 99 页;何幼琦:《召伯其人及其家世》,《江汉考古》1991 年第 4 期,第 58 页;张亚初:《太保罍、盉铭文的再讨论》,《考古》1993 年第 1 期,第 66 页。

既然召伯父辛与召公并非同一人，召伯父辛又是指谁呢？学者或认为召伯父辛就是指第一代燕侯克，唐兰说“召伯父辛应是第一代燕侯，当时的礼制有所谓‘别子为祖’，燕侯旨是继承燕侯这一宗的，所以只说父辛而不说召伯了。龢、宪等则是继承召国的宗，即太保氏，所以说召伯父辛。”①另一种观点认为召伯父辛与父辛并不是同一个人，召伯父辛很可能是太史友，他承袭召公的爵号称为“召伯”，在王朝任太史的职务，死后用“父辛”作为庙号。而燕侯旨鼎中的“父辛”应该是指已死去的第一代燕侯的庙号。② 李学勤则认为召伯父辛应该理解为两代人，读为“召伯、父辛”。他说“如‘召伯父辛’为一人，则燕侯旨只能是克之弟，此与《世本》所载燕自宣侯以上‘皆父子相传，无及’相悖。或以克、旨为一名一字，但另一燕侯旨鼎云‘燕侯旨初见事于宗周，王赏旨贝二十朋’，于例又必是名。”③

从上文我们对克盉(罍)的分析来看，这件器物作于成王时期，燕侯旨鼎是康王时期的器物，从时间上来说完全可能是燕侯克之后的第二代燕国国君。通过燕侯旨鼎的铭文“燕侯旨作父辛尊”，可知燕侯旨的父亲的庙号是父辛，即克的庙号是“父辛”。那么，“父辛”和“召伯父辛”是否为同一人呢？称呼“召伯父辛”的器物共有四件，其中宪鼎铭文曰：“唯九月既生霸辛酉，在燕，侯赐宪贝、金。”铭文言“在燕”，“说明宪本人并非属就封于燕的作为燕侯召公元子一支”，④宪鼎的年代约在康昭之际，那么铭文中的侯很可能就是指燕侯旨。铭文的后半段说：“扬侯休，用作召伯父辛宝尊彝，宪万年子子孙孙宝光用。太保。”铭文末尾署“太保”，“也说明他属于留居王朝世袭‘召公’的一支，此一支仍称召氏，但亦可以召公官职‘太保’为称。”⑤前文已论述召伯与召公不是一人，此处召伯父辛与太保见于同件器物，所指也不是同一个人。由宪鼎我们可知，赏赐宪的燕侯是燕侯旨，宪是召伯父辛的儿子，召公奭的孙子。

西周铜器中还有几件遣所做的器物，人名的书写和铭文内容都稍有差异。遣鼎(《集成》02157)，铭文曰：“遣作尊彝，太保。”铭文末尾的“太保”是遣的族氏名，当是以祖先的官职为氏。遣鼎方沿平折，立耳，腹部呈长方槽形，槽的下部有所收敛，四条鸟形扁足，口沿下饰夔纹。这件器物的年代属于西周早期偏晚阶段，约属康王时期。

① 唐兰：《西周青铜器铭文分代史征》，中华书局 1986 年，第 99—100 页，第 148 页。

② 刘启益：《西周纪年》，广东教育出版社 2002 年，第 158—159 页。

③ 李学勤：《走出疑古时代》，辽宁大学出版社 1997 年，第 161 页。

④ 朱凤瀚：《房山琉璃河出土之克器与西周早期的召公家族》，《远望集—陕西省考古研究所华诞四十周年纪念文集》，陕西人民美术出版社 1998 年，第 306 页。

⑤ 同上。

冯蒸在考释遣的一件戈时认为遣可能是太公奭儿子一辈。[1] 从遣所作器物的时代看，此说可从。

通过以上的讨论可以看出燕侯克、燕侯旨是就封于燕国的一支，而宪则是留守王朝为官的一支。他们称呼亡父时稍有差别，就封于燕的一支称为"父辛"，而留守王朝为官的一支称为"召伯父辛"。

还有一个问题是伯宪和伯龢的关系，两人都为召伯父辛做祭器。金文中"伯某"的伯一般都是指排行，但召伯父辛不可能有两个称"伯某"的长子，张亚初认为伯宪和伯龢并不是兄弟辈，两者是一名一字的关系。[2] 朱凤瀚言："……而且伯龢所作器中尚未有署'太保'氏名的，则伯龢或可能是召公诸子中燕侯、召氏以外另一自立分支家族之长。"[3]张氏的观点并没有太可靠的依据，但伯龢为燕侯、召氏以外另一自立分支家族之长的可能性还是很大的，"召伯父辛"可能是伯龢的"诸父"一辈，此器物是伯龢为他的伯父所做的祭器，伯宪和伯龢可能是堂兄弟的关系。

前文讨论的主要是克盉、克罍和两件燕侯旨鼎及相关的人物关系，下面我们主要讨论除此之外的其他器物。这些器物主要包括圉鼎、堇鼎、伯矩鬲、亚盉、复尊、燕侯簋和燕侯盂。

圉鼎出土于琉璃河西周墓地M253号墓，铭文曰："休朕公君，燕侯赐圉贝，用作宝尊彝。"这里的公君与燕侯应该指同一个人，"公"表明地位之尊贵，与"君"相连更表明他是一位有尊贵地位的一国之君。

堇鼎也出土于M253号墓，口沿较窄，立耳，腹微鼓，底部呈圆形，口沿下饰卷角的兽面纹带，圈足的上端饰浮雕兽面纹，中部饰三道弦纹。此鼎的形制、纹饰均似于西周早期的德鼎(《集成》02405)。铭文曰："燕侯令堇饴太保于宗周。庚申，太保赏堇贝，用作太子癸宝尊鬻(餗)，𠁧𠁧。"铭文记燕侯派遣堇到宗周给太保馈赠东西，此器中燕侯与太保共见，也说明太保当时在朝廷任职，并未就封于燕地。

伯矩鬲出土于琉璃河M231号墓，立耳，平折沿，束颈，腹部由三个袋足构成，器盖和腹部均饰牛头浮雕，牛角翘起，颈部饰以夔龙纹。铭文曰："在戊辰，燕侯赐伯矩贝，用作父戊尊彝。"

亚盉侈口束颈，鼓腹圆底儿，三柱足，管状流，兽首鋬，盖上有半环形钮，盖与鋬用

---

① 冯蒸：《关于西周初期太保氏的一件青铜兵器》，《文物》1977年第6期，第52页。

② 张亚初：《太保罍、盉铭文的再讨论》，《考古》1993年第1期，第64—65页。

③ 朱凤瀚：《房山琉璃河出土之克器与西周早期的召公家族》，《远望集—陕西省考古研究所华诞四十周年纪念文集》，陕西人民美术出版社1998年，第306页。

链条连接，盖沿和颈部饰三组由云雷纹组成的兽面纹。铭文曰："㠱侯亚矣，燕侯赐亚贝，作父乙宝尊彝。"铭文中"父乙、尊"等字具有典型的西周早期偏早阶段的特征。

以上三件器物综合各种因素来看，都属于成王时期的器物，铭文中的燕侯应该指第一代燕侯克。

复尊出土于琉璃河西周墓 M52 号墓，喇叭口，鼓腹，圈足，腹部饰两道隔开的夔纹带，颈部和圈足各饰两道弦纹。其器型、纹饰和耳尊(《集成》06007)几乎近同。铭文曰："燕侯赏复冂衣、臣妾、贝，用作父乙宝尊彝，[illegible]。"此器物的年代有成王和康王两说。所赏"冂衣"见于康王时期的大盂鼎，同墓出土的还有一件复鼎，结合复鼎和其他因素来看，还是定于康王时期为宜。

燕侯簋侈口束颈，鼓腹圈足，兽首耳下附有钩状垂珥，颈部和圈足各饰两道弦纹，颈部还饰有两个浮雕兽首。铭文曰："燕侯作姬丞尊彝。"此簋是燕侯为姬姓名丞的女子所作器，盖是为女儿所作器。燕侯盂有两件，铭文相同，都是燕侯自作器，曰："燕侯作旅彝。"这几件器物从器形、纹饰，尤其是字体风格来看，都应属西周早期偏晚阶段，我们也将此定为康王时器。

除以上器物外，还有一件攸簋(《集成》03906)，虽未言明燕侯，但铭文中的侯应是指燕侯。攸簋出土于琉璃河西周墓 M53 号墓，侈口束颈，鼓腹，盖面和器的腹部饰垂冠回首大鸟纹，此外还各饰有两个浮雕兽首。此簋器盖同铭，铭文曰："侯赏攸贝三朋，攸用作父戊宝尊彝，肇作綨。"这种垂冠回首的大鸟纹主要从西周早期偏晚阶段开始流行，结合铭文的字体，我们也将此器定于康王时期的器物。

这三件器物中的燕侯与燕侯旨鼎中的燕侯为第二代燕侯旨。

综上所论，西周初期召氏家族封于燕国的一支目前所知有两代国君，第一代国君为燕侯克，铭文中或称为父辛；第二代国君为燕侯旨。召公家族留于畿内的一支，其次子召伯父辛留在畿内任周王朝的官员，其子为伯宪。伯龢也为伯父召伯父辛作过祭器，召公的子辈还有太史友、父乙和带，父乙的儿子叔造父与伯宪、伯龢一样是召公的孙子辈。

(刘攀峰：华南师范大学文学院，510006，广州)

叔夷身世续考

张振谦

提要 叔夷钟镈、庚壶是重要的齐国子姓青铜器，其铭文对于宋、齐两国的历史研究有着重要的意义。通过研究发现，叔夷的外祖母应为齐顷公的夫人齐声孟子，她或许是宋襄公的庶长孙女；庚父右师官职被取代，是宋襄公夫人王姬为了更换国君所作的预先安排，也是后来宋国武穆之乱的导火索。

关键词 叔夷 齐声孟子 王姬 出

叔夷钟、镈铭文中有一句叔夷的身世自述："不（丕）顯穆公之孫，其配襄公之𡚱（出），而鹹公之女，雩生叔尸（夷）。""𡚱"即"出"字繁构，字见《尔雅》，郭沫若先生曰："《释亲》：'男子谓姊妹之子为出'即此𡚱字义。"[①]这句话除了叔夷说自己是宋穆公的裔孙外，还强调了自己母亲的高贵出身："叔夷之母为宋襄公的外甥女、齐顷公的女儿。也就是说，宋襄公的妹妹嫁给了齐顷公，生下了叔夷之母。"[②]

由上可知，叔夷的外祖父是齐顷公。那么根据文献记载，叔夷的外祖母也可知道，她应该就是齐顷公的夫人齐声孟子。《左传·成公十六年》："齐声孟子通侨如，使立（位）於高、国之间。侨如曰：'不可以再罪。'奔卫，亦间於卿。"杜注："声孟子，齐灵公母，宋女。"由叔夷钟镈铭文知，齐声孟子不仅是宋国女，她还是宋襄公的妹妹。

虽然叔夷名不见经传，但是在叔夷钟镈铭文表明，他在齐国受到了齐灵公的特殊宠爱，担任着重要的职务，有着广阔的封地和丰厚的赏赐。铭文记载了齐侯的两次册命和赏赐，两次册命分别是："余命女（汝）政于朕三軍，簫（簫—肅）成朕師旟（旅）之政德，諫罰朕庶民，左右毋諱。""余命女（汝）緘差（佐）[正]卿，爲大（太）事（史），䌛命于外内之事，中尃（布）盟刑，台（以）尃戒公家，厍（雁—應）卹余于盟（明）卹，女（汝）台（以）卹余朕身。"前者是任命其在齐三军中从政，后者是任命其为辅佐正卿的太史，可谓在

① 郭沫若：《两周金文辞大系图录考释（二）》，《郭沫若全集·考古编8》，科学出版社2002年，第439页。

② 张振谦：《叔夷身世考》，《出土文献综合研究集刊》第八辑，巴蜀书社2019年，第54页。

军政两界红极一时、风光无限。

两次赏赐分别是:"余易(赐)女(汝)釐(莱)都、𦝡(密)、𪓐(胶)[①],其县三百。余命女(汝)嗣(司)辝(治)𨛭(莱),𨗨(陶)或(铁)徒四千,为女(汝)敌寮。""余易(赐)女(汝)车马、戎兵,釐(莱)仆三百又五十家,女(汝)台(以)戒戎钕(祚)。"前者赏赐封地三处:莱都、密、胶,三地所辖的县有三百个之多。两次封赏的工匠、仆人有陶工、铁匠四千,莱仆三百五十家之众。封地不可谓不广,赏赐不可谓不厚。

与庚壶中的庚不同,据叔夷钟镈铭文记载,叔夷并没有参加重大的战争,没有显著的军功,这些高官厚赏可能完全来自其血脉出身,即来自其舅父齐灵公的宠爱。其实,从史籍记载看,齐灵公时期,齐国的政事很多是受到其母齐声孟子的干预的。所以,叔夷在齐国得到的高官厚禄,不仅仅是来自舅舅宠,而更多的是来自姥姥的爱。

齐声孟子生活作风不检点,这是其一个污点。齐声孟子先是私通叔孙侨如,叔孙侨如即叔孙宣伯,为鲁国公族,齐灵公的岳父,齐景公的外祖父。为了提高自己的权势,叔孙侨如不择手段,先是在鲁国私通鲁成公之母穆姜,后来逃到齐国私通齐声孟子。《左传·成公十六年》:"宣伯通於穆姜,欲去季、孟而取其室。"杨伯峻注:"宣伯,叔孙侨如。穆姜,成公母。'穆'同'缪',《列女孽嬖传》谓:'聪慧而行乱,故谥曰缪'。"[②]但叔孙侨如后来能幡然悔悟:"不可以再罪",逃到卫国,免于罪祸,得到一个"亦间於卿"的不错结局。

叔孙侨如名声狼藉,不容于鲁,逃齐后,未有功勋。仅仅因为是情人关系,齐声孟子就能使叔孙侨如的政治地位与高氏、国氏并列。这表明声孟子具有强大的干政能力,也说明声孟子在随意地滥用国家权力。齐声孟子的祸国乱政不止如此,她还私通庆克,诬陷齐卿高无咎、鲍牵、国佐,残害鲍牵、驱逐高无咎,使得高无咎之子高弱造反,致使庆克乱国、卿族内斗,间接导致了正卿国佐被杀,严重地削弱了齐国公族高氏、国氏、庆氏及媿姓鲍氏的政治势力,为后来妫姓陈氏上位窃国埋下了重大隐患。

《左传·成公十七年》:"齐庆克通于声孟子,与妇人蒙衣乘辇而入于闳。鲍牵见之,以告国武子,武子召庆克而谓之。庆克久不出,而告夫人曰:'国子谪我。'夫人怒。国子相灵公以会,高、鲍处守。及还,将至,闭门而索客。孟子诉之曰:'高、鲍将不纳君,而立公子角。国子知之。'秋,七月壬寅,刖鲍牵而逐高无咎。无咎奔莒,高弱以卢叛。"

---

① 何琳仪:《古玺杂识续》,《古文字研究》第十九辑,中华书局1992年,第487页。
② 杨伯峻:《春秋左传注》,中华书局2009年,第890页。

《列女传·齐灵声姬》："声姬者，鲁侯之女灵公之夫人，太子光之母也，号孟子。淫通于大夫庆克，与之蒙衣乘辇，而入于闳，鲍牵见之，以告国佐。国佐召庆克，将询之，庆克久不出，以告孟子曰：'国佐非我。'孟子怒。时国佐相灵公，会诸侯于柯陵，高子鲍子处内守，及还，将至，闭门而索客，孟子诉之曰：'高鲍将不内君，而欲立公子角，国佐知之。'公怒，刖鲍牵而逐高子、国佐，二人奔莒，更以崔杼为大夫，使庆克佐之，乃帅师围莒，不胜，国佐使人杀庆克，灵公与佐盟而复之。孟子又愬而杀之。及灵公薨，高鲍皆复遂杀孟子，齐乱乃息。诗云：'匪教匪诲，时维妇寺。'此之谓也。颂曰：齐灵声姬，厥行乱失，淫于庆克，鲍牵是疾，谮愬高鲍，遂以奔亡，好祸用亡，亦以事丧。"

《列女传》传为西汉刘向所撰，虽有讹误，但还是有一定的可信度的。从内容来看，《列女传》中的声姬就是《左传》中的声孟子。与《左传》对比，《列女传》的讹误情况如下：声孟子，讹为声姬，号孟子；子姓宋女，讹为姬姓鲁女；倾公之夫人，讹为灵公之夫人。其余内容大同小异，唯多出"及灵公薨，高鲍皆复遂杀孟子，齐乱乃息"的结局。

由此可知，作为齐国执政的卿族，高氏、鲍氏是恨透了声孟子而杀之后快的。作为初到齐国的子姓宋人，叔夷、叔庚并没有积累下足够深的政治根基；作为舅氏族亲，齐声孟子及灵公给予叔夷的恩宠，反而成为其在齐国政卿间立足的负面资产。有此两点，叔夷、叔庚及其后裔注定不能长久地混迹于齐国官场，二者的名字不见于传世史料也就比较容易理解了。相比起来，陈完就聪明多了。《史记·田敬仲完世家》："……完故奔齐。齐桓公欲使为卿，辞曰：'羁旅之臣幸得免负檐，君之惠也，不敢当高位。'桓公使为工正。"后来田氏坐大，终有齐国。可见韬光养晦、低调做人，实为聪明之举。

与齐声孟子相比，在干预国政、制造祸乱方面，宋襄公夫人王姬更是不遑多让。我们曾考证过，叔夷、叔庚奔齐是宋国武穆之乱的后果，并认为武、穆之乱实际上是宋国以武氏为首的武、穆政治集团与以戴氏为首的戴、庄、桓政治集团之间争夺权力的大决战。[①] 这里先简单介绍一下史籍中的武穆之乱。

《左传·文公十八年》："宋武氏之族道(导)昭公子，将奉司城须以作乱。十二月，宋公(宋文公)杀母弟须及昭公子，使戴、庄、桓之族攻武氏于司马子伯之馆，遂出武、穆之族。"杨伯峻注："以宣三年传'武氏之谋也'考之，倡议者为武氏，而穆族实从之，

① 张振谦：《齐系文字研究》，科学出版社 2019 年，第 208 页。

故武、穆之族被逐出也。”[①]《左传·宣公三年》:“宋文公即位三年,杀母弟须及昭公子,武氏之谋也。使戴、桓之族攻武氏于司马子伯之馆。尽逐武、穆之族。武、穆之族以曹师伐宋。秋,宋师围曹,报武氏之乱也。”由此可知,武穆之乱是宋国宗族武、穆之族率领宋昭公的儿子,图谋推举宋文公的胞弟司城须为君的叛乱,叛乱的结果是武、穆之族被驱逐出宋国,年幼的武叔庚和穆叔夷逃到了齐国。

王姬所作的最主要干政乱国事件是弑宋昭公、立宋文公。早在武穆之乱 2 年之前,《左传·文公十六年》:“宋公子鲍礼於国人,宋饥,竭其粟而贷之。年自七十以上,无不馈诒也,时加羞珍异。无日不数於六卿之门。国之材人无不事也;亲自桓以下无不恤也。公子鲍美而艳,襄夫人欲通之,而不可,乃助之施。昭公无道,国人奉公子鲍以因夫人。於是华元为右师,公孙友为左师,华耦为司马,鳞鱹为司徒,荡意诸为司城,公子朝为司寇。初,司城荡卒,公孙寿辞司城,请使意诸为之。……冬十一月甲寅,宋昭公将田孟诸,未至,夫人王姬使帅甸攻而杀之。……文公即位,使母弟须为司城。华耦卒而使荡虺为司马。”杨伯峻注:“寿为荡之子,父死,宜继其位。意诸,寿之子。寿辞位而使其子为之。”[②]

从以上史料可知:1. 公子鲍(杜注:“昭公庶弟文公也。”)胸怀大志,有图于君位。2. 襄公夫人王姬爱恋公子鲍之美色,欲助其上位。3. 宋国执政大臣皆为宋国公族,且有官位世袭的传统。4. 君位顺利更迭,宋国政权平稳过渡。根据第 3 条,可以得出“决战的时间正好是华元刚刚出任右师之后,故导火索可能就是庚父的右师职位被华元取代,原来的政治平衡被打破。昭公子及司城须,则选错了政治盟友,成为这次政治斗争的牺牲品”[③]的结论。

实际上,华元取代庚父任右师,左师、司马、司徒、司城、司寇等重要官职的人员变更,极有可能是王姬为弑昭公、立文公所作的事前准备。弑君另立、废长立幼、黜嫡立庶,皆不合周礼,是祸乱的开端,在各诸侯国内外都是严格防范和坚决抵制的,以晋国为首的诸侯国联军还曾以此事讨伐宋国。《左传·文公十七年》:“十七年春,晋荀林父、卫孔达、陈公孙宁、郑石楚伐宋,讨曰:‘何故弑君?’”可见弑君之事不容于别国。但是,宋国国内反而能平稳过渡,这显然是经过王姬、文公精心策划和事前准备的。

虽然如此,宋国的政权看似已平稳过渡,但实际隐患仍存。昭公虽死,但是由政权更迭所导致的权利分配失衡问题犹在。原本权力最大的右师庚父被华元取代,就

---

① 杨伯峻:《春秋左传注》,中华书局 2009 年,第 642 页。

② 同上书,第 622 页。

③ 张振谦:《齐系文字研究》,科学出版社 2019 年,第 208 页。

是两年后武穆之乱的根源所在。

下面再讨论一下叔夷外祖母齐声孟子。前面说到，从叔夷钟镈铭文的字面意思看，叔夷的外祖母齐声孟子是宋襄公的妹妹，实际并非如此。我们曾怀疑齐顷公与宋襄公之妹在年龄上并不般配："齐顷公为齐惠公之子，与宋襄公的年龄差别估值在20—30岁左右，与宋襄公之妹未必年貌相当。"①现在确定叔夷的外祖母是齐声孟子后，这种怀疑可以得到证实了。

宋襄公之父宋桓公于公元前681—前651年在位，齐灵公于公元前581—前554年在位，声孟子理论上的最晚出生时间为公元前650，去世则是在公元前554年，她的寿命将近百岁，对于古人来说是较为罕见的。而更不可能的是，声孟子私通叔孙侨如、庆克之事分别在鲁成公十六年（公元前575年）、十七年，如果她真是宋襄公之妹，那她此时的理论年龄已经分别为75、76岁了，实际年龄恐怕在80岁之上了，这是绝对不合常理的。

所以，齐声孟子绝非宋襄公之妹。我们曾认为："'出'也有可能不单指'姊妹之子'，而是泛指'姊妹之子孙'。这样的话，'出'也可以用来指称外孙女，叔夷之母就不是宋襄公的外甥女，而是外孙女。换句话说，就是齐顷公不是宋襄公的妹夫，而是他的女婿，这样叔夷的父母在年龄上就可以般配了。"②现在看来，这种观点仍需进一步讨论。

《说文》："孙，子之子曰孙。"但在文献中，"孙"可泛指裔孙，这是我们熟知的。叔夷钟镈铭文"丕顯穆公之孫，其配襄公之妣"，宋穆公与叔夷年龄相差约200岁，郭沫若先生曰："叔夷之父为'穆公之孙'云者，以恒情推之，殆是远孙也。"③所以，这里"孙""妣"对举，皆为泛指。因此，"妣"的意思可修订为"姊妹、女儿之子孙"，即外甥女或外孙女及其后代。

相同词义用法的还有叔夷钟镈铭文中的"祖"和"舅"，"舅为泛称，并不仅限于指称母之兄弟，而是可以泛指舅氏的历代先人，这与'祖'字在甲骨文中用作泛称是相同的。从语法角度讲，叔夷钟铭文'先舅'和'先祖'对举，在指称使用的意义范围上也应该相对举，分别是指叔夷的母系先祖和父系先祖。"④

《说文》："孟，长也。"作为行序，与"伯"浑言无别，析言之，"孟"为庶出，"伯"为嫡

① 张振谦：《叔夷身世考》，《出土文献综合研究集刊》第八辑，巴蜀书社2019年，第54页。
② 同上。
③ 郭沫若：《两周金文辞大系图录考释（二）》，《郭沫若全集·考古编8》，科学出版社2002年，第438页。
④ 张振谦：《叔夷身世考》，《出土文献综合研究集刊》第八辑，巴蜀书社2019年，第53—54页。

出。声孟子，宋国子姓之庶长女。假设齐声孟子私通时年龄为45—65岁，可推知其出生年份在公元前640—前620年之间。宋襄公于公元前650—前637年在位，古代君王、贵族在正式娶妻之前多先纳妾，其庶长子、庶长女一般都出生较早，所以宋襄公的庶长女出生年份不可能晚到公元前640年。因此，齐声孟子不可能为宋襄公之庶长女，更不可能为宋襄公之庶出姊妹。

先秦时期同姓不婚，所以齐声孟子只能是宋国公族的子姓女，而不是非子姓的宋公外甥女、外孙女。结合其庶长女身份、门户地位、年龄时代及叔夷颇为自豪身世的自述，齐声孟子当为宋襄公之庶长孙女，亦即为宋成公或其兄弟的庶长女。由此知，齐声孟子非为宋襄公之女，身份并不显赫，经传无说，故杜预仅以“宋女”注之。

最后顺便讨论一下“媍”与“甥”。媍者，出也；甥者，生也，二者皆为本字注加意符的后起专用字。“出”为会意字，古文字字形从“止”从“凵”，会脚从坑穴中出来之意，引申之，“出”为女子从家中嫁出。《说文》：“归，女嫁也。”“出”与“归”当为反向关系的反义词。女子出嫁，对于娘家来说是“出”，而对于夫家来说就是“归”。

《尔雅・释亲》“男子谓姊妹之子为出”意思并不确切，这一词汇在文献中曰“甥”。《释名》：“舅谓姊妹之子曰甥。甥亦生也。出配他男而生，故其制字男傍作生也。”燕系人名玺常有“某生某”，吴振武先生认为：“姓名私玺中的‘某生’之‘生’应和金文所见人名中的‘某生’之‘生’一样，读如‘甥’，氏后缀一‘生(甥)’字，表明这个氏是其母家的氏。”①极确。

进入父系社会后，男子祀宗庙，继承父姓；女子出嫁，归入外姓。“出”本意为女子出嫁，在此意上衍变为出嫁后所生的子女，即外孙子是由其母系家族所出。故“孙”与“出”相别，前者指男系后代之子女，同姓；后者指女系后代出嫁后所生子女，外姓。

其实“出”也有“生”意，或以为即其本义。《说文》：“出，进也。象艸木益滋，上出达也。”段注：“本谓艸木，引申为凡生长之偁。……兹，艸木多益也。艸木由才而中而之而出，日益大矣。”对于《叔夷钟镈铭文》来说，叔夷之母的出身可以是确定的，她是齐顷公之女，是宋襄公的庶长孙女声孟子所生，即其乃“襄公之出，而倾公之女”是也。

（张振谦：河北大学燕赵文化高等研究院、河北大学文学院、
河北大学传世字书和出土文字研究中心，271000，保定）

① 吴振武：《释“受”并论盱眙南窑铜壶和重金方壶的国别》，《古文字研究》第十四辑，中华书局1986年，第57页注15。

新见郏季簋铭文小考

冯 聪

提要 本文对春秋时期郏季簋中的郏季后两字作了详细考释，一个是从“口”，“夗”声，释为“夗”，一个是从“𦐈”，“皋”声，读为“萃”，“夗萃”乃郏季私名。另外，“中(仲)娸”之“娸”是女子国的姓氏，即“媿”姓。这对研究古“郏”国与媿姓的联姻有着重要的价值。

关键词 郏季簋 夗 萃 娸 媿

近日《山西省公安机关打击文物犯罪成果展》在山西博物院展出，其中有一件器物出土于山西省闻喜县酒务头村，山西博物院将其命名为“郏季簋”，该器为春秋时期器。其器物及铭文拓片①如下：

整理者将铭文释为：郏季□□用作中娸用铸宝簋，其万年子子孙孙永宝用。并作说明：“□□内为字，过去没有见过，暂隶定‘腒’，该簋是郏季‘腒橐’为妻子‘中娸’所做。”

铭文内容基本已经弄清。本文拟就郏季后两字(以下用“A”、“B”代表)谈一点意见，望方家指正。现将铭文隶定如下：

① 图片见于微信公众号《乐艺会》:《战果和青铜盛宴：纽扣分享山西打击文物犯罪成果展上篇》。

郳季 AB 用作中娸用铸宝簠，其万年子子孙孙永宝用。

，“670”，从朱从黽。该字亦见于郳公华钟（《集成》00245）郳伯鬲（《集成》00669）郳来隹鬲（《集成》00670）郳公𨱶钟（《集成》00149－00152）郳伯御戎鼎（《集成》02525）郳大宰钟（《集成》00086）等铭文。“鼄”文献或作“邾”，即邾国。“邾”与“邹”、“驺”通。《史记·陈杞世家》：“滕、薛、驺、夏、殷、周之封也。”《史记正义》：“邾子曹姓，鲁穆公改邾作邹。”战国时为楚国所灭，故地在今山东邹县东南。据王献唐先生《春秋邾分三国》一书记载，邾国自周宣王以后，陆续分为邾国、小邾国、滥国。出土的铜器中，亦有古小邾国之器，如《邾庆簠》、《邾公子害簠》等，本次《郳季簠》的发现，为探讨邾国及其周边国家的历史提供了十分珍贵的第一手材料。

铭文中“A、B”两字，整理者认为是郳季之名，其说甚是。

一　⿱夗口

首先，A 字，原篆如右：（）

A 字形自甲骨文已有之，下面列举一些字形：

1. 夗：《合》14295　[1]《合》14294　《合》21864
   《合》1284 反
2. ⿱夗目：《合》280　《合》14847　《合》29347
   《屯南》2551
3. 宛：《合》30268
4. 苑：《合》9506
5. ⿱夗口：《集成》4197　《集成》5984　《集成》4469
   《集成》4197　《新金文编》903 页

① 于省吾：《商周金文录遗·序》，中华书局 1993 年。

6. 鲵：《集成》9454　《集成》5421

7. 邍：《新金文编》193 页　《新金文编》193 页

《新金文编》193 页　《新金文编》193 页

以上这些字形均是“夗”及从“夗”的字，在古文字中，夗可以作为偏旁，有可能是声符也有可能是义符，比如，甲骨文“智”中之“夗”作义符[①]。在金文中，“夗”则多为声符，如“邍”[②]、“鲵”等字可以为证。

二十世纪八十年代以来，随着出土战国文字材料的增多和研究的不断深入，战国文字中的“夗”和从“夗”的字逐渐为大家所认识，如以下字形：

1. 宛：

《上博简·孔子诗论》21　《上博简·孔子诗论》22

2. “从艸从田夗声”[③]（畹）：

《九店简》56 号墓 22　《九店简》56 号墓 23

《九店简》56 号墓 22　《包山楚墓》151

3. 夗[④]：

《上博简·缁衣》06　《上博简·缁衣》06

《上博简·缁衣》12

不难发现，楚简中从“夗”的这些字中，“夗”用作偏旁且形体变化得比较剧烈。[⑤]这也印证了同一古文字在分别用作独体偏旁时，其形体演变方向和速度往往会有较大的不同。冯胜君先生认为“‘夗’字从形发展到形，‘肉’旁已经变成了倒‘口’形，‘ㄋ’形则先变成‘人’旁，再由‘人’旁进一步演变成‘卩’旁”。[⑥] 其说甚是。本文所论

---

① 陈剑：《甲骨文旧释“智”和“盭”的两个字及金文“鼎 ”字新释》，载《甲骨金文考释论集》，线装书局 2007 年 5 月，第 177—233 页。

② 徐在国：《读〈楚系简帛文字编〉札记》，载《安徽大学学报》（哲学社会科学版）1998 年第 5 期。

③ 同上。

④ 李零先生释为“宛”，冯胜君先生释为“夗”，读为“怨”，将该字所从的“〇”视为累加的声符。

⑤ 冯胜君：《释战国文字中的“怨”》，《古文字研究》第二十五辑，中华书局 2004 年，第 283 页。

⑥ 同上，第 283 页。

述的A字便是一例,分析为从口夗声,可作人名。《集成》4197之“智”为器主名,是A为“夗”字的有力证明。

二 䕯

B字,原篆如右: ()

铭文拓片不清晰,通过目验原片可以看出该字正下部分是“辛”字,该字我们隶定为䕯,分析为从茻皋(罪)声。首先,古文字的“皋”有以下字形:

《中山王厝壶》(《新金文编》2126页) 《清华简·邦家处位》06

《上博简·容成氏》48 《古玺汇编》3667

簠铭中的B,去掉“茻”剩下的部分即与以上的“皋”形同。

另外,需要注意的是《古玺汇编》有下揭两枚玺印:

 《玺汇》2250  《玺汇》2251

其中,、《玺汇》隶定为䕯,是姓氏。《古文字谱系疏证》解释为:“䕯,从艸,皋声,疑萃之异文。卒声字与皋声字相近,参见“翠”①。《说文》“萃,艸儿。从艸,卒声,读若瘁。”晋玺䕯,读作翠,姓氏。《广韵·至韵》“翠,姓。”《急就篇》第七章“翠鸳鸯。”颜师古注“翠氏,楚景翠之後也。避入关之迁,怀土逃匿,改姓为翠。”据此,我们认为B(䕯)为“萃”之异文,作为私名。

综上,我们把原隶定为胆䕯的两个人字,释为夗䕯,读为“夗萃”,此二字为郳季之名。

三 娸

按照铭文一般行款,簠铭“中娸”所在的位置比较特殊。具体分析如下:

和簠铭“郳季夗萃用作中娸用铸宝簠”相似的句法,金文常见。如“郳伯御戎作

① 黄德宽主编:《古文字谱系疏证》,商务印书馆2007年,第3128页。

媵姬宝鼎”(郑伯御戎鼎)、“杞伯每亡作郑嫀(曹)宝鼎”(杞伯每亡鼎),均是某国国君或贵族为另一个国家的女子做器。女子的名称用她的国家和其国家的姓氏来表示,有时候会加上她的排行和私名,如“齐侯作虢孟(排行)姬良母(私名)宝匜”(齐侯匜)。

郑季簠铭的“中”通“仲”是排行,而非国家名,那么簠铭便没有女子的国家名,为什么呢?

“娸”是女子国的姓氏。“娸”可作姓,《说文·女部》:“娸,人姓也。从女,其声。”又《说文》:“娸,醜也。”媿,可作醜。《战国策·齐策四》“而欲媿之以辞”黄丕烈按:“媿,吕氏春秋作醜。”“媿”是姓氏,铭文如《郑同媿鼎》:“奠同媿乍旅鼎。”《倗仲鼎》:“倗仲作毕媿媵鼎。”文献“媿”作“隗”,如《左传·僖公二十三年》:“狄人伐廧咎如,获其二女叔隗、季隗。”杜预注:“廧咎如,赤狄之别中也,隗姓。”“媿”姓,是位于鬼方的小部族,不铸其国名也是情理之中。之前出土的“郑”国之器物多记载郑国中晚期,这次发掘出的关于“郑”国的地点,显然可以反映“郑”国早期先祖的活动情况,尤其是与醜姓的联姻。

联系小郑国《昆君妇媿霝壶》铭之“媿霝”。王恩田先生考证:“陆终之妻嬇的‘嬇’字,与媿霝之‘媿’为双声叠韵,女嬇也即女媿,又女媿为鬼方氏之妹,故可证媿姓与晋国的‘怀姓九宗’可能皆为鬼方后裔,而曹姓的郑国和小郑国可能有与媿姓女子通婚的传统。”[①]而《郑季簠》表明“郑”姓与“媿”姓通婚,亦可佐证王恩田先生的结论。即:不仅仅小郑国与媿姓女子通婚,与其同出一祖的郑国早已有与媿姓女子通婚的传统。

(冯聪:安徽大学汉字发展与应用研究中心,230039,合肥)

① 王恩田:《枣庄山亭郳器与郳国》,載《小郑国文化》,中国文史出版社 2006 年,第 164 页。

试释伯克父盨自名“𬭯”*

夏宸溥

提要 《商周青铜器铭文暨图像集成续编》收录两件春秋早期曾国青铜盨，其自名隶定作“𨥝𬭯”，为青铜盨器自名首见。有学者释为“𨥝盨”。我们认为将前一字修饰语释为“𨥝”是正确的，但是后一字“𬭯”结合器物形制当释作“桮”，“桮”即今所谓“耳杯”。与此同时另一件遣盄父盨自名隶定作“𧩯”，下半部分不应从“言”而应从“否”。两件盨器自名可与《说文解字》内容互证。

关键词 伯克父盨；𬭯；丕显；耳杯

吴镇烽《商周青铜器铭文暨图像集成续编》[①]收录两件春秋时期曾国铜盨（《铭图续》30474、30475），今藏于国家博物馆，定名作“伯克父盨”甲、乙，通高24厘米，体呈椭方形，两端设有一对附耳，盖沿和器身均饰直棱纹。器、盖同铭，其铭曰：

唯白（伯）克父甘娄，自乍（作）𢷎（饙）𬭯，用盛黍稷𣄰（稻）椋（粱），用之征行，其用及百君子㝃（宴）卿（饗）。

两件盨器自名均作“”。田率曾在《内史盨与伯克父甘娄盨》一文里对伯克父盨自名“𬭯”作了释读。“𬭯”另见守宫盘铭“周师不𬭯”，“不𬭯”应即“不杯”。并引容庚《金文编》：“《尔雅·释训》：‘丕丕，大也。’上丕借不，下丕作杯，以见重意。”[②]认为“不杯”为“丕丕”，“𬭯”作为修饰词，与“丕”通，训为大。“盨”古音在心母侯部，“𬭯”在滂母之部，之侯可旁转，“𬭯”或可读为“盨”。[③] 黄錦前也认为，“‘否’为帮母之部字（或理解为从‘不’，‘不’为滂母之部），‘盨’为心母侯部，之部與侯部为旁轉，音近可通。”[④]

---

* 本文为北京市哲学社科基地重点项目（编号19JDYYA001）、北京语言大学校级重大项目（编号18ZD001）、北京语言大学中外研究生创新基金项目（编号20YCX005）的阶段性成果。

① 吴镇烽：《商周青铜器铭文暨图像集成续编》第2卷，上海古籍出版社2016年，第192页。形制、图像、拓片、释文均据此。为行文简洁，之后文内著录均用简称。

② 容庚：《金文编》，中华书局1985年，第764页。

③ 田率：《内史盨与伯克父甘娄盨》，载《青铜器与金文》第一辑，上海古籍出版社2017年，第418—432页。

④ 黄锦前：《读伯克父甘娄盨铭琐记》，《中国国家博物馆馆刊》2019年第4期，第65页。

“䀇”字另见于守宫盘[①]，现藏英国剑桥大学费茨威廉博物馆，铭文曰：

隹（唯）正月既生霸乙未，王才（在）周₌（周，周）师光守宫，吏（使）祼，周师不（丕）䀇，易（錫）守宫丝束、蘆（苴）䴉（幕）五、蘆（苴）萱（冟、冪）二、馬匹、毳布三、専（专、团）夆（篷）三、銮（琜）朋，守宫对扬周师厘，用乍（作）且（祖）乙隮（尊），其百世子₌（子子）孙₌（孙孙），永宝用，勿遂（坠）。

吴闿生认为，盘铭中“䀇”应读作“否”，引《左传·宣公十二年》：“执事顺成为臧，逆为否。”“不否”便是“执事顺成无违逆也”。[②] 郭沫若从之，认为“祼周师，不否”犹適段言“適御亡遣”，即无可谴责。[③] 但是这样意义过于迂曲，不如解作“坏”通顺。于省吾提到：

西周金文不字有的已孳乳为否。西周金文不坏二字连文者屡见，守宫盘作不䀇，可见坏字已孳乳为䀇。[④]

沈宝春同样认为“儨周师不䀇”与召尊“用𠦪不坏”与辞例相近，“不䀇”即“不坏”。[⑤]

“不坏”一语金文中屡见，《铭图》共14器有此语。主要有两种用法。一是与“鲁休”“元德”等词连用以表称颂，如：师奎父鼎“对扬天子不坏鲁休”、善鼎“对扬皇天子不坏休”、班簋“不坏丮皇公受京宗懿厘”等；二是用作人名，仅坏沽簋“坏沽乍父卯宝簋”一例。

对于“坏”字目前共有四种解释。

一、释作“某”。

只见于《西清》[⑥]（1755），在《周毛伯彝》[⑦]释文下将“不坏丮”释作“不某执”。

二、释作“显”。持此观点的学者甚众，如孙诒让[⑧]、吴闿生[⑨]、陈梦家[⑩]、高木森[⑪]、

---

① 旧著录作守宫尊，陈梦家于伦敦见实器始知为盘，见陈梦家《西周铜器断代（六）》，《考古学报》1956年第4期，第114页。

② 吴闿生：《吉金文录》卷四，中国书店出版社2009年，第9页。

③ 郭沫若：《两周金文辞大系图录考释》，上海书店出版社1999年，第92页。

④ 于省吾：《释𠛱、𠬝、炋、伓》，载《甲骨文字释林》，中华书局1979年，第394页。

⑤ 沈宝春：《〈商周金文录遗〉考释》，花木兰文化工作坊2005年，第770页。

⑥ 清高宗敕编：《西清古鉴》，载《金文文献集成》第三册，线装书局2005年，第341页。此器《铭图》著录有误，应为“西清13.12”。括号内为出版年代，下同。

⑦ 《铭图》作班簋。

⑧ 孙诒让：《古籀余论》下册，籀经楼校本1903年，第31页。

⑨ 吴闿生：《吉金文录》卷二，中国书店出版社2009年，第12页。

⑩ 陈梦家：《西周铜器断代（二）》，《考古学报》，1955年第2期，第73页。

⑪ 高木森：《西周青铜彝器汇考》，中国文化大学出版部1986年，第72页。

王辉[1]、刘正[2]等学者。

1、阮元最早在《积古》[3](1804)《师遽敦》[4]释文中将其释作"显",后出的《筠清》[5](1842)与《窸斋》[6](1902)分别在《周宝父鼎》[7]和《显敦》[8]释文下从之,但三家均无说明。

2、严可均《全上古三代秦汉三国六朝文》[9](1887)认为"㔻"是"㬎"省,即"显"。

3、吴大澂《说文古籀补》[10](1895)"显"字下列"不不"字,曰:"古'显'字,从二不。不,古'丕'字,大也。"

4、《奇觚》[11](1902)《厄侯鼎》[12]下曰:"案师遽敦'丕显'之'显'作'不不',师奎父鼎'丕显'作'不不',皆'㬎'省。知'不'即'糸'之下体。"

5、高田忠周在《古籀篇》[13](约 1905)"㔻"下曰:"然则此字为'显'无容疑者即省'显'为'㬎',又省为'丝'。'糸'字往往作'糸',故'丝'亦当作'丝'。但'㬎'、'丝'行义稍乖,故涉上'不'字,以作'不不'殊分别。……此说为是。"又曰:"愚又窃谓'不不'或'鬉'象形字,叚借为'显',又为'㬎'。……不敢臆定,存疑云。"

6、叶名琛在《敬吾》[14](1908)一器[15]下曰:"'对扬不显'为鼎铭恒辞,而此'不不'字必为'显'字也。"

7、岑仲勉认为"丕显"与梵语"mahan"(意义为"大")同源,两字合而表"大"意,单一"丕"字则不可训"大"。而"凡相连两字,古人往往取其一字以表他一字",沈子它簋"克成绥吾考以于显$_{=}$受命"以"显$_{=}$"代"丕显",进而推测"不䫆""不㔻"或是"不$_{=}$"误写,本意也是"丕显"。[16]

---

① 王辉:《商周金文》,文物出版社 2006 年,第 100 页。
② 刘正:《金文学术史》,上海书店出版社 2014 年,第 59 页。
③ 阮元:《积古斋钟鼎彝器款识》,载《金文文献集成》第十册,线装书局 2005 年 7 月,第 153 页。
④ 《铭图》作师遽簋盖。
⑤ 吴荣光:《筠清馆金文》,载《金文文献集成》第十二册,线装书局 2005 年,第 100 页。
⑥ 吴大澂:《窸斋集古录》,载《金文文献集成》第十二册,线装书局 2005 年,第 249 页。
⑦ 《铭图》作师奎父鼎。
⑧ 《铭图》作奂沽簋。
⑨ 严可均:《全上古三代秦汉三国六朝文》,载《金文文献集成》第十六册,线装书局 2005 年,第 302 页。
⑩ 吴大澂:《说文古籀补》,载《金文献集成》第十七册,线装书局 2005 年,第 243 页。
⑪ 刘心源:《奇觚室吉金文述》,载《金文文献集成》第十三册,线装书局 2005 年,第 159 页。
⑫ 《铭图》作鄂侯驭方鼎。
⑬ 高田忠周:《古籀篇》卷二十三,载《金文文献集成》第三十一册,线装书局 2005 年,第 490 页。
⑭ 朱善旗:《敬吾心室彝器款识》,载《金文文献集成》第十三册,线装书局 2005 年,第 30 页。
⑮ 原书缺定名,《铭图》作师虎簋。
⑯ 岑仲勉:《两周文史论丛》,中华书局 2004 年,第 195—206 页。

三、释作“丕”。郭沫若[①]、白川静[②]、容庚[③]、李学勤[④]、田率、黄锦前等学者均采此说。

许印林[⑤]最早在《攈古》[⑥](1895)《师遽敦》下考释道:“《书·大诰》:‘弼我丕丕基。’《立政》:‘以并受此丕丕基。’传并训为‘大大基’。《尔雅·释训》:‘丕丕,大也。’谓此疑此‘不伓’即‘丕丕’。上‘丕’借‘不’,下‘丕’作‘伓’以见重意。”《奇觚》[⑦]认为许瀚“其说甚精”。

四、释作“福”。

徐在国[⑧]在《谈铜器铭文中的“不伓”》(2016)中提道:“铜器铭文‘不伓’,读为‘丕福’,即‘大福’。”

我们认为,这四种说法里当以释“福”说为佳。

第一种说法不知何据,且已被后论取代,不作探讨。

第二种说法里,严可均与《奇觚》从字形解释“”有些牵强。铭文中“显”字通常都写作“”“”或“”[⑨],“㬎”字作“”或“”,只会省略其中一个或者两个“糸”的首、尾部分,而不是省作“”,两家所言不知所本,应当系先入为主的臆测。叶名琛从金文“显”“伓”对位的关系论证,也仅能说明两字意义相近而已。岑仲勉从梵语语音和上古语法的角度考证,独树一帜。不过梵语和上古汉语是否同源尚待商榷,并且“不伓(丕显)”写作“不₌”也并没有实际出土的器物铭文证明,因而仅可聊备一说。

第三种说法同样有问题。正如岑仲勉所提到的,金文里重言一般会在前一字下加两短横来简省,此为常例。却未见非但不用重文符号,更另造“伓”或“𥁕”,这样笔画反而更加烦琐,不符合当时文字的发展规律。另外,1954 年出土的長由盉,銘文有“敢对扬天子不伓休”,同器前文另有“井₌白₌”,加两短画以示“井白”读两次。所以长由盉的“伓”绝不应还是“丕”,否则也应当加重文符号。因而许瀚所言“下‘丕’作‘伓’以见重意”是不妥的。若是个别现象,也不应在铭文中出现 14 次之多。更不可能被用

---

① 郭沫若:《两周金文辞大系图录考释》,上海书店出版社 1999 年,第 23 页。

② 白川静:《金文通释》卷二,白鹤美术馆 1962 年,第 54 页。

③ 容庚:《金文编》,中华书局 1985 年,第 763—764 页。

④ 李学勤:《班簋续考》,载《古文字研究》第十三辑,中华书局 1986 年,第 184 页。

⑤ 许印林曾于吴氏去世后校订《攈古录金文》。

⑥ 吴式芬:《攈古录金文》,载《金文文献集成》第十一册,线装书局 2005 年,第 100 页。

⑦ 刘心源:《奇觚室吉金文述》,载《金文文献集成》第十三册,线装书局 2005 年,第 202 页。

⑧ 徐在国:《谈铜器铭文中的“不伓”》,纪念于省吾先生诞辰 120 周年、姚孝遂先生诞辰 90 周年学术研讨会论文,吉林大学古籍研究所,2016 年,第 54—55 页。

⑨ 或如晋姜鼎中“顥”或释“显”,系音近通“显”,非字形为“显”,此类字形不论。

作人名(伓沽簋)。这样一来依据“丕”与“䰟”通假来解释“䃾”也就站不住脚了。

根据目前可见含“伓”的 14 件器物,有两点是可以确定的。

第一,“不伓”与“不显”通常在铭文中出现在相同的位置上,有相同或相近的意义。师遽簋和师遽方彝作器者相同,铭文风格相似,根据陈梦家所考同属共王时器[1]。吴镇烽曾考师遽方彝里的“”字,本释作“百世”的合文,但是师遽簋盖此字为“”,可见“䜋”不是合文而是“世”的异体。[2] 同样,师遽簋盖的“敢对扬天子不伓休”,师遽方彝此语作“敢对扬天子不显休”,“伓”和“显”可用在两器相同的位置,其意义之相近是毫无疑问的。

第二,“伓”不能单纯看作是“显”的异体,使用上应有区别。含“伓”的 14 件器物中,番生簋盖、乖伯簋、虎簋盖二器、班簋、<ul>䰟</ul>鼎均在同器物铭文中同时出现了“伓”和“显”字,将其列表如下。

器名	显句	显字形	伓句	伓字形
番生簋盖	不(丕)显皇祖考		皇且考不(丕)伓元德	
乖伯簋	朕不(丕)㬎(显)祖玟、珷		敢对扬天子不(丕)伓鲁休	
虎簋盖(甲乙)	不(丕)显朕剌祖考咎明		对扬天子不(丕)伓鲁休	
䰟鼎	敢对扬皇不显天子不(丕)伓休		敢对扬皇不显天子不(丕)伓休	
班簋*	允才㬎(显)		不(丕)伓扬皇公受京宗懿厘	

班簋“允才㬎”之“㬎”用法特殊,学者通常都释作“明显”,事甚显明也,[3]即不是“丕显”的用法。除班簋外,有五件器物同时出现了“不显”和“不伓”二词。可以发现,在这五件器物铭文中,同样是称颂用语,“不显”和“不伓”用法是有区别的——“不显”通常用来修饰人,如“皇祖考”“祖玟、珷(王)”;“不伓”通常用来修饰美德等抽象意义,

① 陈梦家:《西周铜器断代(六)》,《考古学报》1956 年第 4 期,第 101—103 页。
② 吴镇烽:《商周青铜器铭文暨图像集成》第 24 卷,上海古籍出版社 2012 年,第 427 页。
③ 学者观点参见汤梦甜:《班簋铭文集释》,硕士学位论文,华东师范大学,2017 年,第 168—172 页。

如“元德”“鲁休”——这不应当是巧合。这在䰞鼎铭文中体现得尤为明显，“敢对扬皇不显天子不㔻休”，前“不显”修饰“天子”，后“不㔻”修饰“休”，即天子的休美。虽然只有五例，不足以成定论，但是从侧面证明了“㔻”不应当直接释作“显”。因而守宫盘“周师不⿱不吕”句，“⿱不吕”通“㔻”，意义近似于“周师不显”，称颂周师之伟大英明也。

而第四种说法将“㔻”释作“福”，是与以上分析吻合的，加之古音上相通，可以说是目前比较好的解释。但是，无论是释“丕”还是释“福”，均不能很好地解释用作盨器自名的“⿱不吕”。

我们认为“⿱不吕”应当释作“桮”。

徐中舒早在1933年便提到：“战国以下之桮，即盨之遗制。”[1]并提出了四条证据：

“桮之形椭，《陶斋吉金录》载汉史侯家染桮，及山都桮，其制皆与盨近。其证一。《说文》于桮下云：‘㔸也’，又于㔸下云：‘小桮也’，‘㔸或从木作𣐍’，㔸作𣐍与𣐍盨字同。㔸及𣐍盨不见于经传，而《说文》屡称之，汉代必有其物，当为古语之仅存者。疑㔸即𣐍盨之省称。或为饮器，或为负戴器，要当以椭得名。其证二。桮或作杯，古音在之部，古音不字多与幽部孚字通，如罘或作罦，罘罳或作浮思。盨古音在侯部，古幽侯部字多相通，故盨得与桮通。其证三。铜器盨𣪘连言，犹之杯圈（《礼记·玉藻》）桮棬（《孟子·告子》）连言，盨之遗制为桮，𣪘之遗制为圈棬（圈棬皆从器圆得名，梋鋗𥁕盌椀碗皆其异文）。其证四。”[2]

下面依据徐中舒的论述，疏证如下：

徐中舒所言“桮”即耳杯。《陶斋》[3]收录有三件典型的青铜耳杯，制于战国和汉代，其形椭圆，口缘两边有半月形耳，无自名，多无足。有些耳杯有高足，如修武府杯，置于染炉之上组合使用，又称作“染杯”，其形与无盖的盨甚是相近。

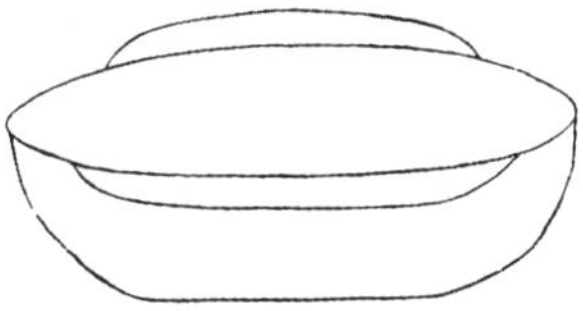
冢十六杯[4]

乌氏漆耳杯

修武府杯

① 徐中舒：《陈侯四器考释》，载《历史语言研究所集刊》第三本第四分，京华印书局1933年，第487页。

② 同上注。

③ 端方：《陶斋吉金录》，载《金文文献集成》第八册，线装书局2005年，第345，378页。

④ 原《陶斋》卷五三页“秦𠯑”，实际上也是耳杯。

语音上，因为无论将"𥁕"释作"杯（丕）"还是"桮"，古音都在之部。所以前文提到的田率和黄锦前两位学者的古音之说与徐中舒的观点相吻合，"盨"古音在心母侯部，"桮"在滂母之部，之侯旁转，两者音可通，

《说文解字·皿部》："盨，櫝盨，负戴器也。从皿须声。"；"桮，𠥜也。从木否声。匼，籀文桮。"；"𠥜，小桮也。从匚贛声。櫝，𠥜或从木。"《说文解字》里"盨"与"櫝（𠥜）"连言，而"桮"与"𠥜"互训，说明至少在汉代，盨与"桮"仍有关联。而汉代的"桮"特指耳杯[①]，汉代染杯与盨外形上的相近处，也印证了这一结论。

进一步论证，需要提到遣盄父盨（《铭图续》30466）的自名。字形作""（盖）与""（器），《铭图》定为"䛐"，不知何字。[②] 但结合伯克父盨自名"𥁕"，可知其字下部不从"言"，而从"否"，作"䓓"。这里依据《铭图》搜集同时有含"言""不（否）"的器物示例如下表：

器物	含言句	字形	含不句	字形
中山王舋鼎	此易言而难行施		智天若否	
毛公鼎	虩许上下若否于四方		虩许上下若否于四方	
师毁簋	毋敢否（不）譱（善）		毋敢否（不）譱（善）	
晋公盆/盘	教畏百䜌（蛮）/ 諒（哀）莫不...	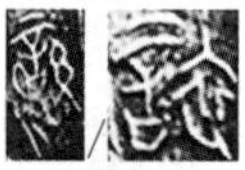	諒（哀）莫不.../ 以严虩若否	
闻尊	女毋不譱（善）	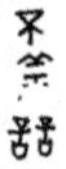	女毋不譱（善）	
蔡侯䨻盘	聪宪訢旟		上下陟祏/不讳考寿	
石鼓（猎碣·而师）*	滔₌是戜		□□□不（否）	

① 孙机：《汉代物质文化资料图说（增订本）》，上海古籍出版社 2008 年，第 359 页。

② 字又见于"夆簋"（《铭图》04641），作器者名为""，首见于《攈古》（2 之 1.73.3），因铭文残泐作""，吴式芬隶定作"讨"，孙诒让释为"訧"，马叙伦释"讨"之转注字（《刻词》165），均不确。罗振玉《三代吉金文存》（7.26.2）收完整字，罗福颐《三代吉金文存释文》将其释作"晉"，《金文文献集成》（03737）、《金文总集》（2372）及《铭图》均从其释，但无说。又《郭店楚简·穷达以时》："無董愈"，""多定为"莕"，草名。

可见金文中为区分“言”和“不(否)”,“言”的中间两线条向上,“不(否)”的两画则向下。而遣盄父盨自名下部分则有些模棱两可,但是隶定作“言”无据可依,隶定作“否”,则可以与伯克父盨自名“𥁰”以及《说文解字》内容互证。

“蓍”上从“艹”,下从“攵”“否”。而“櫝”字从“木”,从“夆”“贝”。“艹”“木”旁古本可通用。“賫”字“攵”单看,“屮”与“贝”或“页”之讹误。“页”即“须”,盨也。金文里“贝”字一般作“”(独体)、“”(作“宝”部件),“页”字作“”“”(作“頣”部件)等,两字是有较大差别的。但到了战国文字中就有写的十分相似的字形。如“”(头,《云梦·日甲》72反)[1]“”(颜,《云梦·答问》74)中“页”的写法,与“”(饙,《云梦·日甲》81反)、“”(𧶠,《侯马》)较为近似,很有可能因误写、误识造成讹混。因而“否”和“页(须)”在此字中是可以互相替换的。

因此,“蓍”和“櫝”实际上可能是表同一字。“攵”在其中的意义尚不明,不过战国文字中“攵”字存在缺连笔的形体,如“饞”字作“”(《云梦·效律》24),“赣”字作“”(《玺汇》)。盨器中有自名字形作“”(《铭图》05680)、“”(《铭图》05680)、“”(《铭图》05573),从“升”,象以斗形器从盨中舀取黍稷稻粱。“攵”字当即“升”或“斗”之异写。

这样一来,“盨”“𥁰”“蓍”“櫝”“桮”的关系便厘清了。盨有自名从“木”从“须”的写法作“”(《铭图》05592),“须”“否”古音相近,“桮”“樌”本就音近可通,“𥁰”同“桮”。“櫝”是“樌”之讹写,“艹”“木”义近替换,便有了“蓍”的字形。各字形间的关系可简单概括如下图:

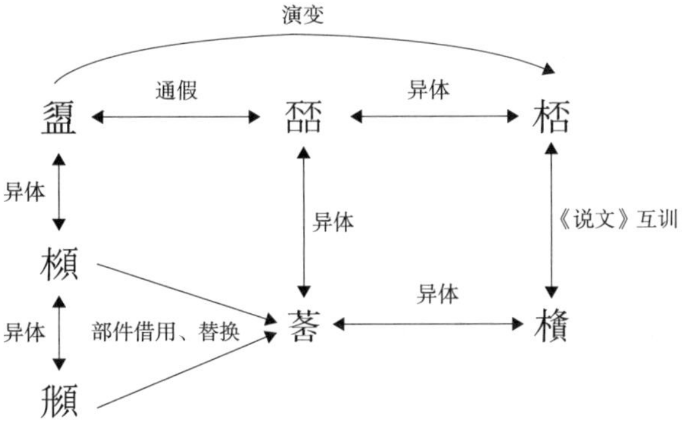

至于耳杯或染杯的功能,除徐中舒所推测“或为饮器,或为负戴器”,历来说法不

① 字形见汤余惠主编:《战国文字编》,福建人民出版社2001年,第396—410,605—610页,下同。

一。吕大临《考古图》收录一件"有柄温炉"，其上有一椭形器，吕称其是"以火温汤煮酒杯者也"。[①] 桂馥《札朴》考"铜梁棓"，误识"染"为"梁"，称其是"容水定轻重也"。[②]容庚在《汉代服御器考略》里称染棓"或调颜色之具，或古人刺绣时用以染丝者乎。"[③]宁立新在《四神染炉考辨》中提出"染"不是动词"染色"，而是名词，一种食物调料。[④]黄盛璋认为耳杯是食器，包括饮酒，也可盛羹，进一步阐发染杯是用来盛调味酱料的。[⑤] 朱凤瀚在《中国青铜器综论》中将"椭圆形杯"列入《饮酒器》条目下。[⑥] 陈志欣在其硕士论文中总结，耳杯既可作酒器，也可作食器，作食器时主要是"盛放酱、羹、鸡、鱼等"。[⑦] 这与盨盛"黍稷稻粱"的饭食器功能已然不同，应当是在器形演变及饮食习惯变化和丰富过程中，食器功能发生了转变。

盨器自春秋早期衰落，至战国时期绝迹，而作为"盨之遗制"的耳杯也在这一时期兴起并取代了盨，这不可能是突变，应当有一个渐进的过程，而伯克父盨、遣盅父盨的自名"𥑐""𦺀"则为这一演变过程提供了重要拼图。两器虽然形制仍是盨器，但是自名已然向"桮"靠拢。

最后，总结本文所讨论的主要观点：

1、"𥑐"可通"环"。"不环"在金文中意义与"不显"类似，在用法上有所差别，或可释为"福"。

2、伯克父盨自名"𥑐"读为"桮"，即战国以降之耳杯。青铜盨是耳杯的前身，"𥑐"反映了盨器向耳杯过渡阶段的自名形体。

（夏宸溥：北京语言大学文献语言与文化传承研究基地，100083，北京）

① 吕大临：《考古图》，载《金文文献集成》第一册，线装书局 2005 年，第 171 页。

② 桂馥：《札朴・卷八》，小李山房校刊本，第 4—5 页。

③ 容庚：《汉代服御器考略》，载《燕京学报》第三期，京华印书局 1938 年，第 414 页。

④ 宁立新，杨纯渊：《四神染炉考辨》，《北方文物》1988 年第 1 期，第 29—30 页。

⑤ 黄盛璋：《染杯、染炉初考》，《文博》1994 年第 3 期，第 49 页。

⑥ 朱凤瀚：《中国青铜器综论》，上海古籍出版社 2009 年，第 262 页。

⑦ 陈志欣：《战国秦汉耳杯研究》，硕士学位论文，天津师范大学，2018 年，第 7 页。

"二年克殷"考

董 喆

提要 㓚篡铭文记述了"周公克殷"的史事,并进一步指出"克殷"的时间为二年八月,但由于铜器制作的时间要晚于铭文所记事件的发生时间,所以"克殷"之事或发生在八月以前,或发生在八月以后,本文就此点进行讨论,认为在周公摄政第二年的八月"克殷"之事已完成。

关键词 㓚篡 克殷 八月

张光裕先生在《文物》中公布了一件与"周公克殷"有关的青铜器——㓚篡,并对㓚篡铭文进行了考释,指出铭文中的"公"即"周公"。[①] 随后李学勤先生也对㓚篡铭中的相关问题进行了讨论,指出㓚篡之"㓚"与何尊之"何"为同一人,并认为篡铭中的"陕殷"即《尚书大传》中的"二年克殷",故而㓚篡的时代应为周公摄政的第二年。[②]

㓚篡释文:

唯八月公陕殷年,公

锡(赐)㓚贝十朋,乃令㓚嗣(司)

三族,为㓚室。用兹𣪘

䙴公休,用作且乙尊彝。

㓚篡铭文的大意为:"周公陕殷"这年的八月,周公赐给了㓚十朋贝,命㓚掌治三族,并为㓚娶妻。

此篇铭文的关键在"唯八月公陕殷年",这是以大事纪年,以大事纪年之例金文习见,但㓚篡铭文却给出了一个更为具体的时间,即"八月"。也就是说,在"周公陕殷"这年的八月,器主"㓚"受到了周公的赏赐,那么"公陕殷"之事与"八月"之间又存在何种关系呢?

众所周知,青铜器的制作并不是在器主受赏的那一刻就已完成,而是一般要推后

① 张光裕:《㓚篡铭文与西周史事新证》,《文物》2009 年第 2 期。

② 李学勤:《何篡与何尊的关系》,载《三代文明研究》,第 80—83 页,北京:商务印书馆,2011 年。

一段时间，所以铜器铭文实际上是一种带有回忆性质的文字，因此当铭文使用大事纪年并标明月份的时候往往会出现一个问题，即该件大事有可能发生在其所标注的月份以前，也有可能发生在其所标注的月份以后。[①] 以㝬簋铭文为例，即"公陕殷"之事有可能发生在"八月"以前也有可能发生在"八月"以后。事实究竟如何呢？这就要结合相关铭文进行讨论。

现今所著录的西周金文中，以大事纪年并言及月份者约略如下：

㝬簋、旅鼎(《集成》02728)、小臣传簋(《集成》04206)、士上卣(《集成》05421)、小克鼎(《集成》02796)、作册䰧卣(《集成》05432)、爰尊(《集成》06008)以及𢦏甗。

虽然旅鼎、小臣传簋、士上卣、小克鼎皆以大事纪年并言及月份，但依据铭文却不足以推出其所记大事与月份之间的关系，故此处以作册䰧卣、爰尊、𢦏甗为例进行讨论。现分别论述：

作册䰧卣释文：

唯公太史见服于宗周年，

才(在)二月既望乙亥，公太史

咸见服于辟王，辨于多正。

雩四月既生霸庚午，王遣

公太史。公太史在丰，赏作册䰧马。

扬公休，用作日己肇尊彝。

此铭是以大事纪年，其大事为"公太史见服于宗周"，由铭文可知，在这一年的二月，公太史见服于王。而在这一年的四月器主"作册䰧"受公太史之赏，所以"公太史见服于宗周"之事应发生在当年二月，而器主"作册䰧"受赏是在当年四月，由此例可知，"公太史见服于宗周"之事应发生在器主"作册䰧"受赏之前。

爰尊释文[②]：

唯十又三月既生霸丁卯，爰

从师雍父戍于𠦪师

之年，爰蔑曆，中竞父锡(赐)

① 裘锡圭对"之前"和"以前"的含义作了界定，即说某一时期之前，不把这一时期包括在内；说某一时期以前，则把这一时期包括在内，本文亦沿用裘先生对"之前"和"以前"的界定。参看裘锡圭：《文字学概要》，第2页，北京：中华书局，1988年。

② 此处从唐兰说，隶定为"爰"，参看唐兰：《西周青銅器铭文分代史徵》，载《唐兰全集》第七册，第461页，上海：上海古籍出版社，2015年。

赤金，爰搸(拜)䭬首，对扬竞父

休，用作父乙宝肇彝，其子₌孙₌永用。

由爰尊铭文可知，在师雍父戍于由师之年的十三月，[①]器主“爰”受中竞父之赐。西周时在岁末置闰，所以“十三月”应是当年的最后一个月，因此“师雍父戍于詀师”之事一定发生在十三月以前。另据遇甗铭文“唯六月既死霸丙寅，师雍父戍在由师，遇从”可知，在六月既死霸丙寅，“遇”已经跟随师雍父戍在由师。因此“师雍父戍于詀师”这件事在六月就已经是既成事实了，而“爰”受赏于“师雍父戍于詀师之年”的十三月，所以“师雍父戍于詀师”之事一定发生于器主“爰”受赏之前。

𣪕甗释文：

唯十又二月王令(命)南

宫伐虎方之年，[隹(唯)]正

月既死霸庚申，王才(在)

宗周，王□□𣪕事(使)于

䌛，易(锡)贝五[朋]，𣪕䚄(扬)对

王[休]，用乍(作)……彝，

子₌(子子)孙……永……。

此铭以“王命南宫伐虎方”之事纪年，但铭文中的“正月”似与“十又二月”相矛盾。关于此点李学勤先生作出过很好的推论，李先生认为𣪕甗出土于山西曲沃北赵晋侯墓地 M114，所以器主“𣪕”是晋人，而晋人用的是夏正，但此篇铭文所记述的是王命，所以用的是周正。周正建子，夏正建寅，故而在用夏正的晋人看来这两个月份仍属一年。[②]

由李先生的推论可知，周正当年的十二月和周正第二年的一月所对应的是夏正当年的十月和十一月，即使周正当年有闰月，其对应的也是夏正的十月和十二月。由此可知，器主“𣪕”受赏的真正时间是夏正的十一月或十二月，以周正言之则是“王令南宫伐虎方之年”的下一年正月，也就是说“王令南宫伐虎方”已经是器主“𣪕”受赏的前一年所发生的事情，因此“王令南宫伐虎方”之事一定发生在器主“𣪕”受赏之前。

由此观之，就目前所见的材料而言，以大事纪年者，其大事皆发生于器主受赏

---

① “詀师”之“詀”从陈剑说，释为“由”。参看陈剑：《释由》，载《出土文献与古文字研究》第三辑，上海：复旦大学出版社，2010 年。

② 参看李学勤：《论𣪕甗铭及周昭王南征》，载《通向文明之路》，第 108 页，北京：商务印书馆，2010 年。

之前。

在㺇簋铭文中，器主“㺇”是在“公陕殷年”的八月受赏，所以“公陕殷”之事应发生在“㺇”受赏之前，换言之“周公克殷”之事在周公摄政第二年的八月已经完成。由此可以将《尚书大传》中所载的“周公摄政，一年救乱，二年克殷，三年践奄，四年建侯卫，五年营成周，六年制礼作乐，七年致政”中“二年克殷”的时间进一步具体化，即二年八月，周公已克殷。

附记：本文为2016年旧稿，写作期间曾得李学勤先生指点，谨此纪念先生。

（董喆：安徽大学文学院汉字发展与应用研究中心，230039，合肥）

皋平君钟虡铭文小考

曹锦炎

提要 战国时期赵国的刻铭青铜钟虡，存虎形底座和框套。自名为“虎叙”，铸于十五年三月，重百镒。铭文所记器主“皋平君”为赵国封君，大约生活在武灵王时期，典籍失载。二次所刻“阳文君”即赵豹，曾任赵国相邦。铭文对研究赵国历史具有参考价值。

关键词 钟虡 铭文考释 虎肆 皋平君 阳文君

杭州市某藏家收藏有一套战国时期的青铜钟虡，刻有铭文，其出土时间、地点不详。承藏家厚意，提供实物观察和器物照片，并允于发表。今作小考，以求正于同好。

钟虡之横梁及两侧立柱由于为木质构件，早已腐朽，荡然无存。唯有其左右底座及横梁两侧铜框为青铜质，故能保存至今。

钟虡包括底座一对，作立虎形（图一），虎背有长方形铆孔，原为承载虡木（图二）；框套一对，一侧有圆形插孔（图三），原置于横梁两端。

铜虎座颈背、尾上（图四）及铜框套一侧皆分别刻有刻铭文：

阝平=（皋平）君外乐虎叙。　　　　（虎颈，图五）

去=（十五）年三月鈢（铸）。百益（镒）。　（虎尾，图六）

昜（阳）文君。　　　　　　　　　（框套）[①]

虎座上铭文刻款较深，字体略粗，而框套上铭文刻款笔划浅细，两者在书法风格上也略有差异。

皋平，地名，铭文构形作合文形式。皋平县今隶属河北省保定市，东与曲阳、唐县交界，东北与涞源为邻，西与山西省五台县相接，西北与山西省繁峙县接壤，南与行唐县、灵寿县毗连，北与山西省灵丘县交接。从历史地理位置分析，皋平县在战国时属赵国。

---

① 由于铭文刻划极细浅，唯有直接观察目测才能辨识，照片无法显示。

阜平君，赵国封君之名，典籍没有记载。战国时代，各国除了普遍推行以郡统县的地方行政机构外，同时又创设了封建的封君制度。按照封君制度，封君在其封邑内，除了有权征收租税外，还拥有另外一些经济上的特权。封邑还必须接受国家法令的约束，或由国君委派官员进行治理①。战国时封君之称号往往以地名为之。例如商鞅，本是卫国国君姬妾生的公子，名鞅，姓公孙氏，仕秦后秦孝公封之于商地，遂以地名为封号，称为"商君"，见《史记·商君列传》及张守节正义。楚国封君尤多，如传世有平夜君鼎，见《三代吉金文存》卷3.11下，曾侯乙墓竹简记曾侯乙死后，"帮车"的人中亦有平夜君(67号简)；包山楚简中也有平夜君之名(181号、220号简)，"平夜"即"平舆"，地名，见于典籍，《史记·秦始皇本纪》："二十三年，秦王复召王翦，强起之，使将击荆(楚)。取陈以南至平舆，虏荆(楚)王。"平舆本为沈国旧地，见《史记·陈杞世家》司马贞索隐说，后入楚为邑，地在今河南汝南县东南②。楚玺有"弋阳君"，据《汉书·地理志》，汝南郡属县有弋阳，颜师古注引应劭说："弋山在西北。故黄国，今黄城是。"地在今河南潢川县西，公元前648年，楚灭黄，其后弋阳地属楚。见于楚玺的还有"曲阳君"、"权君"、"上赣君"等，皆以地名为封君号，例多不备举③。

阜平君作为赵国的封君，未见于典籍记载。

乐，《说文》谓"五声八音总名"，亦指乐器而言，《韩非子·解老》："竽也者，五声之长者也，故竽先则钟瑟皆随，竽唱则诸乐皆和。"所谓"外乐"，当是区别于"内乐"而言，本是指宴享时用于外庭的乐器和音乐，而非内闱后室用于自娱的乐器和音乐，后来则引申为掌官乐器和乐人的机构名称。铭文所记的"外乐"属职司机构名称，虽不见于传世文献，但曾见于相家巷出土的秦封泥和张家山汉简《奏谳书》、《二年律令·秩律》，张家山汉简整理小组注云："外乐，疑为奉常属官，主管乐人。"④这两者虽为秦、汉时朝廷之职，但都可以作为参考证据。

"十五年三月铸"，记明铸器的年代。其中"十五"二字作合文。"铸"字写作"鉗"，这是三晋地区流行的战国文字异体，也见于上官鼎、卅年虒令鼎及中山方壶等铭文⑤。

---

① 参看杨宽《战国史》(新版)第六章"七、封君制的设置"，上海人民出版社2016年，第280页。

② 1994年发掘的河南省新蔡县葛陵楚墓，从出土文物及随出楚简证明墓主人为楚国的平夜君成，则楚平夜(舆)邑当在今新蔡一带。参见河南省文物考古研究所《新蔡葛陵楚墓》，大象出版社2003年。

③ 详见曹锦炎：《古玺通论》(修订版)第六章"楚"，浙江大学出版社2017年，第136—139页。

④ 周晓陆、路东之：《秦封泥集》1.2.44，三秦出版社2000年，第140页；张家山二四七汉墓竹简整理小组：《张家山汉墓》，文物出版社2001年，注文见第196页注[三八]。此承范常喜教授面告，谨志谢忱。

⑤ 可参见汤余惠主编：《战国文字编》(修订本)"铸"字条，福建人民出版社2015年，第909页。

"虎觳",钟虡的自名。"虎"是指底座做成老虎的形状而言。

觳,构形从"兔"从"又",当为"逸"字异构。《说文》:"逸,失也,兔谩訑善逃也。"《玉篇》:"逸,逃也。""逸"是会意字,本义为逃逸。按"逸"字构形战国文字作"𠬢",从"廾"从"兔",虽其造字本义不明,但不可能是会意字,而且也可以排除是从"廾"得声,那么只能看成是从"兔"得声。既然"𠬢"从"兔"声,那么将"觳"看成也从"兔"声,是"𠬢"字的异写,读为"逸",应该是可以的。

《广雅·释诂四》谓:"逸,置也。"过去不明白"逸"何以有置义,历来注《广雅》者也没有说清楚。我以为"逸"字此训来源于通假。按"逸"与"肄"读音相同,而"肆"字音有三读,其中一读如"肄"字,或以为二者是通借关系,见朱骏声《说文通训定声》及陆德明《经典释文》[1]。另外,《谷梁传·庄公二十二年》谓:"肆,大眚;肆,失也。"是"肆"也有训"佚"即逃逸之义,可以参考。因此,将"逸"字读为"肆"是完全没有问题的。

"肆"字不见《说文》,"肆"有陈列之义,《周礼·秋官·掌戮》:"凡杀人者,踣诸市,肆之三日,刑盗于市。"郑玄注:"踣,僵尸也。肆,犹申也,陈也。"又,"肆"字异体或作"隶",其也有陈列义,《集韵·至韵》:"隶,《说文》:'极陈也。'一曰遂也,故也。又姓。或作肆、肄。" 因此,将本铭的"虎觳"读为"虎肆",音义俱可通。

按《周礼·春官·小胥》云:"凡悬钟磬,半为堵,全为肆。"谓编钟、编磬皆以"堵""肆"为组合,这为传世及出土编钟铭文所证实。如郘黛钟"大钟八聿(肆),其竈(篮)四堵";洹子孟姜壶"鼓钟一銉(肆)",即其例[2]。钟虡是悬挂编钟的架子,用来指整套编钟的"肆"义与铭文的"虎觳(肆)"得名显然有关联。很可能,"虎肆"就是指这套包括虎形座虡架及悬挂编钟的专名。

"百益",标明重量。其中"百"字构形与常见三晋文字写法不同,似受楚文字影响[3]。"益"为重量单位,即文献中的"镒",但《说文》失收。关于镒之重量,一说二十两,《玉篇》:"镒,二十两。"《孟子·梁惠王下》:"今有璞玉于此,虽万镒,必使玉人雕琢之。"赵岐注:"二十两为镒。"《国语·晋语二》:"黄金四十镒,白玉之珩六双。"韦昭注:

---

① 参见汉语大字典编辑委员会:《汉语大字典》"肆"字条,湖北辞书出版社、四川辞书出版社 1987 年,第 3168 页。

② 中国社会科学院考古研究所:《殷周金文集成》(修订增补本),前者编号 225—237,后者编号 9729、9730,中华书局 2007 年,第 270—280 页;第 5118、5120 页。

③ 见包山楚简及楚帛书,可参看汤余惠主编:《战国文字编》(修订本)"百"字条,福建人民出版社 2015 年,第 225 页。

"二十两为镒。"《吕氏春秋·异宝》:"荆国之法,得五(伍)员者,爵执圭,禄万檐(担),金千镒。"高诱注:"二十两为镒。"一说二十四两,《集韵·质韵》:"镒,二十四两为镒。"《墨子·号令》:"又赏之黄金,人二镒。"孙诒让间诂:"镒,二十四两也。"《孟子·公孙丑下》:"于宋,馈七十镒而受。"赵岐注:"古者以一镒为一金,一镒是为二十四两也。"同是赵岐注《孟子》,前后说法也不一。按楚国衡量黄金,以益(镒)、两、朱(铢)为单位,见包山楚简。根据1945年长沙出土的一套楚国刻铭环权,实测后知楚国衡制的一镒为十六两,一两重15.5克,则一镒重251克。从出土文物知道,战国时期的一斤重量约250克,是则楚制的"鎰"相当于秦制的"斤"①。上已指出,钟虡是赵国铜器,此器铭所记重量"百益(镒)",是则当时三晋国家的衡制也已用"益(鎰)"名。

铭文记此器(当包括两件铜框套)重百镒,应该相当于今重五十斤,但实测后重量偏轻,这是因为保存地下二千多年受腐蚀所致,或是包括所悬挂的一组小型编钟重量而言。当然,铭文简略,也不排除"百益"或有可能是记虚数而已。

阳文君,即赵豹,战国时赵国的封君,于赵肃侯时封为阳文君,武灵王元年(公元前325年)为赵相,见《史记·赵世家》:"武灵王元年,阳文君赵豹相。"传世有一件廿九年相邦赵戈,铭文为:"廿九年,相邦肖(赵)豹,左库工师鄭悊,冶�为敦(挞)齐(剂)。"②这是赵豹为相时监造的兵器。战国铜器铭文之"相邦",典籍作"相国",乃是避刘邦名讳以改所致。据《史记·赵世家》记载:"(武灵王)二十七年五月戊申,大朝于东宫,传国,立王子何以为王。……是为惠文王。"武灵王在位只有二十七年,而赵国中后期在位年数超过二十九年的只有惠文王一人,据铜戈铭文可知在赵惠王时期阳文君赵豹仍曾一度担任相职③。

铭文"阳文君"三字刻于铜框套一侧,这是第二次所刻。这种二次刻铭的铜器,传世和考古出土文物中时常见到,这是因某种原因器物易主所造成。另外,从铜框所刻铭文反映,铜虡原有的器主阜平君大约生活在武灵王时期,但不知其与赵豹属于何种关系。

---

① 李学勤:《楚简所见黄金货币及其计量》,《中国钱币论文集》第4辑,中国金融出版社2002年,第61—64页。

② 中国社会科学院考古研究所:《殷周金文集成》(修订增补本),编号11391,中华书局2007年,第6141页。铭文"豹"字为吴振武先生识出,见吴振武:《赵二十九年相邦赵豹戈补考》,《徐中舒先生百年诞辰纪念文集》,巴蜀书社1998年,第170—172页。

③ 据《史记·赵世家》记载,惠文王初立时以肥义为相国。

总之，从铭文可知，这套青铜钟虡（当包括所悬挂的编钟），原是赵国阜平君所用的“外乐”之乐器，后因某种原因为阳文君赵豹所得。铭文虽然不长，寥寥十八字，但对研究战国历史尤其是赵国历史仍有重要的价值，值得珍视。

（曹锦炎：浙江大学文化遗产研究院，310058，杭州）

附图一

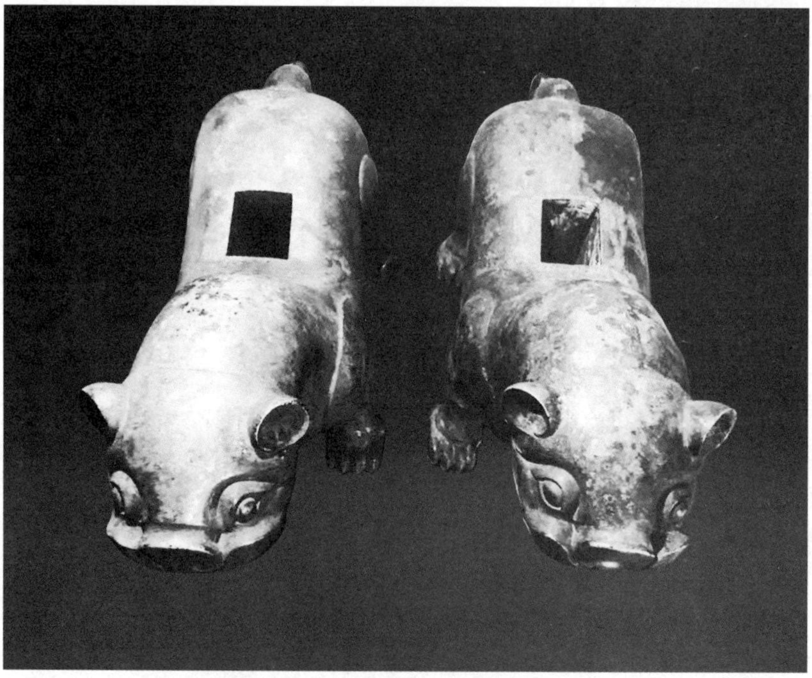

附图二

附图三

附图四

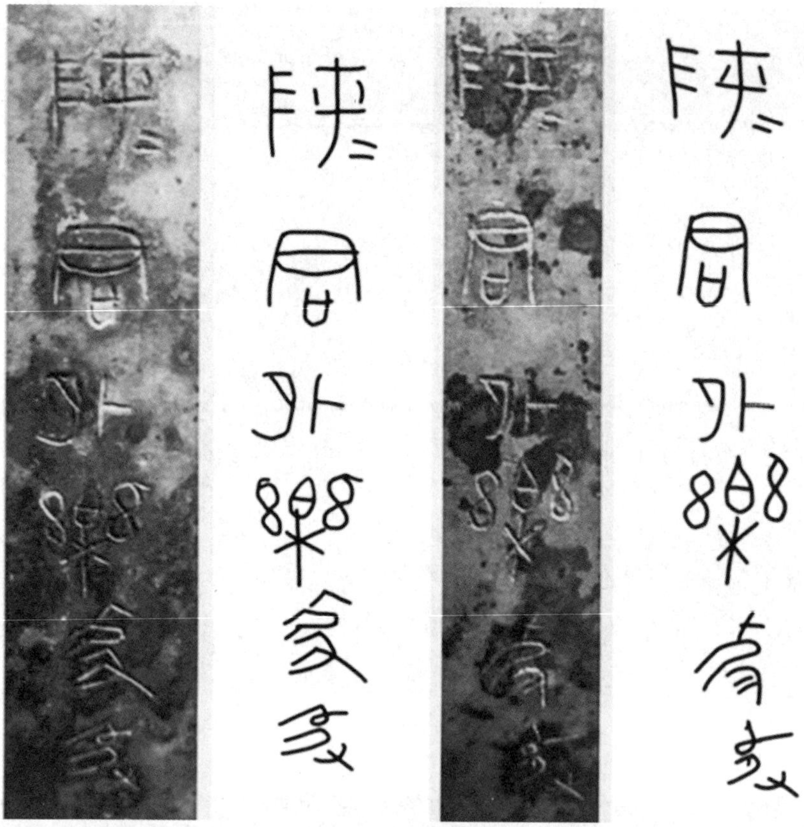

附图五

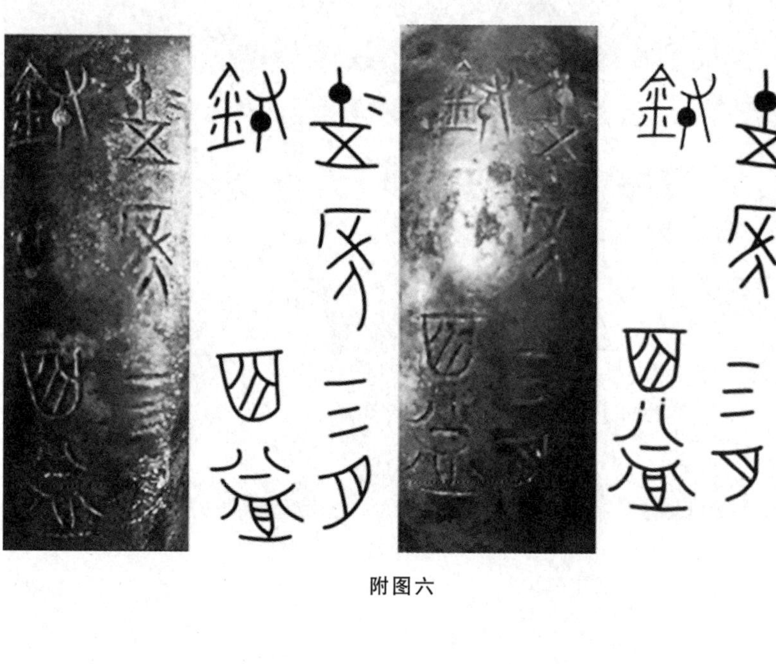

附图六

战国兵器地名“比阳”小考*

吴良宝

提要 从“冶”字写法来看，十七年比阳令戈应该是魏国兵器；从韩、楚两国疆域变迁的因素考虑，戈铭“比阳”不是《汉书·地理志》南阳郡比阳县，可能是秦始皇东巡经过的比阳（位于秦东郡），而七年令雍氏右库戈加刻的秦文字地名“比阳”才是《汉志》比阳县。七年令雍氏戈、二年主父攻正戈等资料表明，三晋各国的兵器上也存在铸或者刻写上置用地、机构的现象。

关键词 魏国兵器 比阳 地望考证

《商周青铜器铭文暨图像集成》（以下简称为《铭像》）17203 收录一件十七年比阳令戈（图一），戈的内部正面刻有铭文 2 行 14 字（其中“工帀”作合文形式），原书释文为“十七年并阳踰（令）其，左库工帀（师）EOF（冶）閈”（第 270 页）。秦晓华先生将“并阳”改释为“比阳”，以为《汉志》南阳郡比阳县（治今河南泌阳县），战国中期该地在垂沙之战后一度被韩国所据，因此戈的铸造年代是韩厘王十七年（公元前 279 年）。①

图一

* 本文是国家社科基金重大项目“出土先秦文献地理资料整理与研究及地图编绘”（18ZDA176）、吉林大学青年学术培育计划资助项目“战国古玺资料整理与研究”（2019FRLX08）的阶段性成果。本文写作过程中在资料上得到了陈晓聪博士的帮助，吉林大学古籍所马立志、赵堉燊协助制图，谨此一并致谢。

① 秦晓华：《十七年比阳戈考证》，陈伟武主编《古文字论坛》第三辑（陈炜湛教授八十庆寿专号），中西书局 2018 年，第 255—259 页。以下简称为“秦文”。

今按，秦文改释"并"为"比"的意见是可信的，但是该戈的国别、年代还需要进一步讨论。《汉志》南阳郡比阳县见于先秦两汉出土文献，写作"郙昜[①]（莫嚣）"（包山楚简第121号简）、"比阳[②]（丞印）"（《中国封泥大系》上册第00424—00433号秦封泥）、"比阳"（张家山汉简《秩律》第457号简）等。十七年比阳令戈的铸造地，虽然字面上与《汉志》比阳县相合，但从史书记载体现出的战国中晚期韩、魏与楚国的疆界（图二）变化来看，今河南泌阳县一带并未被韩或者魏国占领过，[③]已有的出土文献资料也不支持这一意见。[④]

戈铭"冶"字的写法暂时不见于韩、赵两国文字，而与下揭魏国文字"冶"相近：

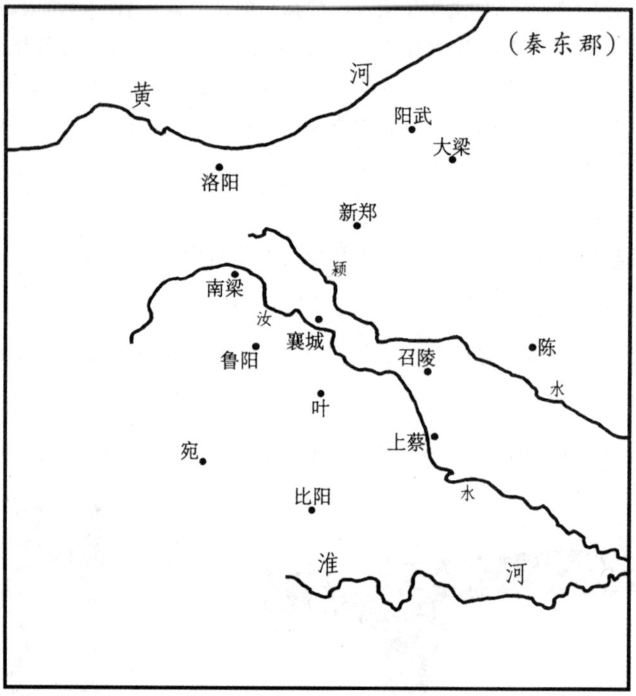

图二 宛、叶、比阳一带示意图

① 何琳仪：《战国古文字典》，中华书局1998年，上册第773页。

② 后晓荣：《秦代政区地理》，社会科学文献出版社2009年，第269页。王伟：《秦玺印封泥职官地理研究》，中国社会科学出版社2014年，第363页。周振鹤、李晓杰、张莉编著：《中国行政区划通史·秦汉卷》，复旦大学出版社2017年，上册第83页。

③ 今泌阳县一带既不属于"宛、叶以北"（《战国策·西周策》）的范围，《楚世家》"齐、韩、魏共攻楚，杀楚将唐眛，取我重丘而去"的重丘也不在今河南泌阳县境内，所以秦文的主要依据都不能成立。垂沙之战的形势以及战后楚国与韩、魏边界的讨论可参看：陈伟《楚"东国"地理研究》，武汉大学出版社1992年，第118—121页。

④ 吴良宝：《三年吴邡令戈考》，北京大学出土文献研究所编《青铜器与金文》第二辑，上海古籍出版社2018年，第92、93页。

《铭像》16913 阴晋左库戈　　《铭像》2421 信安君鼎

因此从疆域变迁、特征字写法等因素考虑，十七年比阳令戈最有可能是一件魏国兵器，比阳的地望应该在魏国境内搜寻。

出土资料显示，魏国境内确有“比阳”之地。据《史记》等书记载，秦始皇二十八年、二十九年曾东巡至山东、江苏等地，其行进路线基本一致，[1]且第二次东巡期间在阳武县（治所在今河南中牟县北）博浪沙遇袭。湖北荆州胡家草场出土西汉竹简《编年纪》第 45 号简文云：秦始皇“二十九年正月，大索七日，行过比阳，掠琅琊”，[2]秦始皇在博浪沙遇袭之后并未搜索到袭击者，遂继续向东行进。据此，简文“比阳”应在阳武以东，大约位于秦代东郡的范围，战国时期这一带正属于魏国。上文已经说明了十七年比阳令戈的铸造地不可能是《汉志》南阳郡比阳县，那么秦始皇东巡行经的这个“比阳”很有可能就是其铸造城邑，惜其地望、铸造年代均待考。

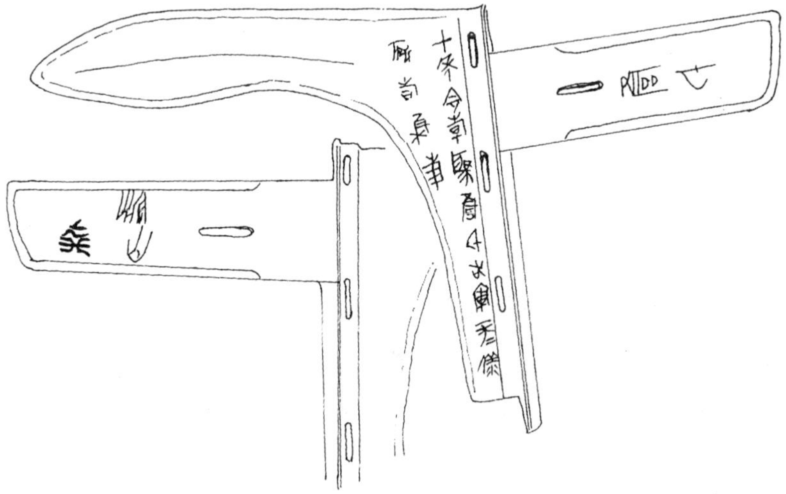

图三　七年令雍氏戈摹本（采自《中国文物报》2017 年 5 月 30 日）

无独有偶，秦国在俘获三晋兵器上加刻的地名里也出现了“比阳”。深圳市南山博物馆收藏的一件韩国兵器七年令韩队雍氏右库戈（图三），通长 22.6、宽 3 厘米，援长 13、胡长 11.5 厘米，[3]胡部正面刻有 2 行 16 字（其中“工帀”作合文形式）：“七年令

① 秦始皇二十八年东巡的路线大致是经函谷关至洛阳、荥阳，抵达邹县峄山、登泰山，经黄、腄，登之罘，到琅琊、郯、彭城，详见：林剑鸣《秦史稿》，上海人民出版社 1981 年，第 396—398 页。

② “汉语史与文献学微刊”2019 年 5 月 6 日《湖北荆州出土珍贵西汉简牍和战国楚简极具学术价值》，转引自中国新闻网。

③ 戚鑫：《南山博物馆收藏一件秦始皇平定岭南的兵器》，《中国文物报》2017 年 5 月 30 日。

韩队雍氏右库工币备所告集戟”,[①]内部正面刻有“雍氏”二字,背面刻有秦文字“析”、“比阳”三字(图四。“比阳”原被误释为“崤山”[②])。与十七年比阳令戈相比,“比”字所从“人”形都没有饰笔。

图四 七年令雍氏戈内背刻铭

七年令雍氏戈的铭辞格式比较特殊,铸造地被刻在令、人名之后,类似的韩兵刻铭还可以举出《铭像》17167 四年令宜阳戈、17201 十一年少曲令戈、17213——17215 宜阳戈等。宜阳入秦是在韩襄王三年(前 308 年),宜阳铸造的韩国兵器都应在此之前,因此黄锡全先生将这几件宜阳戈都定为韩襄王时器。[③] 少曲在今河南济源市东北,前 265 年(桓惠王八年)最终入秦,苏辉先生将四年令宜阳戈、十一年少曲令戈定为宣惠王时兵器,其余的定为韩襄王时器。[④] “雍氏”地名又见于《铭像》16484 雍氏戈(三晋文字),属韩之前原为郑地。史书没有记载雍氏最终入秦的具体时间,从铭辞格式、铭文刻写位置等因素考虑,七年令雍氏戈有可能铸造于韩宣惠王、襄王之时。

七年令雍氏戈加刻的置用地“析”县(治今河南西峡县),原为楚地,前 298 年被秦占领(《秦本纪》等),因此加刻“析”铭文的时间不得早于韩襄王十四年。置用地“比阳”既可能是上举秦代东郡境内的原魏国比阳之地,也可能是《汉志》南阳郡比阳(从析、比阳同为秦代南阳郡属县来看,后者可能性更大,那么加刻“比阳”的时间不得早于秦国设立南阳郡的前 273 年)。

值得注意的是,七年令雍氏戈内部刻写的“雍氏”二字是三晋文字而非秦文字。

---

① 李家浩:《七年令韩队雍氏戟铭文补释》,《中国文字研究》第二十八辑,上海书店出版社 2018 年,第 11—13 页。

② 戚鑫:《南山博物馆收藏一件秦始皇平定岭南的兵器》;张振林:《韩阳戈铭文考释》,戚鑫主编《南山博物馆藏古越族青铜兵器研究》,文物出版社 2017 年,第 286、287 页。

③ 黄锡全:《新见宜阳戈考论》,《考古与文物》2002 年第 2 期,第 69—71 页。

④ 苏辉:《秦三晋纪年兵器研究》,上海古籍出版社 2013 年,第 138、139、155、156 页。

已经公布的韩国兵器中也有类似的例子（采用宽式释文）：

七年宅阳令马登右库工帀夜瘥冶□□戟（内刻）·二十六年宅阳右库（胡刻）

《铭像》17325 戈

三十一年郑令椁涵司寇肖它坐库工帀＝皮耴冶启（内刻）·四年春成左库（内背刻）·雍（内背刻）

《铭像》17343 戈

资料发表者韩自强先生已经正确地判断了七年宅阳令戈两处刻铭的先后顺序，“此戟铸成于十年，‘物勒工名’在内上刻了县令和工师的铭文，到了二十六年右库在核校兵器时又在胡部加刻了铭文，这种现象很少在兵器上发现过”。[①] 准此，七年令雍氏戈内部刻写的“雍氏”的性质也应属于置用地名（可能省略了“右库”这一类的机构名）。三十一年郑令戈内背上的“四年春成左库”是收藏机构加刻的，表明该戈转入韩国春成封君武库；“雝”地名表明该戈最后被秦国所获，并置用于秦故都雍城，[②]是为第三次刻铭。从七年令雍氏戈的“雍氏”到七年宅阳令戈加刻的“二十六年宅阳右库”，韩国的置用地名（机构）显然有一个逐渐繁化的趋势。

赵、魏两国的兵器也有铸或者加刻地名、置用机构的情况：

二年主父攻正明我左工帀□许马童＝丹所为（内刻）·虎奔[③]（胡铸）

《铭像》17312 戈

二年邦司寇肖或□库工帀焦□冶尹□所为绶事为执剂（正面刻）·邯下库（背面刻）

《铭像》18007 铍

二十二年郏啬夫□冶戟刃（胡刻）·郏（内铸）　　《铭像》16134 戈

元年闰再十二月丙午（刻）·关（刻）　　《铭像》17668 矛

其中，二年主父戈是赵惠文王二年（公元前 297 年）主父（武灵王）私属机构铸造的兵器，置用机构是“虎奔（贲）”卫队；[④]二年邦司寇铍的置用机构是“邯（邯郸）下库”；元

① 韩自强：《过眼云烟——记新见五件晋系铭文兵器》，《古文字研究》第二十七辑，中华书局 2008 年，第 325 页。按，铭文中的“十年”实系“七年”误释，铸造年代也应该是韩桓惠王七年或更早。

② 萧春源辑：《珍秦斋藏金·吴越三晋篇》，澳门基金会，2008 年，第 256 页“说明文字”。

③ 张新俊：《二年主父戈补释》，《平顶山学院学报》2005 年第 1 期，第 44、45 页。

④ 董珊：《二年主父戈与王何立事戈》，《文物》2004 年第 8 期，第 61 页。

年矛是魏安厘王时(前 276 年)兵器(《铭像》17669 收录了另一件同铭矛),[①]被置用于“关”地。此外,二十二年郑啬夫戈内部所铸的“郑”可能表示的也是置用地名。可见,三晋各国的兵器与铜器一样,也有铸或者刻写置用地名、机构的情况,且多数置用于铸造城邑的时代多在战国晚期早段,只是目前实例较少而不能探讨详情。

(吴良宝:吉林大学考古学院古籍研究所,130012,长春)

① 苏辉:《秦三晋纪年兵器研究》,第 105—112 页。

荆州博物馆藏五十二年秦戈铭文补正*

刘 刚

提要 荆州博物馆收藏的五十二年秦戈铭文“蜀”后之字当释为“假”，在铭文中为代理之义。此戈所附铜鐏上有二字“资中”，很可能就是五十二年秦蜀郡戈的铸造地。铜戈胡上的“丹阳”应为置用地名，此戈出土于江陵（荆州市）郢北村鸡公山墓地，对于探讨战国时期“丹阳”的地理位置具有重要参考价值。

关键词 资中 丹阳 蜀郡

《文物》2018 年第 9 期公布了一件荆州博物馆收藏的五十二年秦戈，王丹、夏晓燕二位先生对此戈的出土情况、形制作了详细介绍，并对铭文和相关问题进行了深入研究。[①] 铜戈窄援上扬，长胡四穿，胡之上端两面均刻有“丹阳”二字。内部亦有一横穿，近穿处一面刻有三行铭文，下面根据我们的理解，把铭文隶写如次：

五十二年，蜀[叚（假）]

守灶造，东工[师□]

丞□，工云。

戈内照片

戈内铭文

* 本文为教育部、国家语委甲骨文等古文字研究与应用专项重大项目“战国文字谱系疏证”（YWZ-J013）的阶段研究成果。

① 王丹、夏晓燕：《荆州博物馆藏“五十二年”秦戈考》，《文物》2018 年第 9 期，第 37—40 页。

"蜀"后之字，原释文补作"郡"，但是已经发现的蜀郡监造的秦戈，铭文没有称作"蜀郡"的例子。[①] 细审戈铭照片与铭文摹本，首行"蜀"后确有笔画残存，如所摹不误，参照下引珍秦斋藏上郡假守戈和辽宁旅顺博物馆所藏三年吕不韦戈铭文辞例，"蜀"后残泐之字当补为"叚（假）"。"假"在铭文中为代理之义。[②]

1、卌八年，上郡假守鼂造，漆工平、丞□□、工□·上郡武库，广武，二。（《珍秦琳琅》134 页）

2、三年，相邦吕［不韦，上］郡叚（假）守定，高工［龠］、丞申、工地。（《文物》1987 年第 3 期 63 页）

此戈所附铜鐏为椭圆筒形，上有铭文二字，第一字为模印文字，第二字类似刻画文字：

铜鐏图一

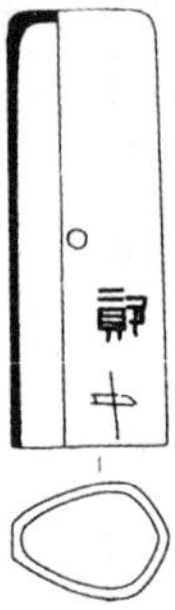
铜鐏图二

原释文把这两个字释为"郧中"。今按，首字与"郧"明显不同，当改释为"资"，秦文字中常见的"资"字形体如下：

云梦日乙·18 壹	岳.壹.占一一正	岳.壹.占一二正

与铜鐏""之区别，仅在于"欠"所占位置空间的不同，类似的结构变化可以参考秦文字中的"赀"：[③]

云梦效·43	里.发.［9］1 正	岳.叁.［1］30
陶录 6. 292. 2	陶录 6. 293. 2	陶录 6. 297. 2

① 参看王辉、陈昭容、王伟：《秦文字通论》，中华书局 2016 年，第 62 页。

② 董珊：《战国题铭与工官制度》，北京大学 2002 年博士学位论文，第 74—80 页。

③ 单晓伟：《秦文字字形表》，黄德宽主编、徐在国副主编《古汉字字形表系列（五种）》，上海古籍出版社 2017 年，第 268 页；孟良：《新编睡虎地秦简文字编》，安徽大学 2017 年硕士学位论文，第 115 页。

"资中"为地名,《汉书·地理志》"犍为郡"属县,治所在今四川资阳县附近。《水经·江水注》云:"雒水合绵水,自牛鞞来,东径资中县,下入江阳。""犍为郡"是汉武帝建元六年开拓西南夷的产物,在秦代和汉朝初年,西南地区只有巴、蜀、汉中三郡之地,彼时"资中"隶属于蜀郡所辖范围之内[①]:

> 汉初蜀郡的面貌则和《汉志》所载大不相同。其北境至湔氐道,湔氐秦县;东有《汉志》广汉郡全部而无阴平、刚氐、甸氐三道,时为白马诸氐所属;东南则有《汉志》犍为郡之南安、僰道、资中、武阳、牛鞞诸县地,《史记·邓通传》云邓通为蜀郡南安人可证;西南则至严道邛崃山为止,比秦时有所收缩。

秦兵器上出现的地名十分丰富,有关问题也相当复杂。一些兵器有时还刻有除了铸造地以外的多个地名,研究者已经指出:这些地名或是秦兵器置用之地;或是在战争中辗转沿用的重叠刻画,还有些是在俘获六国的兵器上加刻的秦县。[②] 五十二年秦戈铜鐏上的"资中"二字,"资"是模印文字,当为铸造时所作,与一般秦兵器上的刻画置用地名不同,再结合上文提到的"资中"的行政区划归属看,"资中"很大可能就是五十二年秦蜀郡戈的铸造地。[③]

戈铭的"五十二年",王丹、夏晓燕先生已经正确指出当为秦昭王五十二年,并系联张家山汉简《奏谳书》之苍梧守,认为与蜀守"灶"当为一人。珍秦斋所藏同属秦昭王兵器的卌八年上郡假守戈之假守鼌,董珊先生推测即见于《史记·秦本纪》和《穰侯列传》的"客卿灶",[④]我们在前面已经指出,灶在秦昭王五十二年蜀郡任上仍是假守,颇与四年之前任上郡假守的身份相合,二者确似同为一人。

铜戈胡上的"丹阳",应即置用地名。王、夏文以为可以对应今河南南阳盆地丹水、淅水交汇处,似乎将问题过于简单化(不知与误释"郧"字有无关系)。文献中名"丹阳"的地望不止一处。楚之先祖所居之地"丹阳"(春秋时期楚武王始迁居郢)邈不可言,[⑤]或说在枝江,或说在均州(湖北丹江口),甚或以为在扬州之丹阳。[⑥]《汉书·地理志》"丹扬郡"(秦之故鄣郡)属县有丹阳,地在今当涂县东。《史记·秦始皇本纪》载"三十七年十月癸丑,始皇出游……浮江下,观籍柯,渡海渚。过丹阳,至钱唐。"秦

---

① 周振鹤:《西汉政区地理》,商务印书馆2017年,第154—155页。

② 陈林:《秦兵器铭文编年集释》,复旦大学2012年硕士学位论文,第197—204页。

③ 《珍秦琳琅》157页收录一件中阳镦,上刻有"中阳"二字,"中阳"亦当为铸造地。

④ 同上引董珊文。

⑤ 吴良宝:《战国楚简地名辑证》,武汉大学出版社2010年,第39页。

⑥ 王先谦:《汉书补注》,上海古籍出版社2009年,第2520页。

昭王五十二年(公元前255年)尚未归属秦国,故与此戈无关。《史记·屈原贾生列传》"秦惠文王后元十三年(公元前312年),秦发兵大破楚师于丹、淅,斩首八万,虏楚将屈匄,遂取楚之汉中地"。《史记·张仪列传》作"秦齐共攻楚,斩首八万,杀屈匄,遂取丹阳、汉中之地。"《索隐》以为"丹水、淅水皆县名,在弘农,所谓丹阳、淅。"《正义》则信从徐广说,云丹阳在湖北枝江一带。秦惠文王时所攻占的"丹阳"既已属秦,当即秦昭王五十二年铜戈的置用地。出土此戈的鸡公山墓地在今江陵(荆州市)郢北村,距离湖北枝江不远,似可佐证徐广之说。

(刘刚:安徽大学文学院,230039,合肥)

“成阳左戈”戈考

赵 敏

提要 本文对出土文献中有关“成国”的材料及传世文献中关于“成国”的记载作了梳理，认为成国初封于陕西，平王迁都后封于今山东省宁阳县的堽城，后迁至今山东郓城境内，再迁至“成之阳”-今山东鄄城东南，称“成阳”。山东新泰出土的“成阳左戈”戈铭中的“成阳”与其他出土文献中的“城阳”字形、铭文辞例及器物的材质、器形均不同。此戈当为成国迁至“成之阳”改称“成阳”后，其左库所铸兵器。

关键词 成阳 左戈 考证

山东省新泰市博物馆收藏一件春秋晚期“成阳左戈”铭戈。①

铭文中“成”字写作。与《宣和博古图》中春秋晚期器叔尸镈 22·11(《殷周金文集成》272)的字、22·13(《殷周金文集成》276)的字所从之“成”写法同。字由和两部分组成。“戌”写为、“成”写为是齐国独有的地域特点，齐系文字中从“成”之字多如此作，②当分析为从戌丁声。仍為丁旁。③ 第二字作。《殷周金文集成》11154、11155 著录两件春秋晚期戈，铭“成陽(阳)辛城里戠(戈)”。其中“陽”字分别作、，为“阳”字的异体。④

《周金文存》著录一件戈，铭“城旸左”。⑤ 第一字作“从土，成声”之“城”。第二字作“从日，昜声”之“旸”，与《金石索》著录的两件“高旸左”戈的“旸”字同。阳、旸古通用。如《书洪范》“时旸若”《汉书·五行志》作“峙阳若”。⑥ 此外，齐陶文多见“䵼圆”，

① 赵敏：《新泰市博物馆藏“成阳左戈”铭戈》，《文物》2018 年第 8 期。

② 张振谦：《齐系文字研究》，安徽大学博士学位论文 2008 年。

③ 董莲池：《说文解字考正》，作家出版社 2005 年，第 580 页。

④ 张振谦：《齐系文字研究》，安徽大学博士学位论文 2008 年。

⑤ 邹安：《周金文存》，刘庆柱、段志洪、冯时主编：《中国古文字大系·金文文献集成第二三册》，香港明石文化国际出版有限公司 2004 年，第 363 页。

⑥ （清）冯云鹏、冯云鹓辑：《金石索》，载刘庆柱、段志洪、冯时主编：《中国古文字大系·金文文献集成第三册》，香港明石文化国际出版有限公司 2004 年，第 65 页。

“𩏂”作、等形，“圆”作、等形。，陳介祺疑即“城”字，[①]丁佛言释为“城”字。[②]，即“阳”字，[③]“阳”之异文。[④] 辞例格式为“城阳某里某”、“城阳里某”、“城阳某”等。

“城阳”地望，说法颇多。方浚益根据陶文认为“圆”以国邑之名故从口，此“城阳”是《汉书·地理志》之“城阳国”，即今天的莒县。[⑤] 孙敬明先生认为“圆”所从“口”是“邑”字，“圆”是“阳邑”合文。[⑥] 陶文中“城阳”及“城暘(阳)左”戈之“城阳”当在今益都县(青州市)的臧台城。[⑦] 何琳仪先生释“成”为“城”之初文，“成陽”即“城阳”。认为“成陽(阳)辛城里钱(戈)”之“城阳”在今山东定陶北。[⑧] 又认为“城陽(阳)辛城里钱(戈)”、“城暘(阳)左”戈之“城阳”在今山东莒县。[⑨] 王恩田先生根据1986年临淄出土陶文，认为“城阳”应在临淄城北。[⑩]

上述出土文献所见“城阳”，不论是器物的材质、器形，还是文字形体、铭文辞例都有很大差别，很可能不是指同一地点。对不同的材料区别对待可能更妥当。“成陽(阳)辛城里鈛(戈)”铭中同时出现了“成、城”两字，说明两字有区别。新泰出土的“成陽(阳)左戈”戈铭中第一字作“成”，既不从“土”，也不从“𩫏”，很可能不是从“城”得名，当与“成国”有关。《史记·管蔡世家》载“武王同母兄弟十人，母曰太姒，文王正妃也。其长子曰伯邑考，次曰武王发，次曰管叔鲜，次曰周公旦，次曰蔡叔度，次曰曹叔振铎，次曰成叔武……武王已克殷纣，天下平，封功臣昆弟。于是封叔鲜于管，封叔度于蔡……封叔武于成……”。“应劭曰后乃迁于成之阳故曰成阳也”。[⑪]“成”，经、传作“成、郕、盛”。“古文多以盛为成。《左传·文十八年》‘以诬盛德’《正义》本作

---

① 徐在国:《陈介祺先生的古陶文研究》,《承继与拓新:汉语言文字学研究》,商务印书馆(香港)有限公司2014年。

② 丁佛言:《说文古籀补补》,刘庆柱、段志洪、冯时主编:《中国古文字大系·金文文献集成第一七册》,香港明石文化国际出版有限公司2004年,第348页。

③ 徐在国:《陈介祺先生的古陶文研究》,《承继与拓新:汉语言文字学研究》,商务印书馆(香港)有限公司2014年。

④ 方浚益:《缀遗斋彝器考释》,载刘庆柱、段志洪、冯时主编:《中国古文字大系·金文文献集成第一四册》,香港明石文化国际出版有限公司2004年,第387页。

⑤ 方浚益:《缀遗斋彝器考释》,载刘庆柱、段志洪、冯时主编:《中国古文字大系·金文文献集成第一四册》,香港明石文化国际出版有限公司2004年,第387页。

⑥ 孙敬明:《齐陶新探》,载《古文字研究》第十四辑,中华书局1986年。

⑦ 孙敬明:《考古发现与战国齐兵器研究》,载《考古发现与齐史类征》,齐鲁书社2006年。

⑧ 何琳仪:《战国文字通论》,中华书局1989年4月;《战国古文字典》,中华书局1998年。

⑨ 何琳仪:《战国文字通论订补》,江苏教育出版社2003年。

⑩ 王恩田:《齐国地名陶文考》,《考古与文物》1996年第4期。

⑪ 郦道元著、王先谦校:《水经注·卷二十四》,巴蜀书社1985年,第407—408页。

'成'。引服虔曰'成德，谓成就之德'"。[1] 王引之亦云"古字多借盛为成"。[2]《春秋会要·世系》"郕，姬姓，伯爵，文王子叔武始封。隐五年见"。《左传·隐公五年》"卫之乱也，郕人侵卫，故卫师入郕"。《穆天子传·卷六》有"盛姬"，《路史·后纪卷十》曰"穆天子盛姬国春秋书成。"出土文献中，周初甲骨文作"宬"，1977 年在陕西省岐山县扶风村一座西周建筑遗址窖穴内出土的 37 号卜甲有"宬叔用"三字。"宬"即"成"，"宬叔"当是宬之武叔。[3] 西周金文作"成"，1975 年，陕西省岐山县董家村一座铜器窖穴内发现的铜器中有一件鬲，铭文作"成白(伯)孙父乍(作)浔(浸)嬴隮(尊)鬲，子子孙孙永宝用。"成，周武王弟叔武的封国。此鬲是成伯孙父为亡妻所作的祭器。说明成国最初应在畿内。平王东迁后，才迁封于山东。[4]"传世品伯多父簋(《殷周金文集成》4419 伯多父作成姬盨)铭有'成姬多母'……鲍鼎《春秋国名考释》亦云'泉文"成"不从邑。郕者，后起之字也'"。[5] 成国的灭亡时间没有明确的记载，但从《左传·定公八年》(前 502 年)"秋，晋士鞅会成桓公……"的记载看，此时成国尚存。

关于郕的地望，文献多有记载。《左传·隐公五年》载："卫之乱也，郕人侵卫，故卫师入郕。"杜注："郕，国也。东平刚父县西南有郕乡。"刚父县即今宁阳堽城，古郕国则在今堽城西南。顾祖禹《读史方舆纪要》云："郕城在汶上县西北二十里，故郕国，周武王封弟叔武于此。"从杜预到顾祖禹已过一千四五百年，各地的地理位置和行政区划以及道路已发生了很大变化，所用参照物不同，描述自然会有出入。但今宁阳县堽城西南与汶上县东北，地理位置大体上是一致的，所指当属同一地点，在今宁阳县境。又《水经注》"郕之北，有郕都故城，《春秋》隐公五年，郕侵卫。京相璠曰：东郡廪丘县南三十里有郕都故城。"古廪丘在今山东郓城水堡乡。郕故城则当在今郓城县水堡乡南约 30 里处。

关于成阳的记载，有《地理志·济阴郡》"成阳，有尧冢灵台"。《水经注·卷二十四·瓠子河》"瓠河又左径雷泽北……泽之东南即成阳县。故《史记》曰：武王封弟叔武于成。应劭曰其后乃迁于成之阳故曰成阳也"。《括地志·卷五》"濮州雷泽县本汉郕阳，在州东九十一里(《括地志辑校》云应为州东南九十一里)。地理志云城阳属

---

① 王念孙：《读书杂志·汉书·郊祀志》，中国书店 1985 年。

② 王引之：《经义述闻》，世界书局 1975 年。

③ 徐锡台：《周原出土的甲骨文所见人名、官名、方国名、地名浅释》，《古文字研究》第一辑，中华书局 1979 年。

④ 岐山县文化馆、陕西省文管会等：《陕西省岐山县董家村西周铜器窖穴发掘简报》，《文物》1976 年第 5 期。

⑤ 杨伯峻：《春秋左传注》(修订本)，中华书局 1990 年。

济阴郡本汉郕伯国，姬姓之国，史记周武王封季弟载于郕，后迁郕之阳故曰城阳。"《元和郡县图志·卷第十一》"雷泽县，本汉成阳县，古郕伯国，周武王封弟季载于郕，汉以为县，属济阴郡。"《太平寰宇记·卷十四》雷泽县条下、《诗地理考》亦有同样的记载。按《史记·管蔡世家》"封叔武于成……封季载于冄"，上述文献载"史记周武王封季弟载于郕"当为引用《史记》时书写讹误。

以往学者往往忽略了春秋时期国族迁徙无常这一重要史实，据不同的文献记载认为成国故城在不同的地方。其实细细梳理这些文献记载，我们认为这几处均为成国故城。宁阳境内之"郕"当为成国在山东的始封地。《春秋·桓公十一年》(公元前701年)"九月……公会宋公于夫钟。"杜注："夫钟，郕地"。[①]《左传·文公十一年》"郕大子朱儒自安于夫钟，国人弗徇"。杜注："夫钟，郕邑。"[②]"今兖州府宁阳县盛乡城春秋郕国，其北有夫钟里。文十一年成大子朱儒自安于夫钟，即此。"[③]《左传·文公十二年》(前615年)，"春，郕伯卒，郕人立君，大子以夫钟与郕邽来奔。公以诸侯逆之，非礼也。"[④]说明至迟在文公十二年(前615年)成国仍居于此地。《春秋·襄公十五年》(前558年)"夏，齐侯伐我北鄙，围成。"[⑤]此时成国之城已属鲁邑。《左传·定公八年》"秋，晋士鞅会成桓公，侵郑，围虫牢，报伊阙也。"[⑥]表明成故城被鲁占后并未被灭，而是迁移到了其他地方。

东郡廪丘县南三十里郕都故城(今郓城县水堡乡南约30里处)应为成被鲁占据后所迁之地。后再次南迁至"成之阳"，即今鄄城县东南，改称"成阳"。又作"郕阳"。《史记·项羽本纪》作"城阳"，(清)梁玉绳《史记志疑》云："城阳县属济阴，非城阳国之城阳也，史、汉成阳之与城阳往往互书，盖古字通假不定是误，然因此亦颇混淆矣"。成国封山东后先从宁阳迁至廪丘南，再迁至濮州东南，也印证了陈盘"成初都近宁阳，后迁濮东或东北，最后则迁濮东南"的猜测。[⑦]

成阳是郕伯迁国"成之阳"后的名称。"左"，"左库"的省称，是兵器的冶铸机构。"左(右)库"见于春秋战国时期的齐、赵、周、新郑等国兵器，有的则只写"左"或"右"。早在上世纪八十年代，马承源先生主编的《商周青铜器铭文选》就释"陈侯因咨造戟"

---

① 《春秋左传集解》，上海人民出版社1977年，第105页。
② 同上，第479页。
③ (日)竹添光鸿：《左氏会笺》，四川出版集团巴蜀书社2008年，第197页。
④ 《春秋左传集解》，上海人民出版社1977年，第480页。
⑤ 同上，第921页。
⑥ 同上，第1661页。
⑦ 陈盘：《春秋大事表列国爵姓及存灭表譔异》(三订本)，上海古籍出版社2009年。

中"右,右库,冶铸库名。"[1]张德光先生也指出"武阳左"戈中"左"系库名。[2] 何琳仪、吴振武、陈伟武、孙敬明先生也都持相同观点。不省"库"者如"平阳左库"戈(《殷周金文集成》11017)、"阴平左库之造"剑(《殷周金文集成》11609)及大量三晋兵器铭文印证了这一说法的正确性。新泰发现的"成陽(阳)左戈"戈当为郕伯迁国成之阳后其左库所铸造的兵器。若此判断不误,两件"成陽(阳)辛城里戜(戈)"(《殷周金文集成》11154、11155)也当为成国改称成阳后所铸兵器。从文字风格看,成国文字属于齐系,但"阳"作"陽"下缀"山"之形当系成国文字自身的特点。春秋时新泰属鲁,成国兵器出土于新泰当与鲁、成之间的战争有关。

(赵敏:淮北师范大学文学院,235000,淮北)

① 马承源等:《商周青铜器铭文选》,文物出版社1990年4月。

② 张德光:《试谈山西省博物馆拣选的几件珍贵铜器》,《考古》1988年第7期。

谈安大简《诗经》中的一些文字现象*

徐在国

提要 安大简《诗经》的文字现象有构形方面的，如趋简、增繁、替换、讹变及特殊的构形方式等；也有书写方面的，如整体书写风格扁平等。我们根据具体的字形做了简单的描述。

关键词 安大简 诗经 构形 趋简 增繁

安大简《诗经》的字形有趋简、增繁、替换等古文字构形的一般规律，也有讹变及特殊的构形方式。下面我们就具体谈谈：

1、趋简

繁、简是相对的，古文字的发展演变趋简是总的趋势。安大简《诗经》的文字也不会例外。还是举例说明。如：

璐： 简 089

此字右旁作，我做了一个摹本作：，有、二部分组成，，乃“攸”之省；，乃“羽”之省。战国文字“攸”或从“攸”之字作：

 郭店 · 性自 56  上博四 · 柬 13

 清华二 · 系年 088  上博八 · 子 2  新收 1482 修武使君甗

 清华三 · 琴舞 4

或省作：

 包山牍 1  包山牍 1

* 本文为教育部、国家语委甲骨文等古文字研究与应用专项重大项目“战国文字谱系疏证”（YWZ-J013）的阶段研究成果。

与包山牍 1 形同，均为“攸”之省。

战国文字“羽”或从“羽”之字作：

上博八・鷗 1 上博四・采 4 上博五・君 11

清华三・良臣 10

包山 110 清华二・系年 019 清华二・系年 032

或省作：

包山牍 1

与包山牍 1 形同，均为“羽”之省。

如上所述，当是“翛”。与包山楚简“翛”字作、（《包山》二六九）同。[1]

，当隶定为“璛”，不见于《说文》，当分析为从“玉”，“翛”声。“翛”又从“羽”，“攸”声。上古音“刍”属初纽侯部，“攸”“翛”属心纽幽部，古音近相通。典籍中“雏”“由”，“邹”“由”古通。（参《古字通假会典》第三六一页）“由”“攸”，“由”“悠”古通。[2]简本“璛”当从《毛诗》读为“绉”。

再举一个例子：

玭（碑）：简 088

“碑”，简文作，所从，我们摹写作，疑从“（畀）”之省。本简“斯”作：

简 010 简 010 简 033

简 033 简 033 简 033

楚文字“斯”作：

郭店・性自 25 上博一・孔 12 上博五・鬼 6

清华一・皇门 9 清华一・皇门 9 清华八・邦道 15

或作：

---

① 李家浩：《包山楚简的旌旆及其他》，《著名中年语言学家自选集・李家浩卷》，安徽教育出版社 2002 年，第 259—260 页。

② 高亨：《古字通假会典》，齐鲁书社 1989 年，第 718 页。

 清华五·厚父 09  清华八·摄命 07

这是最好的证明。楚文字“异”或作：

 信阳 2·17  郭店·性自 25  郭店·性自 34

 清华一·金滕 8  清华一·金滕 13

“异”，多读为“斯”。

“”，可分析为从“玉”，“异”声。“此”“斯”二字古通，[①]作声符可互换；“石”与“玉”作形符互换，故该字或为“玭”的异体。

第三个例子是“圜”。简文作：

 简 074  简 075  简 044

很明显，第一、二字是第三字的省体，所从“爰”少了下面的“又”。

楚文字“爰”字或作：

 集成 12113 鄂君启舟节  郭店·尊德 23

 清华一·楚居 1  清华一·楚居 2

 上博六·孔 9  清华三·芮良夫 24

“缓”字或作：

 包山 96  包山 189  上博二·容 1

 上博八·兰 2  上博九·陈 11

“繯”字或作：

 上博三· 中 17  上博三·中 13

“愋”字或作：

 包山 182  郭店·尊德 34

---

① 高亨：《古字通假会典》，齐鲁书社 1989 年，第 583 页。

包山 110 上博二·从甲 5

“[纟爰心]”所从“缓”与上引“缓”字比较，也是省体，少了下面的“又”。“愋”字第一、二两个形体也少了“又”。

“[囗爰]”，从“口”，“爰”声，“园”字异体。

以上我们仅仅举了三个例子，来说明字形的简化。

2、增繁

我们上文说过，“繁、简是相对的”，“增繁”也总是伴随着“趋简”，为古文字形体的丰富增添了浓浓的色彩。还是举例说明。如：

[惪导]：简 079

此字左从“惪”，右从“导”。本简“惪”字作：

简 054 简 085 简 047 简 081

楚文字“惪”字或作：

郭店·老乙 16 上博三·中 17

清华一·皇门 13 清华五·命训 02

均与“[惪导]”字左旁同。

楚文字“导”字或作：

郭店·五行 8 上博三·周 21

上博五·姑 3 包山 198

均与“[惪导]”字右旁同。

“[惪导]”，所从“惪”“导”皆声，是“惪”或“导”之繁体。典籍中“特”与“德”“得”相通。[①] 简本《柏舟》“是隹我惪”，毛诗作“实维我特”，亦可为证。

古文字中双声符的例子很多，学者也专门做过相关研究，我们这里再举一个例子。

《战国燕齐陶文》102“槖”字作：

① 高亨：《古字通假会典》，齐鲁书社 1989 年，第 407、408 页。

此字上部所从乃“童”之省体，下部从“冢”，“童”“冢”均为声符。上古音“童”，定纽东部；“冢”，端纽东部。二字声纽均属端系，韵部相同。此字可能是“童”字的繁体，加注了一个“冢”声。清华六还有如下一字：

鼪：清华六・孺子 13　清华六・孺子 13

原整理者隶定为“鼪”，“读重。重，训‘厚’，见《淮南子・俶真》‘九鼎重味’高注。一说‘鼪’读‘主’，主持。”①

丁慧萍认为：“鼪，从童从主，童主都声，为重之异体。童，东部定纽，主，侯部照纽，重，东部定纽。童与主，东侯对转，叠韵，定照准双声；主与重，东侯对转，端定旁纽；童与重，双声叠韵。简文中常见砫，从石，主声，郭店・缁衣 44，上博・缁衣 22，清华壹・楚居 01，亦重之异体。”②

我们认为“蠹”“鼪”是一字异体，均是双声符的字，此字可能是“童”字的繁体。③

下面所举的一个字也挺有意思的。《椒聊》“篸”字作：

简 108　简 109

此字上部所从与下列楚文字“攸”同：

郭店・性自 56　上博四・柬 13　清华二・系年 088

下部所从即“长”。本简“长”或作：

简 086

楚文字或作：

集成 10914 长沙戈　包山 54

清华一・程寤 6　清华二・系年 117

---

①　李学勤主编：《清华大学藏战国楚竹书》（陆），中西书局 2016 年，第 108 页。

②　丁慧萍：《〈清华大学藏战国竹简〉（陆）字形特点研究》，安徽大学硕士学位论文，2017 年。

③　吴振武：《古文字中形声字类别的研究——论“注音形声字”》，《研究生论文集刊（吉林大学）》（社会科学版）1982 年第 1 期；《古文字中的“注音形声字”》，《第三届国际汉学会议论文集文字学组：古文字与商周文明》，中研院历史语言研究所 2002 年。陈伟武：《双声符字综论》，《中国古文字研究》第一辑，吉林大学出版社 1999 年，第 328—339 页。

均与此字下部所从同。

如此，此字当隶定为“镃”，从“长”，“攸”声，或即表示修长之“修”的专字。“修”或训长。《诗·小雅·六月》：“四牡修广，其大有颙。”毛传：“修，长。”修，一本作“ 脩 ”。

简文“远镃（条）虘（且）”，“远”，亦训“长”。《诗·唐风·椒聊》：“椒聊且，远条且。”毛传：“远，长也。”郑玄笺：“椒之气日益远长。”“条”，亦有“长”意。《书·禹贡》：“厥草惟繇，厥木惟条。”孔传：“条，长也。”孔颖达疏：“繇是茂之貌，条是长之体，言草茂而木长也。”“远”“条”“修”均有“长”意，故“修”字繁化，赘加意符“长”。“镃”“条”“脩”，并谐声可通。

再举一个繁化的例子。“佴”字作：

 简 088

本简“玉”字作：

 简 046  简 051  简 072  简 088

本简“耳”或从“耳”之字作：

 简 006

闻（䎽）： 简 105

聃： 简 029

可证“佴”从“人”“玉”“耳”。我们认为这是新出现的一个会意字，会以玉塞人耳之意，“瑱”之异体。《说文·玉部》：“瑱，以玉充耳也。从玉，真声。《诗》曰：‘玉之瑱兮’，瑱或从耳。”《说文·玉部》：“珥，瑱也。从玉、耳，耳亦声。”楚文字“珥”作：

 信阳 2·02  曾乙 10  新蔡甲三 207。

也有可能“佴”是“珥”之繁体，赘加“人”。

《硕鼠》“石”字或作：

 简 080

简 081 则作、，辞例均为“石鼠”。比较即可知，乃赘加了“口”“=”，很明显是“石”字的繁化。

以上我们举了几个增繁的例子。有的赘加声符，有的赘加意符，有的是赘加了饰符。简文中还有其他的增繁，我们就不一一举例了。

安大简《诗经》文字构形有个特点，就是艸字头，常常写作⺮，没有了丨或一。如：

鞎： 简 046

葛： 简 003  简 004  简 008

 简 009  简 009  简 100  简 117

差： 简 072  简 020  简 020

来（坙）： 简 073  简 073  简 074  简 112

麦（蕖）： 简 080

（蘘） 简 090

李（梓）： 简 039

棘（楂）： 简 075

素： 简 031  简 079  简 080  简 098

 简 098  简 104  简 104  简 083

傃： 简 078

"甾"字上，常作⺊，没有了丨。如：

萋： 简 004  简 012  简 049

蘩（蓁）： 简 022  简 022

歔： 简 078

戳： 简 077

 简 079

戳： 简 013

以上这种构形特点有些匪夷所思，至于原因是由于书手的书写习惯，还是当时这些字就这样写，我们不敢下结论，有待更多的资料来证明。

安大简《诗经》还有一些书写现象，也值得我们重视。比如：

“是”作： 简 042  简 047

或作： 简 047  简 074  简 075  简 084

“方”作： 简 017

或作： 简 048  简 052  简 092

“弋”作： 简 085

均是在横画的终端向右下加一撇。

安大简《诗经》整体书写风格是扁平，尤其是一些小的横画，写得非常长，甚至有些夸张，其笔法颇有味道。还是举例来说明。如：

苦： 简 048  简 049

古： 简 007  简 007  简 048

 简 072  简 077  简 077

焚： 简 011

艾： 简 072

兼： 简 007  简 007

霝（靁）： 简 032  简 032  简 033

霤：简 048　简 049　简 028　简 029

霜：简 048　简 100

手：简 044　简 047　简 100

捋：简 014

掇：简 014　简 028

掺（擎）：简 100

苿（萿）：简 013　简 014　简 014

简 014　简 014　简 015

雒（雔）：简 039

余：简 048　简 059　简 072　简 073

舍：简 074　简 098

周：简 006　简 020

简：简 045

又：简 008　简 043　简 050　简 050

右：简 001　简 002　简 003　简 014

石：简 081　简 081　简 104

简 104　简 105

马：简 006　简 007　简 008　简 016

简 042 简 098 简 106

骐(䭫)：简 045 简 047

以上我们仅仅就安大简《诗经》的文字现象做了简单的描述，有构形方面的，如趋简、增繁、替换、讹变及特殊的构形方式等；也有书写方面的一些现象，如整体书写风格扁平等。疏漏之处，还请专家指正！

（徐在国：安徽大学汉字发展与应用研究中心，230039，合肥）

《麟之趾》诗义解诂*

程　燕

提要　对《麟之趾》诗旨理解各家不一，本文通过安大简《诗经》异文材料为“振振”解作兴盛、众多之义提供力证，并对“麟”的字形演变与词义意象做了分析，进而肯定闻一多先生关于“诗乃纳征之乐歌”的观点。

关键词　《麟之趾》　振振　麟

《麟之趾》是《诗经·周南》的最后一篇，为方便行文，现将全诗移录如下：

麟之趾，振振公子，于嗟麟兮。
麟之定，振振公姓，于嗟麟兮。
麟之角，振振公族，于嗟麟兮。

关于此诗的诗旨，《诗序》云：“《麟之趾》，《关雎》之应也。《关雎》之化行，则天下无犯非礼，虽衰世之公子，皆信厚如《麟趾》之时也。”郑笺：“《关雎》之时，以麟为应。后世虽衰，犹存《关雎》之化者，君之宗族，犹尚振振然，有似麟应之时，无以过也。”①宋代朱熹强调麟仁厚的象征意义，对诗序中所论之“化行”加以阐释，“文王后妃德修于身，而子孙宗族皆化于善，故诗人以麟之趾兴公之子。言麟性仁厚，故其趾亦仁厚；文王后妃仁厚，故其子亦仁厚。然言之不足，故又嗟叹之。言是乃麟也，何必麕身、牛尾而马蹄，然后为王者之瑞哉。”②

清人王先谦据韩诗提出：“韩说曰：‘《麟趾》，美公族之盛也。’‘美公族之盛也’者，《文选·王融〈曲水诗序比〉》张铣注文，此韩说也。诗兼言子姓，而专以为美公族者，子孙之盛。”③

闻一多先生对此则有更为详细的论证，他认为《麟之趾》为纳征之乐歌，《二南》其

* 本文系国家社科基金一般项目“出土文献《诗经》异文整理与研究”(18BYY155)阶段性成果。

① 阮元校勘：《十三经注疏》，中华书局1980年，第283页。

② 朱熹集撰，赵长征点校：《诗集传》，中华书局2017年，第11页。

③ 王先谦撰，吴格点校：《诗三家义集疏》，中华书局1987年，第61页。

诗多与婚姻有关，则《麟之趾》篇之麟，或系纳征所用。麐与麟同，鹿类之中，莫尊于麐，故古礼纳征用贽，麐为最贵，因之麐遂孳乳为庆贺字。(《尔雅·释兽》："麐，麕身牛尾一角"，《说文·鹿部》"麖，麞也"，籀文作麠，是麖与麞同类。《易·丰》六五爻辞"来章有庆"，疑章当读为麞。以来章为有庆，亦麐麞同字之证。喜庆之庆，乃庆贺之庆之引申义耳。)知纳征本用麐为贽，而二《南》复为房中乐(《诗谱·周南召南谱》，《仪礼·燕礼》注，《乡饮酒礼》注)，其诗多与婚姻有关，则《麟之趾篇》之麟，或系纳征所用。麐麕同类，《麟之趾篇》之以麟为贽，犹《野有死麕篇》之以麕为贽矣。且《序》曰："天下无犯非礼"，此礼字当即指婚礼纳采、问名、纳吉、纳征诸所以防淫佚、禁暴乱之节文。……《麟之趾》序亦以礼为言，是已暗示此诗与婚姻有关，因知所谓"无犯非礼"者，正谓夫家能行纳征之礼，不以强暴相陵，而求急亟之会耳。此《麟趾》为纳征之乐歌，证诸本序而益明者也。①

高亨先生在解题中提出一种较大胆的猜测，据《春秋》记载"哀公十有四年春，西狩获麟。"《左传》记载"西狩于大野，叔孙氏之车子(管车马的官)鉏商(人名)获麟，以为不祥，以赐虞人(管家畜的官)。仲尼观之曰：'麟也。'然后取之(叔孙氏把麟取去)。"蔡邕《琴操》记载，孔子看见麟，乃歌曰："唐虞世兮麟凤游，今非其时来何求？麟兮麟兮我心忧。……"(《艺文类聚》卷十引)。故高先生按：《琴操》所载孔子的《获麟歌》不类春秋时代的诗句，当是后人伪造，我认为《麟之趾》一诗，可能是孔子的《获麟歌》，孔子把它附在《诗经·周南》之末。孔子的学生没有把此事记下来。②

综上不难看出，诸家观点纷争不一。要想正确地领会这首诗的诗旨，关键是如何理解整首诗最核心的句子是"振振公子"。

关于"公子""公姓""公族"的意思，王引之在《经义述闻》中已经充分论证了此三者皆指后嗣。③ "振振"作为"公子""公姓""公族"的修饰语，有两种解释：其一，《毛传》"信厚也。"朱熹《诗集传》："振振，仁厚貌。"其二，姚际恒《诗经通论》："起振兴意。"鲍昌先生在《〈诗·周南·麟之趾〉新解》一文表示同意姚说，并补充道"本诗的振字，应作兴盛来理解。"④治诗者多信从前说，并将其与麟为神兽这一说法联系。故《正义》曰："言古者麟之趾，犹今之振振公子也。麟之为兽，属信而应礼，以喻今公子亦振振然信厚，与礼相应。言公子信厚，似于麟兽也，即叹而美之，故于嗟乎叹今公子信厚

① 闻一多：《诗经研究》，巴蜀书社2002年，第109—111页。
② 高亨：《诗经今注》，上海古籍出版社2009年，第14—15页。
③ 王引之：《经义述闻》，江苏古籍出版社2000年，第119—120页。
④ 鲍昌：《〈诗·周南·麟之趾〉新解》，《破与立》1978年第5期，第30页。

如麟兮，言似古致麟之时兮。”很多时候传世文献疑难问题的解决期待出土文献新材料带来新的曝光，恰好安大简《诗经》的异文材料可为我们提供一条正确理解“振振”词义的线索。

“振振”，安大简作“蠡=”，“蠡”从“蚰”，“胤”声。《说文·肉部》：“胤，子孙相承续也。从肉，从八，象其长也；从幺，象重累也。”段玉裁注：“八，分也。骨肉所传，支分派别，传之无穷。”段氏对字形所从“八”的说解不一定正确，但对词义引申的分析是可取的。“蠡”从“蚰”，盖亦有取虫类繁殖众多之意。叠加后的“蠡＝”则为状态形容词，子孙众多、兴盛的样子。由子孙繁衍引申为子孙众多，此为引申叠加，叠音词的词义为单字义的引申。如《齐风·东方未明》“狂夫瞿瞿”，《说文·瞿部》“瞿，鹰隼之视也。”徐锴系传：“惊视也。”而叠加后的“瞿瞿”为惊顾失色的神态，是动词“瞿”重叠成状态形容词意义的引申。① 由“蠡=”到“振振”，一方面由语音上的假借所致，上古音“胤”属喻纽四等真部，“振”属章纽文部，二者声纽皆属舌音，真文旁转。传世文献中真文旁转的例证颇多。② 此又添一例。另一方面此二者在语义上疑亦有关联，“振”可作“奋起”“起用”解，《尔雅·释言》“振，讯也。”郭璞注：“振者，奋迅。”郝懿行《义疏》：“讯即迅，迅训疾，疾有奋厉之意。”《国语·晋语》七“逮鳏寡，振废淹。”韦昭注：“振，起也，起用之也。”由奋厉的动作可引申出其结果兴盛之义。

受安大简异文的启发，我们可以肯定“振振”乃形容子孙兴盛之貌，王先谦认定韩诗比毛诗优，闻先生关于此诗与婚姻有关的观点皆可谓是独具慧眼。高亨先生的猜测缺乏证据，姑且不论。从闻一多先生的阐释中可以看出诗中“麟”的意象与诗旨关系密切。

“麟”字最早见于甲骨文，从“鹿”“文”声，罗振玉很早就有考释。③ 刘钊先生指出：“麐”即“麟”字异体，《说文》分“麐”“麟”为两字，解释“麐”字为：“牝麒也，从鹿吝声”，解释“麟”字为：“大牝鹿也，从鹿粦声。”清人早就指出“麐”和“麟”本为一字，典籍中“麐”“麟”也互通无别。④ 关于二字关系，清人段玉裁在《说文解字注》中做过较详细的说解：“经典麒麟无作麐者，惟《尔雅》从吝，而亦云本又作麟。许书别麟麐爲二，又别麒麟之牡牝，未知许书古本固如此不？《玉篇》《广韵》皆麟麐爲一字。许书盖本无麐字，浅人所增。”

---

① 杜鹃、张晓清：《浅论诗经中的叠音词》，《牡丹江师范学院学报》2000年第6期，第31页。

② 高亨：《古字通假会典》，齐鲁书社1989年，第140—141页。

③ 罗振玉：《殷墟书契考释》，艺文印书馆1975年。

④ 刘钊：《“小臣墙刻辞”新释》，《复旦学报》（社会科学版）2009年第1期，第4—11页。

“麟”在安大简中写作“𢙴”，构形较为奇特，乃双声符字。“文”“厸（邻之古文）”均为声符，可作为“麐”“麟”属声符不同的异体字的旁证。从目前掌握的材料看，“麟”在先秦时期多写作“吝”或“文”声，至汉代才写作“粦”声。如此，安大简“麟”作“𢙴”，是“吝”或“文”声向“粦”声过渡的中间形体，此形对于认识“麟”的字形演变具有非常重要的作用，对于辨识上古音真文二部的关系亦有帮助。

“麟”究指何种动物呢？或说大牝鹿，如《说文》《集韵》等；或说大牡鹿，如《玉篇》《说文解字注》《说文系传》等；或释作仁兽、瑞兽、灵兽、神兽，如《广韵》《玄应音义》《广雅》；或具体解释其具有“麕身、牛尾、一角”等特征，如《尔雅》《毛诗草木鸟虫鱼疏》等，诸家争议颇多。刘钊先生认为从文字形体上看，“麟”最初无疑指的是一种鹿。考古发现的各种有关“麟”的图像，秦汉时期都作既像鹿又像马的形态，头上长有一角。中古以后，“麟”慢慢变成了有类似龙一样的头，牛一样的角，浑身长满鳞甲的样子，有的头上还有很长的毛发。如宋代以后旗帜上的“麒麟”和清代一品武职官服补子上的麒麟形象都是如此。这种形象一直延续到今日。明代时曾以长颈鹿为“麟”，今天日语中长颈鹿一词仍然写成“麒麟”，正是这种观念的孑遗。可见“麟”如人们虚拟出的“龙”“凤”一样，虽然最初可能有原形存在，但是经过历史的演化，已经被杂糅进很多其他动物的成分而变成一种想象的集合体。[①] 刘先生所言极是。从诗义来看，《诗经》时代“麟”的词义所指仍是最初的字形义“鹿”，“鹿”谐音“禄”，吉祥之物，作为婚姻纳征所用礼物亦在情理之中。至于后来为何发展为仁兽诸类意义，大概是汉代人解经阐释之需要所致。这样看来，王晖先生根据古人对麒麟外貌形状特征的描述，以及甲骨文、金文资料，认为“麐”或“麟”其实就是今天所能看到的印度犀牛的观点还可再推敲。[②]

以上是我们对《麟之趾》的一点心得，敬祈方家指正。

（程燕：安徽大学汉字发展与应用研究中心，230039，合肥）

① 刘钊：《“小臣墙刻辞”新释》，《复旦学报》（社会科学版）2009 年第 1 期，第 4—11 页。
② 王晖：《古文字中“麐”字与麒麟原型考》，《北京师范大学学报》（社会科学版）2009 年第 2 期，第 64—75 页。

读《郑武夫人规孺子》札记二则*

侯瑞华

提要 清华简《郑武夫人规孺子》简 1 的“㱩”字读为“殔”，说明在楚简中“㝵”可以读为“肆”。根据这种用法，《清华简三·周公之琴舞》简 8 的“㝵其显思”与简 7 的“不㝵监余”当读为“肆其显思”与“丕肆监余”。《郑武夫人规孺子》简 4 的“卑耳”即《礼记·曲礼》中的“辟咡”，乃是“倾头与语”之意。

关键词 《郑武夫人规孺子》 㱩 卑耳

一

《清华大学藏战国竹简》第六辑刊布的《郑武夫人规孺子》是一篇有关郑国早期史事的文献。在该篇简文的开头，叙述了故事发生的背景是“奠（郑）武公妥（卒），既㱩”。对于简文的“㱩”字，整理者读为“殔”，甚确。从这种用法出发，我们可以对《清华简三·周公之琴舞》中的相关内容作一新的考虑。

简文“㱩”字整理者指出乃三体石经“逸”字古文，为喻母质部字。该字字形结构可参照同篇简 13“㱩（葬）”字，分析为从死、㝵声。“㝵”字楚简中习见，一般读为“逸”[①]。“逸”为余母质部字，“失”为书母质部字，但从“失”得声的“佚”、“轶”等字在余母质部。两字声母都为舌音，韵部相同，传世文献中常常通用：如《史记·吴王濞列传》：“陛下多病志失”，《汉书·吴王濞传》“失”作“逸”；《汉书·韦贤传》：“弥弥其失”，《文选》作“弥弥其逸”。足证二字古音相近，关系密切。因而古文字中的“㝵”可读为“逸”或从“失”得声的字，如《上博简一·性情论》简 28“居处欲㝵（逸）易而毋缦”，《上博简五·三德》简 4“毋享㝵（逸）安求利”，《上博简五·三德》简 11“毋㝵（逸）其身”，

---

* 本文是 2018 年国家社科基金重大项目“楚文字综合整理与楚文字学的构建”（18ZDA304）阶段性成果。

① 徐在国：《传抄古文字编》，线装书局 2006 年，第 981 页。

《上博简八·兰赋》简 5“蓉恻(则)柬(简)※(逸)”,《清华简一·耆夜》简 2“作册※(逸)为东堂之客”,《清华简二·系年》简 58“用※(逸—抶)宋公之御”,《清华简三·芮良夫毖》简 7“毋(毋)自縱(纵)于※(逸)以䠗(遨)”,《清华简五·厚父》简 6“溻(遏)※(逸—佚)其命”,《清华简六·管仲》简 11“少(小)事※(逸)以惕”,《清华简六·郑文公问太伯》(甲本)简 9“亦不(逸—失)斩伐”(乙本简 8 同),《清华简六·子仪》简 2＋3“车※(逸)于旧数三百,徒※(逸)于旧典六百”[①],《清华简六·子产》简 9“此胃(谓)窜(卑)※(逸)乐”、简 15“不以※(逸)求得”。

“※”字的形体可能来源于西周金文中表示“肆解牲体”的“肆”[②],如多友鼎(《集成》2835)“易(赐)女(汝)圭瓒一、汤(錫)钟一㱄(肆)。”㱄(肆)字原形作“”,在兔形下添加了月/肉旁。《周礼·春官·宗伯》:“凡县钟磬,半为堵,全为肆”,则“㱄”读为“肆”无疑。“※(逸)”为余母质部字,“肆”为心母质部字。二字韵部相同,余母和心母在古文字材料中有大量例证可以相通,如楚简中余母的“攸”大多读为心母的“修”,例多不烦举。[③] 传世文献中亦有通假例证,如《公羊传·庄公二十二年》:“肆大眚”,陆德明《释文》云:“肆,本或作佚。”(佚、逸古通)因而“※”亦可读为“肆”。本篇简文的“㱜”字,其义符为“死”,声符可以看作是“肆”;“歺”与“死”在用作表意偏旁时通用无别(“死”即从“歺”),如《说文·歺部》“殪”下云:“古文殪从死。”楚简中“葬”字既可从死作“”(包山简 91),又可从歺作“”(包山简 155)。因此“㱜”字即为“肂”字异体。《说文·歺部》“殇”下云:“从歺,伤省声”。“肂”与“殇”字是同样的结构,可分析为“从歺,肆省声”。

金文中“㱄”读为“肆”比较常见,楚简中“※”则一般读为“逸”或从失得声的字,读为“肆”的用例少见。《郑武夫人规孺子》的“㱜”可以证明“※”在简文中亦可以读为“肆”。由这一点出发,我们在此讨论一下《清华简三·周公之琴舞》中两处“※”字的读法。

《清华简三·周公之琴舞》的第 8 简:“※亓㬎思”,整理者读为“遹其显思”。对于首字“※”,李守奎师指出:

---

① 按:此句“※”字亦可读为“轶”。

② 陈剑:《甲骨金文旧释“䵼”之字及相关诸字新释》,《出土文献与古文字研究》第 2 辑,复旦大学出版社 2008 年,第 13—47 页。苏建洲:《释〈上博九·成王为城濮之行〉的“肆”字以及相关的几个问题》,载杨荣祥、胡敕瑞:《源远流长:汉字国际学术讨论会暨 AEARU 第三届汉字文化研讨会论文集》,北京大学出版社 2017 年,第 212—237 页。

③ 刘波:《出土楚文献语音通转现象整理与研究》,吉林大学博士学位论文 2013 年,第 540—541 页。

“𢘫，可读为逸字，其构形待考。整理报告读为遹或聿，其功能与‘繄’相类，皆句首语气词。《诗·大雅·文王有声》：‘文王有声，遹求有声，遹求厥宁，遹观厥成，文王烝哉！’‘逸其显思，皇天之功’，当是‘皇天之功，逸其显思’的倒装句，义同《敬之》的‘天惟显思’。”①

网友“子居”先生认为该字：

“𢘫当读为肄，《诗经·邶风·谷风》：‘有洸有溃，既诒我肄。’毛传：‘肄，劳也。’《左传·昭公十六年》：‘《诗》曰：宗周既灭，靡所止戾，正大夫离居，莫知我肄。’杜预注：‘肄，劳也。’对应于前文数次提到的勤勉。”②

孙永凤先生在综述以上二家观点后指出：

“𢘫”字，应为语气词，整理者将之读为“遹”或“聿”，可备一说。③

我们认为诸家对此字的释读均有未惬之处。简文的“𢘫”字应当读为“肆”。

前述诸家读“𢘫”为“遹”尽管在音上有相通的可能，但却没有相应的辞例证据。属于有律无例，这是我们倾向于改读的一个重要原因。尤其是在《郑武夫人规孺子》中出现了“𢘫”可以读为“肆”的用法，则不管是从音理上还是从实际用例上，《清华简三·周公之琴舞》简8的“𢘫”字读为“肆”都是没有问题的。

从简文来看，读“𢘫”为“肆”与传世文献中的文句更为契合，特别是可以与《诗经·周颂·昊天有成命》的“肆其靖之”相对应。本篇开头的部分有成王诗“元内启”，即今本的《诗经·周颂·敬之》。因而其余的诗篇不管从体裁还是内容来说，应该都与《诗经》中的“颂”诗有着密切关系。《诗经·周颂·昊天有成命》：“肆其靖之”。《国语·周语下》引诗曰：“亶厥心肆其靖之”，并且解释此篇说：“是道成王之德也。”简文“肆其显思”是“四启”的“乱曰”部分，而“四启”中的“孺子王矣，丕宁其有心”，显然是指的周成王。不仅如此，所谓的“肆其显思，皇天之功”，当然是歌颂皇天的敬天尊神之语；而《昊天有成命》据《诗序》也是“郊祀天地也”。（鲁诗云：“郊祀天地之所歌也。”）一为颂“昊天”，一为颂“皇天”，本就没有什么差别。这样在背景和内容上的一致应该不会是偶然的，更不要说二者在句式上的相似了。“思”字整理者云：“语气词，用于句末”，其说可从。《诗经·小雅·南有嘉鱼》：“烝然来思”，孔疏：“思，皆辞也。”陈奂《诗毛氏传疏》：“思，犹之也。”“肆其靖之”的“之”同样是语气词，大概相当于

① 李守奎：《〈周公之琴舞〉补释》，《出土文献研究》第十一辑，中西书局2012年，第16页。

② 子居：《清华简〈周公之琴舞〉解析》，Confucius 2000网站2014年1月4日。

③ 孙永凤：《清华简〈周公之琴舞〉集释》，吉林大学硕士学位论文2015年，第122页。

"矣"。如《小雅·小弁》:"维其忍之",《大雅·文王》:"于缉熙敬止"。(止当作之,系句末语气词,参于省吾《泽螺居诗经新证》)"肆其显思"即是对后句"皇天之功"的颂扬;"肆"可以比照"肆其靖之"训为"固",孔疏云:"广厚其心固和之"。当然这里的"肆"也更有可能是作为句首语气词出现的,相当于"惟"。如《诗经·周颂·敬之》中的"天惟显思"。《尚书·大诰》:"惟我幼冲人",同篇又有"肆予冲人永思艰",可知"肆"即相当于"惟"。则简文读为"肆其显思",正可与今本《敬之》的"天惟显思"相对应。虽然训为"固"或是训为语气词仍有可以讨论的余地,但简文的"瀸"读为"肆"应当是没有疑问的。

此外,同篇简7的"不瀸蓝(监)畬(余)",诸家基本读为"不逸",然而此句的"瀸"也很有可能读为"肆"。李学勤先生在《论清华简〈周公之琴舞〉的结构》一文中,已经说明"三启"乃成王自作儆戒,并且指出:"'三启'后面还说:'欲其文人,不逸监余','余'也是成王自称,'文人'即西周金文常见的'前文人',指的是先公先王。"[①]我们也非常赞同这一点。不过"三启"既然作为成王自述,并且是对先公先王陈说,则"不逸"一语似乎不当出现。因为"不逸"更像是对臣下的诫勉,告诫臣下应当不逸地监督劝谏我。对先公先王怎么可以用"不逸"这样诫勉的口气呢?《尚书·君奭》:"公曰:呜呼!君肆其监于兹!我受命于疆惟休,亦大惟艰。告君,乃猷裕我,不以后人迷。"简文的"不瀸蓝(监)畬(余)"即相当于《尚书·君奭》的"君肆其监于兹"。简文"四启"有"不(丕)宁其有心",这里的"不"也应当读为"丕"。如《尚书·太甲》:"肆嗣王丕承基绪。"《逸周书·皇门解》:"丕承万子孙,用末被先王之灵光"。天亡簋(《集成》4261)"丕显王作眚,丕肆王作庸"[②],所以简文应当读作"丕肆监余",乃是强调先公先王在上的监督威权。

二

在郑武夫人武姜对孺子寤生的规诫中,提到了郑武公早年的一些经历,为以往传世文献所未见:

> 虗(吾)君函(陷)【3】于大难之中,凥(处)于衟(卫)三年,不见亓(其)邦,亦不见亓(其)室,女(如)母(无)又(有)良臣,三年无君,邦豙(家)躙(乱)巳(矣)。自

---

① 李学勤:《初识清华简》,中西书局2013年,第203页。

② 李学勤:《"天亡"簋试释及有关推测》,载《青铜器人门》,商务印书馆2013年,第107页。

> 衜（卫）与奠（郑），若卑耳而㝅（谋）

似乎是说郑武公曾因某种困境而不得不避处卫国，从而在卫国以遥控指挥的方式，凭借国内的良臣而确保郑国政权的稳定。其中“自衜（卫）与奠（郑），若卑耳而㝅（谋）”一句，整理者指出：

> 与，《战国策·秦策一》：“不如与魏以劲之”，高诱注：“犹助也。”卑，《谷梁传》僖公十五年杨士勛疏：“犹近也。”①

王挺斌先生认为：

> “卑”字，整理者引古注训为“近”，可信。可以补充的一点就是，“卑”字训为近，可能就是“比”的假字。“卑”、“比”音近古通，例多不赘。“卑耳而谋”实际上就是“比耳而谋”。②

简帛网网友“鱼游春水”提出：

> “与”疑可直接理解为与闻之与，指参与国内政事，也可以读为“举”，处理。总之这意思都是说，郑武公身在卫国时处理郑国的政事，好像就在郑国似的。③

王宁先生将此句意译为：

> 郑武公在卫国的时候，仍然管理郑国国政，他从卫国传回命令，都能被执行，就像对着耳朵谋划一样。④

网友“子居”指出：

> “与”就是一般意义上的同、跟；“卑耳”就是“辟耳”，辟可训为偏、侧，故“卑耳”即后世所谓“侧耳”。⑤

从上述诸家之说来看，此句的大意不难明了；但是对具体字词的解释尚嫌不够准确。关键是简文中的“与”以及“卑耳”这个比喻应该如何理解。我们认为，简文中的“卑耳”实际就是《礼记》中的“辟咡”。

《礼记·曲礼上》：“幼子常视毋诳，童子不衣裘裳。立必正方，不倾听。长者与之提携，则两手奉长者之手。负、剑辟咡诏之，则掩口而对。”郑玄注曰：“辟咡诏之，谓倾

① 李学勤主编：《清华大学藏战国竹简》（陆），中西书局 2016 年，第 106 页。

② 清华大学出土文献读书会：《清华六整理报告补正》，清华大学出土文献研究与保护中心网站 2016 年 4 月 16 日。王挺斌说又见其《清华简第六辑研读札记》，《出土文献》第九辑，中西书局 2016 年，第 198—199 页。文字略有出入。

③ 《清华六〈郑武夫人规孺子〉初读》，简帛网·简帛论坛·简帛研读，第 24 楼发言 2016 年 4 月 18 日。

④ 王宁：《清华简六〈郑武夫人规孺子〉宽式文本校读》，复旦大学出土文献与古文字研究中心网站 2016 年 5 月 1 日。

⑤ “子居”：《清华简〈郑武夫人规孺子〉解析》，中国先秦史网 2016 年 6 月 7 日。

头与语也。口旁曰咡。"《释文》引何云："口耳之间曰咡。"孔颖达正义曰："辟，倾也。咡，口旁也。诏，告也。…张逸云：'辟咡诏之，倾头以告教之也。'此长者之为也。"孔疏又申郑"口旁曰咡"之义曰："案《管子书·弟子职》云：'食已循咡覆手。'谓弟子食讫，以手循覆于咡，故知是口旁也。"("辟咡"亦见《礼记·少仪》，"洗盥执食饮者勿气，有问焉，则辟咡而对。"郑玄注亦云："口旁曰咡。")综合旧注我们不难知道，所谓"负、剑辟咡诏之"是说当幼小者在长辈的身后或者身旁的时候，长辈俯身低头而与之交谈。《郑武夫人规孺子》中的"卑耳"当读为"辟咡"，"卑耳而谋"正是在这个意义上相比拟的。

"卑"为帮母支部字，"辟"为滂母锡部字，二字同为唇音，且支锡二部阴入对转，故其古音相近。在古书里二字常可通用：传世文献中，《国语·齐语》有"逾太行与辟耳之谿"，《管子·小匡》作"踰太行与卑耳之貉"。《史记·封禅书》："上卑耳之山"，《集解》引韦昭云："'卑耳'即《齐语》所谓'辟耳'"；出土文献中，《郭店简·缁衣》简 23"毋以卑(嬖)御息(疾)妆(庄)句(后)，毋以卑(嬖)御息(疾)大夫卿事(士)"，《上博简一·缁衣》简 12"嬖"作"辟"。所以简文中的"卑"读为"辟"在古音与辞例上都是没有问题的。

"咡"字当分析为从口从耳会意，耳亦声。《周礼·考工记·栗氏》："其耳三寸"，郑玄注云："耳，在旁可举也。"因而位置在两旁者均可称耳，如耳门、耳房等。"咡"从口从耳，则可会口旁之意，即口耳之间。《管子·侈靡》："鱼鳖之不食咡者，不出其渊"，"咡"通"饵"，则可证"咡"亦从耳得声。"耳"既为"咡"之声符，二字自可通用。与"咡"结构相类似的有"珥"字，《说文》云："珥，瑱也。从玉耳，耳亦声。"此字在出土文献中亦有省作"耳"的写法。如《上博简七·凡物流形》(甲本)简 9＋10"日之又(有)耳(珥)"，整理者曹锦炎先生指出："'耳'，读为'珥'，'珥'从耳声，可通。马王堆帛书《日月风雨云气占》'珥'字多见，皆写作'耳'。"[①]足证"咡"字可以省写作"耳"。

综合上述，简文中的"卑耳"可以读为"辟咡"。

而简文的"与"则应当是"与闻"之"与"。(网友"鱼游春水"已指出此点)《论语·子路》："如有政，虽不吾以，吾其与闻之"，《史记·孔子世家》："与闻国政三月"，《礼记·燕义》："掌其戒令，与其教治"。"自卫与郑"即是"自卫与郑邦之政"的一种省略的说法，就是从卫国来与闻郑国的政事。简文的"㖆"乃《说文》"谋"字古文，以下又见于简 13 的"大夫聚㖆(谋)"；《清华简六·子仪》亦见这种写法：简 1＋2"耄幼㖆(谋)

---

① 马承源主编：《上海博物馆藏战国楚竹书》(七)，上海古籍出版社 2008 年，第 242 页。

庆而赏之”。《左传·文公二年》有“越国而谋”，指让别国给自己出主意。简文的“自卫与郑”在某种意义上亦可称为“越国而谋”，因为郑武公在卫，故而郑国政事的谋划来自于卫国。

虽然“卑耳而谋”的意思诸家已经得其大概，但“耳”却并不能直接理解为耳朵。因为“卑耳”所修饰的成分乃是“谋”；像“比耳”或者“侧耳”的解释，其实都是偏向于听的方面，如《淮南子·主术训》：“侧耳而听”，这就与口说指画的“谋”意义有别。况且简文前言“自卫”，即从卫国；那么“谋”的动作主体显然是避地于卫国的郑武公。这样看来，“卑耳而谋”强调的自然是郑武公的指挥谋划方面。既然“卑耳”读为“辟咡”，即是说郑君从卫国与闻郑国国政，与良臣图谋，就好像两个同行的人侧脸而语一样。

（侯瑞华：清华大学中文系，100084，北京）

燕陶文补释四则

杨 烁

提要 本文对几枚著录于以往材料的燕陶文进行了补释，认为天津地区出土的一枚燕陶文应改释为“攻人躬”，其内容中的“攻人”当读为“工人”。同时，结合新出土陶文材料，补释了燕陶文中的“𡩜”“右宫𨌊鱼”等内容。

关键词 燕陶文 攻人 补释

战国陶文是战国文字的重要组成部分，而燕陶文又是战国陶文的大宗。燕陶文主要出土于河北易县的燕下都遗址。北京、天津、辽宁、内蒙古等当时燕国所属的辖地也有发现。此外，在山东一些齐国属地也有少量燕陶文出土。燕陶文资料往往零散而珍贵，其内容涉及战国时期的职官制度、度量制度、历史地理等方面，值得我们对其进行深入的整理与研究。我们选取了几枚著录于以往材料的燕陶文，对其释文提出自己的看法。

一

《天津市武清县兰城遗址的钻探与试掘》①一文著录如下一枚燕陶文（图一）：

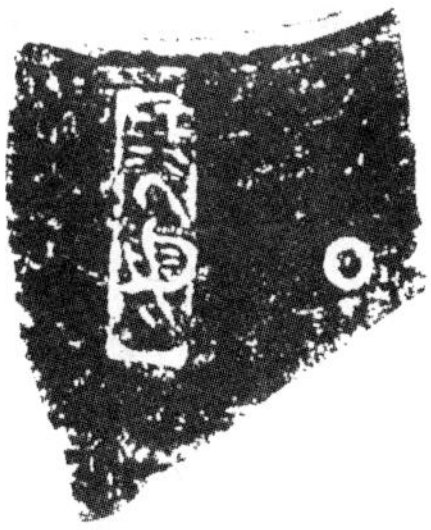

图一

① 天津市历史博物馆考古部：《天津市武清县兰城遗址的钻探与试掘》，《考古》2001年第9期，第45页。

原著录将其释为"攻(工)□"。《新陶录》[1]重新收录,释为:"攻(工)竆"[2]。

按:我们认为此陶文应改释为:"攻(工)人躳"。首字释"攻"[3],读为"工",无疑。"攻"下一字应释为"人"。

战国燕系文字中的"人"字作:

《集成》11498　《玺汇》0192

此陶文"人"字作:,与上举字形相同。末字当释为"躳",即《说文》"船"字或体,于此当为工人名。"攻(工)人"见于《荀子・儒效》:"设规矩,陈绳墨,便备用,君子不如工人。"工人指从事各种技艺的劳动者。我们怀疑此陶文中的"攻(工)人"与燕陶文中常见的"缶(匋)攻(工)"职能类似,只是"工人"一词包括的工种范围要更广,而"匋工"只可用作制陶工匠的专称。

二

《新陶录》上册新出燕陶文部分收录一枚编号为289的陶文(图二):

图二

图三

图四

图五

此陶文原著录于《中国历史博物馆藏法书大观第三卷:陶文砖文瓦文》,刘振清

---

① 为行文方便,本文中《新出古陶文图录》简称《新陶录》,《古玺汇编》简称《玺汇》,《陶文图录》简称《陶录》,《殷周金文集成》简称《集成》,下文不再单独说明。

② 徐在国:《新出古陶文图录》,安徽大学出版社2018年,第298页。

③ 此陶文"攻"字"攵"旁在左,陶文右侧有一凹陷状乳丁纹。燕陶器文字旁常出现此类乳丁纹,乳丁数量的多少与器物大小成正比,其用途究竟是为了记容还是装饰,尚待研究。另,我们发现:燕下都遗址出土的三级监造类陶铭,凡乳丁纹凹陷者,陶铭中的"攻"字"攵"旁在左,隶属于"左陶"。反之,凡乳丁纹突出者,"攻"字"攵"旁在右,隶属于"右陶"。天津武清兰城遗址考古发掘出土的这类燕陶文,虽然格式内容与三级监造类陶铭不同,但我们怀疑其也遵循这一规律。

先生将其释为："刃南"。[1] 徐在国师在《说"喜"兼论古陶文著录中的倒置》一文中认为："释'刃南'，误。此陶文倒置，应作''，当为一字，非两字。"[2]又进一步指出："上部为'寅'，下部是'心'，应分析为从'心'，'寅'声，释为'寭'。此为单字陶文，可能为工名。"[3]《新陶录》重新将其收录，并改释为"要心"。[4]

按：《新陶录》改释为"要心"，恐非。战国文字中的"要"字习见：

上博四·昭 7　清华二·系年 077

《陶录》5·29·4　《玺汇》1250

此陶文为单字无疑，自怡斋藏有一枚钤印类单字燕陶文（图三），承蒙藏家赠送拓片（图四），比较可知两拓内容相同。

中山胤嗣妾盗铜圆壶铭文中有一字作：，与其同形。其原文为："子子孙孙，母（毋）又（有）不敬，寭（寅）祗丞（蒸）祀。""寭"在铭文中读为"寅"。另，李零先生曾撰文介绍一件中国国家博物馆收藏的战国错金干支仪[5]，其铭文中的"寅"字作：""，可以参看。

徐在国师认为原著录中此枚陶文是倒置并且是一个字，释为"寭"，正确可从。自怡斋所藏陶文也应释为"寭"，或读为"寅"，用为陶工名。

附带说一下，《陶录》卷四著录有一枚编号为 4·180·1 的刻划类燕陶文（图五），原书释为："契三十"。对比之后，我们怀疑其与本陶文内容相同，只不过此字下部所从的"心"未刻划完整。

三

《王襄著作选集（中）》一书中的"古陶今醳"部分，收录下揭一枚王襄先生摹写的燕陶文（图六）：

---

① 史树青主编：《中国历史博物馆藏法书大观第三卷：陶文砖文瓦文》，上海教育出版社 2000 年，第 39 页。

② 徐在国：《说"喜"兼论古陶文著录中的倒置》，《安徽大学学报》（哲社版）2008 年第 5 期，第 89 页。

③ 同上。

④ 徐在国：《新出古陶文图录》，安徽大学出版社 2018 年，第 415 页。

⑤ 李零：《中国国家博物馆藏战国错金干支仪》，《中国国家博物馆馆刊》2016 年第 5 期，第 137—142 页。

图六

图七

图八

图九

王襄先生在摹本旁依次写明器物、出土地、编号、释文及相关说明。认为此陶文："陶器，灵寿出土，四百六十五。右宫李鱼，右宫官名，李鱼人名。"[1]按：《陶录》卷十"伪品及可疑"部分收录一枚编号为10·38·3的陶文（图七），与此同文，当非伪品，应归入卷四"燕国附中山"部分。木叶堂也藏有一枚同文燕陶文（图八），可以比较参看。王襄先生记载此陶文系灵寿出土，显然有误，可能是对原物出土地信息不了解所致。其对于释文的看法，第三字释为"李"，不确。此字应释为"倝"，读为"韩"，"倝"（韩）字用为姓氏常见于战国古玺：

《玺汇》2797　《玺汇》2812

《玺汇》2815　《玺汇》2835

末字释为"鱼"，极确。但其摹写有误，战国古玺中"鱼"字及从"鱼"之字习见：

鱼：《玺汇》2727　鲜：《玺汇》1305

魴：《玺汇》2728　鮏：《玺汇》2372

另，《新陶录》著录一枚燕陶文[2]（图九），其中"鱼"字作""，可以参看。

四

《中国古代陶文集拓》[3]第二卷著录如下一枚燕陶文（图十）：

---

① 王襄著，唐石父、王巨儒整理：《王襄著作选集（中）》，天津古籍出版社2005年，第1201页。
② 徐在国：《新出古陶文图录》，安徽大学出版社2018年，第291页。
③ 《中国古代陶文集拓》系文雅堂1999年编辑制作的古陶文原拓本。

图十

图十一

由于此陶文左下部分残缺严重，故原著录目录部分将其硬性隶定为“鼻”。

按：木叶堂藏有一枚同文燕陶文，字形较为完整，可对照参看（图十一）。我们将此燕陶文释为：“鼻昬”。首字释为“鼻”，古姓氏，“鼻”姓不见于《玺汇》。明陈士元《姓觿·寘韵》：“鼻，《路史》云：‘舜帝之后。’《千家姓》云：‘象郡族。’”徐在国师告知第二字疑是“邉”字的省体，正确可从。“邉”古同“边”，“鼻昬”当为陶工名字。

以上就是我们对几枚燕陶文所做的补释，不当之处，祈请方家指正。

附记：

于军先生提供了珍贵的照片与拓片资料，在此致谢！

（杨烁：安徽大学汉字发展与应用研究中心，230039，合肥）

《易·系辞下》有关史前发明的考古资料证明*

徐宝贵

提要 通过利用出土文物资料对《易·系辞下》有关史前发明记载的考证,证明了古代口耳相传的远古发明有如下特点:1、传世文献所记器物发明制作的年代多晚于考古所见同类器物之年代;2、所记发明制作之种类则少于考古所见之种类;3、时代说得比较笼统、模糊的,多可与出土的实物相印证;4、时代说得比较具体的,很多不能与出土实物相吻合;5、流传的过程中还会出现篡改、增益的情况。

关键词 《易·系辞》《世本·作篇》 史前发明 考古资料

一 《易·系辞下》关于史前发明的记载

传世文献《易·系辞下》有一段关于远古发明的文字,内容十分重要,原文如下:

> 古者包牺氏之王天下也……作结绳而为罔罟,以佃以渔……;包牺氏没,神农氏作,斫木为耜,揉木为耒,耒耨之利,以教天下……;黄帝、尧、舜垂衣裳而天下治……刳木为舟,剡木为楫。舟楫之利,以济不通,致远以利天下……;断木为杵,掘地为臼,臼杵之利,万民以济……;弦木为弧,剡木为矢,弧矢之利,以威天下……;上古穴居而野处,后世圣人易之以宫室……;上古结绳而治,后世圣人易之以书契……

这段文字见于马王堆帛书《易·系辞下》,除了使用异体字、假借字和文字略有出入外,其基本内容没有什么变化,故本文就不引马王堆帛书的相同内容了。

《世本·作篇》也有与其相关的内容。遗憾的是《世本》已经亡佚,我们现在看得到的是清人秦嘉谟等人的辑本,中华书局汇集出版的《世本八种》,很便于人们使用。

---

* 此稿得到梁韦弦、刘钊先生的审阅指正,我在此向二位先生表示最诚挚的感谢!

各种辑本所辑内容比较复杂，是否都是《作篇》的原有内容，我怀疑不全是。由于《世本·作篇》的各种辑本原文比较长，为了节省篇幅，故我们把它的主要内容简化成表。但此表还不能太过于简单，过于简单，难以反映各种辑本的复杂性及其成书时间的特征性：

网罟	王谟、孙冯翼、秦嘉谟、雷学淇、茆泮林辑本作"芒作网"或"芒作罗网"。张澍稡集补注本作"句芒作罗"，说"《吕氏春秋》《古史考》并云'伏羲作网'"。"芒"、"句芒"宋衷均注"伏羲臣"。《易·系辞》说"伏羲结绳而为罔罟"，《世本·作篇》则几乎是改为伏羲之臣"芒"作网。二者不一致。
耜耒	各种辑本说"垂作耒耜"、"倕作耒耜"、"垂作耜"、"垂作耒耨"、"垂作耨"、"鲧作耒耜"、"咎繇作耒耜"、"銾(引者按：当是"鲧"之误)作耒耜"。"垂"，引《慧琳辩正论音义》谓"神农之臣"。引高诱注《淮南子》、郭璞注《山海经》并谓"垂，尧巧工也"，引《玉篇》谓"黄帝时巧人名倕"，引《路史》说"垂，句龙子"。较《系辞》具体化、复杂化了。
舟楫	各种辑本说发明独木舟的是黄帝时代的二臣"共鼓"、"货狄"。"货狄"或作"化狐"，用了假借字。从辑本中了解到，《山海经》又说"番禺始为舟"，《墨子》说"弃作舟"，又说"工倕作舟"。《吕氏春秋》说"虞姁作舟"，束皙《发蒙记说》说"伯益作舟"。在不同的古书中出现不同的说法，这就是传说的特点，传近不传远，异说层出不穷。
杵臼	各种辑本说"雍父作舂"、"雍父作臼"、"雍父作杵臼"、"雍父作臼杵舂"、"雍父作舂杵"、"雍父作舂杵臼"，引桓谭《新论》说"伏羲作杵臼"，引《吕氏春秋》说"赤冀作杵臼"，引《黄帝内传》说"帝斩蚩尤，因作杵臼。断木作杵，掘地为臼，以火坚之，使民舂粟"。认为"雍"的为多数，都说"雍"为黄帝臣。
弓矢	各种辑本说"挥始作弓"、"牟夷作矢"，宋忠说"挥、牟夷，黄帝臣。"引《山海经》说"般是始为弓矢"、"挥始作弓"，引《广韵》一东及《三礼图》说"为黄帝臣，挥作弓"、"夷牟作矢"、"夷牟始作矢"，引《越绝书》说"黄帝作弓"，引《墨子》说"羿作弓"，引《吕氏春秋》说"夷羿作弓"，引《山海经》说"少昊生般，是始为弓"，引《荀子》说"倕作弓"、"浮游作矢"，引《北堂书钞》说"夷牟始作矢"。
宫室	各种辑本说"禹作宫室"、"尧使禹作宫"、"尧使禹作宫室"、"尧作宫室"、"禹作宫"，引《吕览》说"高元作室"、"高元作宫室"，说禹名高密，或说高元黄帝臣。又引《新语》说"黄帝作宫室"，引《淮南子》说"舜作室，筑墙茨屋"。
书契	各种辑本说"苍颉作书"、"沮诵、苍颉作书"、"苍颉造文字"。引《帝王世纪》说"黄帝史官苍颉，取象鸟迹，始作文字，记其言动，谓之书契。"宋衷注："苍颉、沮诵，黄帝史官。"

关于《易·系辞》《世本》成书的年代，主要有以下说法。司马迁《史记·孔子世家》说：

孔子晚而喜《易》，序《彖》《系》《象》《说卦》《文言》。[①]

① 司马迁：《史记》第6册，中华书局1985年，第1937页。

现在学界多认为成书于战国，如李学勤先生《周易溯源》说：

传世“十翼”的《系辞》，形成更早，不会晚到战国中叶。[①]

陈梦家《六国纪年》说：

……《世本》称赵王迁为今王迁者，乃因《世本》为赵人之书，而其成书在王迁未卒之前。……凡此皆可证《世本》作于秦始皇二十年以前。是《世本》之作，当在秦始皇十三年至十九年(公元前234—前228)，较《竹书纪年》晚六七十年。[②]

可见，《系辞》和《世本》不是同时期的作品。《系辞》里所说多笼统、模糊、比较单纯，而且语言古朴。《世本·作篇》里所说都非常复杂，皆落实到具体的人物上，涉及的人物较多，而且还增加了较晚的人物，这些都是较晚的传世文献的主要特征。根据这一点，我们认为《系辞》的年代是早于《世本》的。

传世文献所记载的远古发明，都是经过一代一代人口耳相传的。口耳相传的不一定完全可信，但也不是完全空穴来风。是否可信，我们可用出土实物试加证明。

二 《易·系辞下》有关史前发明记载的出土实物证明

《易·系辞下》《世本·作篇》关于古代发明的这些记载，见于从旧石器时代、新石器时代遗址出土的实物，现在证明如下：

(一)“古者包牺氏……作结绳而为罔罟，以佃以渔……”

闻一多先生说：“伏羲与女娲的名字，都是战国时才开始出现于记载中的。”[③]可见包牺(伏羲)氏不见于早一点的文献记载，是否真有其人，我看现在谁也无法下这个结论。他所代表的年代距今究竟有多少年，不同的书也有不同的看法。《中国历史图谱》[④]标在前8000年(距今10000年)，《中国历史年表》[⑤]标在前10万年。二者差距巨大。现在网络上的意见跟《中国历史图谱》相同或者相近。

考古发掘出土的与网罟有关的实物有如下几种：

陶网坠，见于距今9000—8000年前河南舞阳贾湖(28件，《舞阳贾湖》第340—341页)、7300—7100年前安徽蚌埠双墩(163件，《蚌埠双墩》第108—120页)、6000

---

① 李学勤：《周易溯源》，巴蜀书社2006年，第362页。

② 陈梦家：《西周年代考·六国纪年》，中华书局2005年，第195页。

③ 闻一多：《伏羲考》，古籍出版社2009年，第1页。

④ 孙占铨、孙天元：《中国历史图谱》，吉林文史出版社2010年，第3页。

⑤ 中国社会科学院历史研究所：《中国历史年表》，中国社会科学出版社2002年，第2页。

年前湖北枣阳雕龙碑(《考古》1992 年第 7 期)、黑龙江宁安东康(142 件,《考古》1975 年第 3 期)、4500 年前辽宁岫岩北沟西山(43 件,《考古》1992 年第 5 期)、江西省清江营盘里(161 件,《考古》1962 年第 4 期)等遗址。

石网坠,见于距今 8200—7400 年前河北滦平药王庙梁兴隆洼(《考古》1998 年第 2 期)、7800 年前甘肃天水西山坪(《考古》1988 年第 6 期)、7500 年前河南新郑唐户裴李岗(《考古》2008 年第 5 期)、6000 年前辽宁东沟大岗(《考古》1986 年第 4 期)、6000 年前山东长岛北庄(《考古》1987 年第 5 期)等遗址。

玉网坠,见于距今 7000 年前的辽宁宽甸臭梨隈子遗址(《考古》1986 年第 10 期)。

蚌网坠,见于距今 8000 年前广西南宁豹子头(23 件,《考古》2003 年第 10 期)、广西南宁贝丘(《考古》1975 年第 5 期)、4500—4100 年前河南陕县庙底沟龙山文化(《考古通讯》1957 年第 4 期)等遗址。

骨网坠,见于距今 6500—5500 年前秦安大地湾第二期(《秦安大地湾》第 259 页,彩图二一)、5500—4500 年前山东章丘焦家大汶口文化(《考古》1998 年第 6 期)、4500—4100 年前河南永城王油坊龙山文化(《考古》1978 年第 1 期)、河南夏邑清凉山岳石文化(《考古》1997 年第 11 期)等遗址。

骨勾网器,见于距今 5175±130 年前吉林白城靶山(《考古》1988 年第 12 期)、黑龙江宁安东康(《考古》1975 年第 3 期)等遗址。

骨网梭,见于距今 7400—7100 年前的河北武安磁山文化(《考古》1977 年第 6 期)、7000—6000 年前河南临汝中山寨仰韶文化(《考古》1986 年第 7 期)等遗址。

骨梭,见于距今 7000 年前的河姆渡遗址(5 件《河姆渡——新石器时代遗址考古发掘报告》第 116—118 页)、5970±110—5745±140 年前陕西临潼姜寨第一期(12 件《姜寨》98—99 页)等遗址。骨梭用来织布,也可以用来织网,织网离不开梭子。现在织网都用梭子,其形状跟出土的骨梭相似。

太多的新石器时代、夏、商、周、春秋、战国、秦、汉等遗址出土的石网坠、骨网坠、蚌网坠、玉网坠、陶网坠举不胜举。

甲骨文"网"字和从"网"之字作如下之形:

(《甲骨文编》第 332 页)

(《甲骨文编》第 458 页)

(《甲骨文编》第 332—334 页)

可见古人所织之网不唯用于捕鱼,也用来捕飞禽走兽,此处所举甲骨文的有关字形可以为证。距今 7000 多年前的蚌埠双墩新石器时代遗址出土的陶器刻符作:

（《蚌埠双墩》第 194 页） （《蚌埠双墩》第 330 页）

呈以网网豕、以网网鱼之形，可见在原始社会也用网来捕获野兽。与《系辞下》"以佃以渔"的记载相符。

距今 9000—8000 年前的舞阳贾湖遗址（这是迄今为止发现最早的，不能说是最早的）与《中国历史图谱》（详见前）所说伏羲在前 8000 年（距今 10000 年）的时间相近，出土的陶网坠等证明当时已有网罟。但与《中国历史年表》所说伏羲在前 10 万年，可相差太远了。就目前情况来说，别说 10 万年前，就是两三万年前与网罟有关的实物都没有发现。说伏羲在前 10 万年，有点太离谱了。《易・系辞》说"古者包牺氏之王天下也……作结绳而为罔罟"，《世本・作篇》则几乎改为伏羲之臣"芒"作网。二者不一致，《世本・作篇》说得更具体了。

（二）"包牺氏没，神农氏作，斫木为耜，揉木为耒，耒耨之利，以教天下……"

传说中的"神农"是否真有其人，距今究竟有多少年，我看，谁也说不清。中国社会科学院历史研究所《中国历史年表》标在前 7000—前 6000 年，并标明："发明了农业。发明了制陶。前 7000—前 6000 年，淮河上游稻作农业与渔业、畜牧业并重。这是同期栽培稻作的最北地区。前 7000—前 6000 年，甲、骨、陶、石上出现契刻符号。可能与文字的雏形有关。前 7000—前 6000 年，出现了七音阶骨笛。传说中的神农时代。"[①]孙占铨等《中国历史图谱》标在前 4000—前 3000 年[②]。二者相差 3 千年，出入还是很大的。

新石器时代遗址有耜、耒工具出土：

骨耜，见于距今 9000—8000 年前舞阳贾湖（《舞阳贾湖》彩版一八）、7000—5300 年前河姆渡第一期（154 件，《河姆渡——新石器时代遗址考古发掘报告》第 85 页）、6300—6000 年前河姆渡第二期（38 件，同前书，第 265 页）、7000—6360 年前浙江傅家山第 8 层（9 件，《傅家山》第 80—81 页）、6300—6000 年前傅家山第七层（3 件《傅家山》第 107 页）等遗址。

贝耜，见于距今 6000 年前福建平潭壳坵头遗址（《考古》1991 年第 7 期）。

石耜，见于距今 8000 年前河北滦平药王庙梁兴隆洼（《考古》1998 年第 2 期）、8000 年前河北易县北福地（《考古》2005 年第 7 期）、7200—6470 年前内蒙古白音长

① 中国社会科学院历史研究所：《中国历史年表》，中国社会科学出版社 2002 年，第 3 页。

② 孙占铨、孙天元：《中国历史图谱》，吉林文史出版社 2010 年，第 3 页。

汗第三期(40 件,《白音长汗——新石器时代遗址发掘报告》第 348 页)、6870±85 年前内蒙古敖汉旗赵宝沟(《考古》1988 年第 1 期)、6700 年前内蒙古敖汉旗小山(《考古》1987 年第 6 期)、4000 年前重庆长寿杨家湾(《考古》1992 年第 12 期)、4000 年前重庆江北水文站(《考古》1992 年 12 月)等遗址。

木耜,见于距今 6300—6000 年前河姆渡第二期(1 件,《河姆渡——新石器时代遗址考古发掘报告》第 288 页)、6000—5600 年前河姆渡第三期(1 件,《河姆渡——新石器时代遗址考古发掘报告》第 325 页)、浙江余姚鲻山(《考古》2001 年第 10 期,第 22—23 页)等遗址。

《易·系辞下》所说的“斫木为耜”,说的是木质的“耜”,河姆渡新石器时代遗址出土的木耜为其提供了证据。河南舞阳贾湖和浙江河姆渡等遗址出土的骨耜,内蒙古白音长汗和内蒙古赤峰红山文化遗址出土的石耜补充了文献没有记载的骨耜、石耜,而出土的骨耜、石耜的年代要比出土的木耜的年代早得很多。或许很早就有木耜,但由于木质容易腐烂,故多没有保存下来而已。

木耒,在姜寨(模型,《姜寨》图板一二)和庙底沟(《庙底沟与三里桥》第 23 页,图版玖贰)等遗址发现了木耒印痕,这些木耒的痕迹“每齿的直径是 4 厘米,两齿之间的距离也是 4 厘米,有的宽达 6 厘米的。长度不甚清楚,约在 20 厘米左右”。[①] 在距今 6000 余年前的江苏常州圩墩马家浜遗址出土通长 57.6 厘米的木耒 20 件:

(《考古学报》2001 年第 1 期第 93 页)

骨耒,见于距今 6400 年前澧县城头山大溪文化遗址(3 件,《澧县城头山》第 495 页,图板一二三)。

在殷商时代的遗址中没有发现耒的实物,但是,却发现了当时使用耒的痕迹,如“小屯西地 H305 坑发现的大形耒痕,齿长 19、齿径 7、齿距 8 厘米。大司空村 H112 坑发现的小形耒痕,齿长 18、齿径 4、齿距 4 厘米。”[②]迄今为止,虽然在殷商遗址没有发现木耒的实物,但是,它的形象却被保存在殷商古文字的字形中,成为甲骨文中的活化石,如:殷甲骨文从“耒”的“耤”字作如下等形:

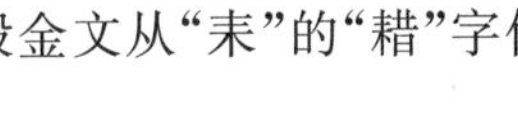(《甲骨文编》第 202—203 页) (《新甲骨文编》第 270 页)

殷金文从“耒”的“耤”字作如下等形:

① 中国社会科学院考古研究所:《庙底沟与三里桥》,科学出版社 1959 年,第 23 页。

② 北京大学历史系考古教研室商周组:《商周考古》,文物出版社 1979 年,第 39 页。

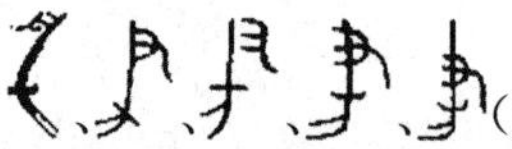（刘钊：《古文字考释丛稿》，岳麓书社，2005 年 7 月，第 1 页）

甲骨文“耤”字所从的“耒”旁作形，跟江苏常州圩墩马家浜遗址出土的木耒完全相同，可以反映出古耒的形制。殷商时期用“耒”，无疑是从前人继承下来的。

从殷商甲骨文、金文“耤”字所从之“耒”的形态看，此时的木耒是用带叉之树干做成的。对此，陈梦家有所论述：

> 就其结构而言，可以分为上部手持部分的干或柄，下部足踏部分（即插地刺地部分）的耒端。上部的变化较少，是揉木为之，往往即用树干，并利用分叉的小干为耒端。[①]

陈先生所说是正确的。但是，需要加以补充：后来的耒有供足踏的肩，如出土的战国铁刃双齿耒。殷商时期的耒是用有叉的树干做成的，用这样的木料做成的耒没有可供足踏的肩，所以在其分叉的位置捆绑上小横木，以供足踏。殷商有关古文字所从的、（耒）就在双齿与柄之间加一横画，可以为证。从时代上来讲，跟西周、春秋、战国时代相比，殷商时代与新石器时代相去未远，所以，我认为新石器时代木耒的形制应与殷商时代有关古文字所从的“耒”所反映出来的形制相同或相近。耒是古人容易想到和容易制造出来的比较简单的农具，所以在已经出现农业的新石器时代能够制造和使用耒这种农具，是理所当然，不足为奇的事。出土实物可证《易·系辞下》所说神农时代“揉木为耒”，有一定根据。

《中国历史年表》所标年代是在跟距今 9000—8000 年的舞阳贾湖遗址对号。《中国历史图谱》把神农标在前 4000—前 3000 年，比《中国历史年表》所标年代晚了 3000 多年。

《世本·作篇》的各种辑本其说奇异，出入较大，比较混乱，多不可信据。

（三）“黄帝、尧、舜垂衣裳而天下治……刳木为舟，剡木为楫。舟楫之利，以济不通，致远以利天下……”

传世文献记载的黄帝、尧、舜等是否真有其人，我们现在还无法下这个结论。《中国历史年表》谓“前 2697 年为黄帝纪元元年”[②]。《中国历史年表》和《中国历史图谱》[③]二书把尧标在前 2377—前 2259 年左右，舜标在前 2277—前 2178 年左右。

考古发现新石器时代的独木舟、木桨、木艄、木橹、港口等：

---

① 陈梦家：《殷虚卜辞综述》，中华书局 1988 年，第 542 页。

② 中国社会科学院历史研究所：《中国历史年表》，中国社会科学出版社 2002 年，第 4 页。

③ 孙占铨、孙天元：《中国历史图谱》，吉林文史出版社 2010 年，第 3 页。

独木舟,2002年底,浙江跨湖桥遗址出土了距今8000年前的独木舟,船体残长560厘米,船头宽29厘米,船身宽52厘米,船体内深不足15厘米,底部与侧舷厚度均为2.5厘米。独木舟基本保存完整,船头上翘,船体较薄,可见侧舷,通体光洁,马尾松木材质。其周围有木桨、砺石、石锛、锛柄、炭灰堆、编织物及桩架结构,遗址现场是一处与独木舟有关的木作加工作坊(《浦阳江流域考古报告之一:跨湖桥》第42—48页)。在距今6000—4000年前浙江省余杭临平茅山良渚文化遗址出土独木舟。良渚文化独木舟位于遗址南部的一条通往北侧村落的南北向古河道中,古河道北窄南宽,略呈喇叭口状,古河道上部被年代略晚的良渚文化水稻田叠压,表明茅山遗址良渚文化时期聚落本身也有着早晚的时代变迁。独木舟局部稍有残缺,但基本保存完整,头尖尾方,全长7.35米、最宽0.45米、深约0.23米,船沿厚约0.02米,由整段巨木凿成。[①]

木拖舟,见于浙江余姚鲻山河姆渡文化遗址(《考古》2001年第10期,第23—24页)。

木桨,见于浙江跨湖桥(5件,其中:一件通长105厘米,一件残长61.6厘米,《浦阳江流域考古报告之一:跨湖桥》第213页)、浙江河姆渡第一期(8件,《河姆渡》第139页)、浙江余姚鲻山河姆渡文化(《考古》2001年第10期,第23—24页)、浙江吴兴县钱山漾(1件,长95.5,宽19厘米,《考古学报》1960年第2期,第87页)、钱山漾马桥文化(1件,残长48、柄直径2厘米,《钱山漾第三、四次发掘报告》第415页)、浙江余姚田螺山(《2004年100个重要考古新发现》第21页)、澧县城头山大溪文化(1件,长85.5厘米,《澧县城头山——新石器时代遗址发掘报告》图版一二〇)、距今6000年前江苏常州圩墩马家浜(2件《考古学报》2001年第1期,第93页)、杭州水田畈(4件,《考古学报》1960年第2期,第102页)、距今约4000年前卞家山(3件,《卞家山》第319、321页)等遗址。

木艄,见于距今6500年前澧县城头山大溪文化遗址(《澧县城头山——新石器时代遗址发掘报告》,图五〇二)。

木橹,见于距今6000年前江苏常州圩墩马家浜遗址(1件,橹身残长120、橹面斜宽18.4厘米,《考古学报》2001年第1期,第92—93页)。

港口,见于距今4000年前浙江卞家山码头遗址。"发掘区南郊为码头遗址,由一大批整体排列有序的木桩和木制残件构成。主要分布于T3、T4、T2三个探方,T5、

---

① 《中国文物报》,2011年12月30日。

T6 南部也有涉及。揭露范围东西长 18 米，南北宽 14 米。木桩所处的位置正好是墩体南侧的古代水滨地带。”（《卞家山》第 182—186 页）

传世文献记载的黄帝时代跟距今 8000 年前的浙江跨湖桥遗址（是迄今为止发现最早的，不能说是最早的）出土的独木舟和木桨相比，晚了三千多年。距今 6000—4000 年前浙江省余杭临平茅山良渚文化遗址出土的独木舟，晚于跨湖桥遗址出土的独木舟。其他遗址虽然没有独木舟的遗物保留下来，但是，出土的木桨、木艄、木橹和港口，可以证明当时凡是距离江河湖海比较近的地方，都会有船的。由于木质易于腐烂，故多未保存下来。新石器时代遗址出土的独木舟和木桨、木艄、木橹、港口等实物，证明传世古文献的记载不是空穴来风（因为该时代已有这个东西），但是，它所记载的独木舟的发明时间要比最早的出土实物晚三千多年，因此，说黄帝、尧、舜时代发明创造了独木舟，就不准确了。《世本·作篇》的各种辑本所说的那些人物始造独木舟，就更不可信了。

（四）“断木为杵，掘地为臼，臼杵之利，万民以济……”

考古发掘出土了大量的臼和杵：

石臼，见于距今 11000 年前北京门头沟区东胡林（《考古》2006 年第 7 期，第 6 页）、7000 年前内蒙古巴林右旗塔布敖包（用乳白色花岗岩磨制而成，尖底最大口径 16、腹深 17.6、高 29.2 厘米，《考古》2011 年第 5 期，图版二）、7000 年前安徽定远侯家寨（《文物报》1987 年 2 月 20 日 41 期）、7000 年前山西柳林县杨家坪村（大型石臼，通高 63 厘米，上底直径 60 厘米，臼窝口径 40 厘米，深 40 厘米；下底直径 50 厘米。2007－6－22《山西日报》发表的李国大、张生祥《柳林发现大型远古石臼——至少有 7000 年历史》）、7800—5000 年前秦安县大地湾第三期（如标本 T300③：39，大理岩，平面呈圆形，表面光滑，横断面近圆角方形，臼窝较大且圆，窝底微凹，外壁有数道弦纹，《秦安大地湾——新石器时代遗址发掘报告》图二六〇，图版一五四）、6900 年前安徽濉溪石山子（《考古》1992 年第 3 期）、5500—5000 年前庙子沟（《庙子沟与大坝沟新石器时代遗址发掘报告》图版八十）等遗址，其他遗址也有石臼出土。

地臼，据《庙子沟与大坝沟——新石器时代遗址发掘报告》记载，在距今 5500—5000 年前内蒙古自治区乌兰察布盟察右前旗庙底沟的新石器时代遗址发现了地臼。QMF3 出土的地臼（编号 6），口大底小，口径 25、深 29 厘米，上半部周壁抹草拌泥，下半部周壁及底部填有厚 4—7 厘米的碎陶片。QMF4，在灶与北壁之间靠穴壁一侧发现的地臼（编号 6），为平面呈圆形的平地坑，直径 26、深 24 厘米，上半部周壁抹草拌泥，下半部的周壁及底部垫有厚约 5 厘米的碎陶片。在大坝沟新石器时代遗址 QD

ⅡF5 也发现了地臼,位于房址西北角(编号 6),作平面呈圆形的斜壁平底坑,直径 30、深 30 厘米,周壁抹草拌泥,底部垫有厚约 9 厘米的碎陶片(《庙子沟与大坝沟》第 11、13、489 页)。河南成皋遗址也发现地臼(《农业考古》1986 年第 2 期,第 137 页)。

陶臼,见于距今 7000—6000 年前江苏宜兴骆驼墩马家浜文化(《考古》2003 年第 7 期)、湖北郧县青龙泉(《考古》1961 年第 10 期,第 519—53 页)、距今 5800—4900 年前上海青浦崧泽文化(《考古》1992 年第 3 期)、湖北黄梅陆墩薛家岗文化(2 件,《考古》1991 年第 6 期)等遗址。

石杵,见于距今 10000—9000 年前南宁豹子头(周昕《中国农具通史》第 75 页)、9000—8000 年前河南舞阳贾湖(22 件,《舞阳贾湖》第 387 页)、8200—7800 年前湖南澧县彭头山(《考古》1989 年第 10 期)、7000—5000 年前浙江宁波八字桥河姆渡文化(《考古》1979 年第 6 期)、陕西省姜寨第二期(5 件,《姜寨——新石器时代遗址发掘报告》第 195—196 页)、湖北宜昌中堡岛(9 件,《考古学报》1987 年第 1 期,第 50 页)、湖北宜昌中堡岛(12 件,《考古学报》1987 年第 1 期,第 66 页)、湖北宜昌中堡岛(18 件,《考古学报》1987 年第 1 期,第 77 页)、广西钦州独料(8 件,《考古》1982 年第 1 期,第 5 页)等遗址。其他新石器时代遗址和夏、商、周、春秋、战国等时代遗址都有石杵出土。

木杵,见于浙江河姆渡第一期(2 件,标本 T233〈4A〉:115,杵头呈椭圆球形与长柄无明显分界,通长 92、杵头直径 8.3、柄径 5 厘米,《河姆渡——新石器时代遗址考古发掘报告》彩版三六)、浙江钱山漾良渚文化(1 件,长 118.5 厘米,《考古学报》1960 年第 2 期,第 87 页,图版柒)、浙江杭州水田畈(《考古学报》1960 年第 2 期,第 103 页)等遗址。

陶杵,见于江苏连云港二涧遗址(《考古》1962 年第 3 期,第 111—116 页)。

出土的杵臼反映出这样一种情况:石质的杵都不太长,原因是,太长份量过重,使用起来比较困难,而且也易于折断,因此,与其配套的臼没有太大的。而木质的杵情况就不同了,河姆渡遗址第一期出土的木杵长 92 厘米,浙江省吴兴县钱山漾良渚文化遗址出土的木杵竟然长达 118.5 厘米。近 1 米或 1 米多长的木杵,与之相配套的臼也一定很大。山西柳林县杨家坪村发现的 7000 年前的“通高 63 厘米,上底直径 60 厘米,臼窝口径 40 厘米,深 40 厘米;下底直径 50 厘米”的大型石臼,用形体比较小的石杵是无法操作的,这样的大石臼,只能用木质的像河姆渡和钱山漾良渚文化遗址出土的那样长的木杵才能发挥作用。

从出土的大多数杵的形制看,其下端较粗,有的下端作大圆球形,这是为了能够收到更好的舂米效果。

新石器时代兴起的农业被后代继承发展，农业生产工具也是如此。“午”即“杵”的象形初文。甲骨文“午”字和从“午”的“春”、“秦”二字作如下等形体：

“午”：（《甲骨文编》第565—566页）

“舂”：（《甲骨文编》第314页）

“秦”：（《甲骨文编》第310页）

“舂”，为两手操杵临臼捣米之形。其实“臼”和“杵”上的几个点是表示被加工的米粒，或稻谷之粒，表示舂米时臼中存在的和杵带起的稻谷之粒。甲骨文“舂”字所从之，是“臼”的竖剖面形，是“臼”的象形字。后来作（篆文臼）当是的讹变，中间的斜画是稻谷之粒形的讹变。甲骨文“秦”，象双手操杵捣禾脱粒之形。二字所从的“午”（杵），即杵的象形，跟新石器时代遗址出土的杵形非常相似。甲骨文“舂”字的形体对于证明了解新石器时代使用杵臼的情况很有参考价值。

在距今11000年北京门头沟区东胡林史前遗址出土的石臼，距今10000—9000年南宁豹子头遗址出土的石杵比传世文献所记载的黄帝时代要早5000—6000多年。距今5500—5000年内蒙古自治区乌兰察布盟察右前旗庙底沟新石器时代遗址发现的地臼，浙江杭州市余姚县河姆渡第一期文化遗存、浙江省吴兴县钱山漾良渚文化遗址出土的木杵，可以证明传世文献所记载的口耳相传的“黄帝、尧、舜……断木为杵，掘地为臼”，是有根据的。但是，说他们发明创造了杵臼就不准确了，《世本·作篇》的辑本或说“赤冀作杵臼”，就更难令人置信。

古代有关遗址，或出土石臼，或出土石杵，也有地臼、木杵出土。应该说有臼，就应该有杵，二者俱在，才能产生作用，否则，缺少哪一件，都是没用的。舟与桨、弓与箭、磨盘与磨棒也是如此。因此，有这件东西存在，就意味着另一件东西存在。也就是说，这件东西有多久历史，那件东西也有多久历史。

（五）“弦木为弧，剡木为矢，弧矢之利，以威天下……”

在旧石器时代晚期遗址有打制石镞出土，在新石器时代遗址中更有大量的石镞、骨镞、角镞、蚌镞、木镞、牙镞出土，还有弓、矢箙等出土：

旧石器时代的打制石镞，见于距今7—3万年前内蒙古鄂尔多斯市乌兰木伦（1件，《考古》2012年第7期，第7页）、28945年前山西省朔县峙峪（1件，《考古学报》1972年第1期）、23000—16000年前山西省下川（29件，《下川——旧石器时代晚期文化遗址发掘报告》第187—191页）等遗址。

新石器时代的磨制石镞，见于距今8200—7400年前河北滦平药王庙梁兴隆洼（《考古》1998年第2期）、8000年前浙江跨湖桥（《浦阳江流域考古报告之一：跨湖桥》

第161页)、7000年前吉林长岭腰井子(《考古》1992年第8期)、6800年前吉林东丰西断梁山(很多件,《考古》1991年第4期)、5000—4000年前广东省韶关市石峡(963件,其中:第二期遗物发现136件,墓葬出土遗物发现649件,第三期遗物发现176件,墓葬出土遗物发现2件,《石峡遗址——1973—1978年考古发掘报告》第69、256、441、541页)等遗址。在其他新石器、夏、商、周、春秋、战国等时代遗址都出土了很多石镞。举不胜举。

细石镞,为乳白玛瑙、透明玛瑙、青石等琢制而成的(《红山文化玉器与新品鉴考》第31、192页)。

玉镞,见于距今7000年前吉林长岭腰井子(《考古》1992年第8期)、5000—4000年前福建闽侯昙石山(昙石山文化)(《考古》1961年第12期)等遗址。

骨镞,见于距今9000—8000年前舞阳贾湖(270件,《舞阳贾湖》第402—419页)、7800—7300年前秦安大地湾第一期(3件,《秦安大地湾》第250页)、6500—5500年前秦安大地湾第二期(231件,《秦安大地湾》第250页)、7000—6360年前浙江傅家山遗址第八层(85件,《傅家山》第82—87页)等遗址。山西省襄汾县陶寺遗址22号大墓"南壁东半部还放着7组漆成红箭杆的骨箭头,都整齐地装在箭袋内,袋旁边还放着两只木弓。"(陶富海:《陶寺文化遗址》第11页)

角镞,见于距今8000年前跨湖桥(《浦阳江流域考古报告之一:跨湖桥》第183页)、陕西扶风案板客省庄二期(《考古》1987年第10期)、黑龙江宁安东昇(《考古》1977年第3期)、5000年前西安米家崖(《西安米家崖》第178—179页)等遗址。

木镞,见于浙江跨湖桥遗址(4件,《浦阳江流域考古报告之一:跨湖桥》,第203—205页)。

蚌镞,见于距今5900—5500年前秦安大地湾第三期(《秦安大地湾》第389页)、5500—4500年前安徽蒙城魏迟寺(《考古》1994年第1期)、5000年前辽宁大连大潘家(《考古》1994年第10期)等遗址。

牙镞,见于浙江海盐龙潭港良渚文化(很多,《考古》2001年第10期)、5900—5500年前秦安大地湾第三期(《秦安大地湾》第389页)、5500—4900年前秦安大地湾第四期(《秦安大地湾》第389、642页)、5000年前辽宁大连大潘家(《考古》1994年第10期)等遗址。

有槽箭杆整直器,详见李新伟《我国史前有槽箭杆整直器》[①]一文,出土器物遗址

① 李新伟:《我国史前有槽箭杆整直器》,《考古》2009年第6期,第62—71页。

距今约 8000—4000 年。

桑木弓，见于距今 8000 年前浙江跨湖桥遗址(1 件，《浦阳江流域考古报告之一：跨湖桥》彩版四〇)。山西省襄汾县陶寺遗址 22 号大墓“南壁东半部还放着 7 组漆成红箭杆的骨箭头，都整齐的装在箭袋内，袋旁边还放着两只木弓。”(陶富海《陶寺文化遗址》第 11 页)。

矢箙，在青海乐都柳湾马家窑文化半山类型墓葬出土用桦树皮制作的矢箙 5 件(《青海柳湾》第 51—52 页，图三七、图版六)。

我认为郭璞《山海经注》批评《世本・作篇》“牟夷作矢，挥作弓”的话：“弓矢一器，作者两人，于义有疑”，有一定道理。弓矢只有相互配合使用，才能发挥其作用。否则，缺少其中任何一件都会失去作用。在殷商时代遗址中出土了青铜镞，没有出土一支完整的矢。但是，在有关田猎等甲骨刻辞中却有大量的“弓”、“矢”和“射”字。作如下等形体：

弓：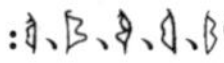(《甲骨文编》第 501 页)

矢：(《甲骨文编》第 241 页)

射：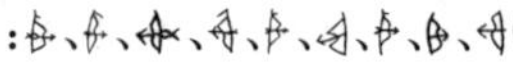(《甲骨文编》第 242 页)

石器时代弓矢的形制和使用方法，应该和殷商差不多。距今 7—3 万年前内蒙古鄂尔多斯市乌兰木伦的旧石器时代遗址、距今 28945 年前山西省朔县峙峪遗址出土的石镞。是迄今为止发现最早的打制石镞，这跟传世文献所说黄帝时代(《中国历史年表》谓“前 2697 年为黄帝纪元元年”)早了两万五千—两万四千多年，历代传说的“黄帝、尧、舜垂衣裳而天下治……弦木为弧，剡木为矢”，实事求是地说在传说的那个时代确实有大量的实物出土，证实此传说不是空穴来风，是有根据的。但是，要说黄帝、尧、舜时代发明创造了弓矢，那可就不准确了。

《世本・作篇》各种辑本都把弓矢的发明具体到某个人，又是好几个人，就不可信了。

(六)“上古穴居而野处，后世圣人易之以宫室……”

旧石器时代遗址和夏、商宫殿遗址如下：

洞穴，旧石器时代早期的有安徽繁昌人字洞(距今 200 万年)、辽宁营口金牛岩洞、湖北大冶石龙山岩洞、湖北郧县梅铺岩洞、贵州黔西观音洞；中期的有辽宁喀左旗鸽子洞、贵州桐梓岩灰洞；晚期的有北京龙骨山周口店岩洞、河南安阳小南海岩洞、浙江建德乌龟洞岩洞(《彩色插图中国科学技术史》第 15 页)，还有广东韶关曲江龙归飞鼠岩洞(《曲江文物考古五十年》第 92 页)、曲江枫湾骑马石(同前)、曲江马坝狮子岩

(同前)、河南省栾川蝙蝠洞(《中国考古新发现年度记录 2010》第 266 页)、仙人洞、吊桶环(《仙人洞与吊桶环》)等,证明人类最早确实穴居而野处。

宫殿,夏、商以后出现了宫殿大型建筑,如河南偃师二里头大型宫殿遗址、偃师商城王宫遗址、盘龙城商代宫殿遗址等。

《易·系辞》所说,比较笼统、模糊,与上举遗址实际情况相符。《世本·作篇》(详见前表)各种辑本所说特别具体,涉及人物较多,较复杂而且乱。不具有可信度。

(七)“上古结绳而治,后世圣人易之以书契……”

“上古结绳而治”,此项无法取得考古资料证实。但是,民族学和民俗学资料是可以参考的:

唐兰《中国文字学》说:

结绳是有些民族在没有发明文字时,用以辅助记忆的。中国,一直到宋以后,南方溪洞蛮族,还有用结绳的。据说,台湾、琉球等地,远至非洲、澳洲,都有这种助记忆的方法。南美洲的秘鲁,尤其著名。这种方法的地理分布很广,历史也很悠久。有些民族,利用绳子的颜色和结法,还可以精密地记下一些事情。[①]

宋兆麟《中国风俗通史》说:

独龙族以结绳记时间,小结为一天,大结为十天。[②]

杜耀西、黎家芳、宋兆麟《中国原始社会史》说:

傈僳族、独龙族、高山族和怒族,还曾经使用过结绳记事的记事方法。例如傈僳族的黑麦燕带着他的侄子一起生活,就把一根麻绳涂上墨;他供给侄子一个月的生活费,就在绳上打一个结,用以记录他供给其侄生活费的时间。独龙族人远行,用结绳计算时间,每走一天,打一个结。若与朋友约定几天后相会,即在一根绳上打几个结,每过一天,解去一结,结解完了,即去赴约。西藏僜人请人赴宴,事先给被请者送去一根结绳,上面有几个结,表示宴会将在几天后举行。得绳者每过一天,割去一结,结割完时就去赴宴。怒族人用的结绳其结还分大小,记录大事用大结,记录小事便用小结。

佤族能用结绳记录复杂的债务,方法是:结绳一根,绳的上端有三大结,中间有一大结、一小结,下端又有三大结。上端三大结,表示借出三元滇币;中间一大结一小结,表示半年利息是一元半滇币;下端三大结,表示借出已有三年半了。

① 唐兰:《中国文字学》,上海古籍出版社 2006 年,第 38 页。

② 宋兆麟:《中国风俗通史》,上海文艺出版社 2001 年,第 488 页。

云南普米族在“撒羊毛疙瘩”时，要在木刻上拴几根羊毛绳，上加火炭。其上有几根羊毛绳，就代表几个氏族。每送一处，解开一个羊毛绳，然后根据约定时间赴会。

我国原始社会的先民对结绳记事、刻木为契的使用方法，当和上述少数民族的方法相同，也是用于记数、记事或作通讯联络用的。①

远古时代没有文字，用结绳帮助记忆。现代过着比较原始生活的少数民族的结绳记事资料可以证明《易·系辞下》“上古结绳而治”的传说是可信的。“后世圣人易之以书契”，大量的殷墟甲骨文、青铜器铭文、石刻、简书等可证此说不谬。“后世圣人易之以书契”，说得比较笼统。笼统地说不会出问题。《世本·作篇》具体地说“苍颉作书”、“沮诵、苍颉作书”，现在还没有直接证据证明其说是否可信。

三 不见于文献记载的出土器物

史前遗址出土的很多人类遗物，是传世文献有关远古科技记载中所没有的，略举数例：

原始社会不仅以网网鱼，用弓箭射鱼，还用骨鱼镖（鱼叉）叉鱼，用鱼钩钓鱼。出土的实物可以为证：

骨鱼镖，见于距今3—2万年前辽宁省小孤山（《小孤山》第149页）、9000—8000年前舞阳贾湖（127件，《舞阳贾湖》第420—426页）、8825±240年前仙人洞下层（《中国新石器研究》图板八九）等遗址。其他新石器、夏、商、周、春秋、战国等时代遗址也均多有出土，详《中国农业文物宝典》②。小孤山旧石器时代晚期遗址出土的骨鱼镖证明最晚在旧石器时代晚期就已经使用这种工具捕鱼。

骨鱼钩，见于距今8000—7000年前广西邕宁县顶狮山（《中国考古学·新石器时代卷》194页）、7800—5000年前甘肃省秦安县大地湾（《秦安大地湾新石器时代遗址发掘报告》图版一〇四、一五九）、6200—4600年前大汶口（《大汶口新石器时代遗址发掘报告》图版30）、7500—6500年前新开流遗址上层（《中国新石器研究》图板二一五）、6800—6300年前陕西西安半坡（9件，《中国新石器研究》156页）、5600—5300年前安徽省蚌埠双墩（《蚌埠双墩新石器时代遗址发掘报告》彩板二二）、4600—4000年

① 杜耀西、黎家芳、宋兆麟：《中国原始社会史》，文物出版社1983年，第390—391页。

② 胡泽学：《中国农业文物宝典》，中国农业出版社2013年，第288—289页。

前陕西长安县客省庄(《中国考古学·新石器时代卷》580 页)、3900—3500 年前河南洛阳二里头、郑州商城(陈显泗《郑州商代城遗址》第 12 页)等遗址。新石器时代遗址出土的这些鱼钩都是骨质的,有的还带有倒须,其构造跟现在的鱼钩相同。

蚌鱼钩,见于二里头遗址(《中国考古学·夏商卷》109 页)。

铜鱼钩,见于二里头(《中国考古学·夏商卷》109 页)、郑州二里岗(北京大学历史系考古教研室商周组《商周考古》第 42 页)等遗址。

甲骨文用钩钓鱼的字作如下形体:

(《甲骨文编》第 458 页)

均象手持长线钓鱼竿钓鱼之形。甲骨文如画一般地把殷商时期的钓鱼情况记录下来。距今 8000—7000 年前广西邕宁县顶狮山遗址出土的骨鱼钩,是迄今为止发现最早的鱼钩,证明了当时已经有了用鱼钩钓鱼的技术,其方法应和甲骨文字形相符合。可以说,殷商时期的钓鱼技术无疑是从石器时代流传下来的。遗憾的是《系辞》《作篇》却没有记载。

远古时代除了用网、弓箭、矛等武器狩猎之外,还用石球、石弹丸、陶球、陶弹丸等狩猎:

石球,见于距今约 80—75 万年前旧石器时代早期蓝田人(陈恩志《蓝田直立人》第 103 页、119 页)、10 万年前山西许家窑(1073 件,吕遵谔《中国考古学研究的世纪回顾——旧石器时代卷》第 96 页)、14—11 万年前周口店第 15 地点(同前书,第 56 页)、10—5 万年前山西襄汾丁村(《山西襄汾县丁村旧石器时代遗址发掘报告》第 102—103 页)、1 万年前浙江浦江上山(《考古》2007 年第 9 期)等遗址。

陶球,见于距今 7000—6000 年前河南灵宝西坡仰韶文化(1 件,《考古》2001 年第 11 期)、6000 年前湖北枣阳雕龙碑(《考古》1992 年第 7 期)、5300—4000 年前江苏阜宁东园良渚文化早期(1 件,《考古》2004 年第 6 期)等遗址。

很多新石器和夏、商、周、春秋、战国、秦、汉等时代遗址都有石球、陶球出土。旧石器时代早期遗址出土的石球,证明了自旧石器时代早期就已使用投掷石球的方法猎获动物。远古人类的这项发明,传世文献却没有记载。

石弹丸,见于距今 9000—8000 年前舞阳贾湖(13 件,《舞阳贾湖》第 389 页)、7500—6900 年前河南巩县下西坡裴李岗文化(3 件,《考古》1986 年第 3 期)、河南新郑裴李岗(2 件,《考古》1978 年第 2 期)等遗址。其他新石器时代遗址也有出土。

陶弹丸,见于舞阳贾湖(5 件,《舞阳贾湖》第 342 页)、7500—6900 年前河南新郑唐户裴李岗文化(1件,《考古》2008年第5期)、7000—6000年前甘肃秦安大地湾仰韶文化(8件,《考古》2003年第6期)等遗址。

这些弹丸一定用弦上带有小兜的弓来发射。甲骨文"弹"字作如下等形体:

(《合集》9410正)、(同前10048)、、、(《甲骨文编》第502页)

作弦上有小兜之形。

甲骨文的"弹"字可以证明新石器时代遗址出土的石弹丸、陶弹丸是用弦上有小兜的弓来发射的。这是用弓弹射弹丸的方法来获取小型猎物。

谷物加工工具不是只有杵臼,还有石磨盘、石磨棒。但是,传世文献只记载杵臼,却未记载石磨盘、石磨棒。石磨盘、石磨棒在我国出现很早,在旧石器时代晚期就已经发现了,新石器时代以后出土特别多,一直延续到汉代。

石磨盘,见于距今23021—22353年前山西吉县柿子滩第4文化层(1件,《考古》2013年第2期,第11页)、21150—19550年前山西吉县柿子滩第3文化层(1件,《考古》2013年第2期,第10页)、18611—17901年前山西吉县柿子滩第2文化层(1件,《考古》2013年第2期,第9页)、20000—10000年前山西吉县柿子滩(2件,《考古》2010年第10期,第14页)、17000年前山西沁水下川(陈文华《中国农业考古图录》第355页)、12000—10700年前河北徐水南庄头(《中国考古学——新石器时代卷》第783页)、11000年前北京门头沟东胡林(《考古》2006年第7期)、10000年前浙江浦江上山(《考古》2007年第9期)、9000—8000年前舞阳贾湖(《舞阳贾湖》彩版一八)、8000年前辽宁查海(139件,花岗岩制成,《查海新石器时代聚落遗址发掘报告》第607页)、7500—6900年前河南裴李岗(40件《裴李岗文化》第3页)等遗址,其他新石器和夏、商、周、春秋、战国、秦、汉等时代遗址亦均有发现。

石磨棒,见于距今20000—10000年前山西吉县柿子滩(2件《考古》2010年第10期,第14页)、12000—10700年前河北徐水南庄头(《中国考古学——新石器时代卷》第783页)、11000年前北京门头沟东胡林(《考古》2006年第7期)、9000—8000年前舞阳贾湖(98件,《舞阳贾湖》第383—385页)、8000年前辽宁查海(170件,用花岗岩制成,《查海新石器时代聚落遗址发掘报告》第608页)、7500—6900年前河南裴李岗(16件《裴李岗文化》第3、10页)等遗址,夏、商、周、战国等时代也均有发现。

石磨盘与石磨棒是配合使用的,石磨盘有多久历史,石磨棒也有多久历史,反之也是如此。

石犁,由杜青林、孙政才总主编,游修龄主编的《中国农业通史·原始社会卷·原始农业的农具翻地农具·犁》说:“石犁已具备动力、传动、工作三要素。远比其他原始农具复杂,可算是最早的农机具,它的出现是松土、耕地农具的一个划时代的进步。”[①]可见,石犁的作用要比耒耜重要的多。考古发掘出土的石犁主要有以下地点:

上海马桥文化(24 件,均残。《钱山漾第三、四次发掘报告》第 402 页)、浙江湖州钱山漾一期文化(6 件,《钱山漾第三、四次发掘报告》,第 109 页)、浙江湖州毗山(25 件,《毗山》,文物出版社,2006 年 9 月)、浙江余杭星桥三亩里(大型石犁,中国文物报社编,曹兵武、李卫主编《发现中国·2004 年 100 个重要考古新发现》第 62 页)、浙江余杭星桥后头山良渚文化(两件套组合式石犁,《毗山》第 453 页,)、浙江平湖庄桥坟(残留木质犁底组合式石犁,《考古》2005 年第 7 期)、浙江长兴县(6 件,其中:三孔犁 2 件,体形硕大,1 件通长 61.6、后端宽 35、厚 1.2 厘米。《农业考古》1988 年第 2 期,第 177 页)、浙江桐乡新地里(6 件,《新地里》第 362—364 页)、浙江马岙(用页岩磨制的长 74 厘米的特大石犁,中国图片网)、江苏吴县光福镇(7 件,《文物》1981 年第 10 期,第 93 页)、内蒙古巴林左旗大平地(19 件,曾骐《新石器时代考古教程》,广西人民出版社,1992 年 5 月,第 97 页)。在商、周、春秋、战国、汉等时代的遗址中也均出土了石犁,详《中国农业文物宝典》。可见,石犁的使用从新石器时代晚期一直延续到汉代。

迄今为止,我们所掌握到的新石器时代石犁出土地点有 60 余处,涉及四川、云南、上海、浙江、福建、山西、陕西、湖北、广东、广西、河北、河南、江苏、江西、内蒙古、吉林等省,出土石犁不完全统计约有 180 余件,由于篇幅限制,不俱举。杜青林、孙政才总主编,游修龄主编的《中国农业通史·原始社会卷·原始农业的农具翻地农具·犁》中说:“犁是用动力牵引的耕地农具,也是农业生产中最重要的整地农具。我国新石器时代晚期考古出土不少石犁,可证原始农业的晚期已经出现犁耕。新中国成立以来,石犁在江、浙两省陆续有发现,总数不下百例。另在黄河流域的山西芮城、襄汾陶寺等遗址也有发现。在岭南桂南县也出土过石犁。”(不包括余杭临平镇居住区地层中出土的不少石犁的残片)。有的石犁近 1 米长[②]。可见新石器时代晚期无论南北,已经有了犁耕,特别是南方的广大地区多实现犁耕。浙江省平湖庄桥坟遗址出土的带木犁底的组合式分体石犁如下:

---

① 杜青林、孙政才总主编,游修龄主编:《中国农业通史·原始社会卷》,中国农业出版社 2008 年,第 279 页。
② 章正义:《良渚时期的玉石器文化及鉴别》下册,中国传媒大学出版社 2010 年,第 139 页。

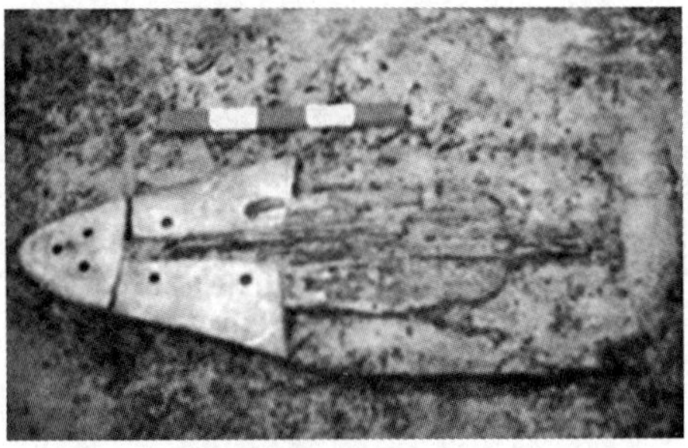

(《考古》2005 年第 7 期)

据《考古》2005 年第 7 期报道,这件石犁连底座:

> 通长 106 厘米,石犁头由三部分组成,通长 51、通宽 44 厘米,犁头的尖端部分呈等腰三角形,有三个穿孔,宽 24 厘米,犁头的两翼长 29 厘米,一翼前端宽 8.5、后端宽 16.5 厘米,另一翼前端宽 12、后端宽 19 厘米。两翼各有两个穿孔。这些穿孔应是用于与木犁底相固定。以往石犁头的翼部也曾单独发现过,一般将其称为梯形石刀。木犁底部分长 84 厘米,其中镶于犁头部分长 29 厘米,犁头后部残存 55 厘米,最宽处 21 厘米,在尾端有装置犁辕的榫口,残长 15.6、宽 8、深 0.8 厘米。这是目前发现年代最早的带木质犁底的石犁。经观察,石犁头部分有使用的痕迹。我们推测像这样 1 米多长的大石犁,只有用牛等大型的牲畜才能牵引。后面应有掌辕的人。这件石犁使用时所占用的前后间距有 3—4 米,据此我们可以大体估算良渚时期的水田面积。这种带木质犁底的石犁是史前考古的新发现,为研究农业史的发展提供了很重要的实物资料。[①]

这件带木质犁底的石犁头及后端的两把对称的双孔石刀,用木梢钉将石犁铧与木质犁底相固定,刃边露出犁底外。以往我们见到的二孔、三孔的小型的石犁头,原来是可以和专用于跟犁头组合的以往被说成梯形石刀组合成大型犁头。有的大型组合石犁是 3 件套组合,有的是两件套组合。但组合形式、各个组合部分的形状有的有差异。前面所举浙江马岙出土的长 74 厘米的特大石犁和广富林良渚文化遗址出土的残长 53.6 厘米的石犁(后部残缺)是用一块大石加工出来的大型石犁,可见不是几件套组合的石犁,也有大型者。我们认为大型石犁安装上犁底等部件之后整个耕犁是非常大的,这样大的耕犁,也只有用牛等大型的牲畜牵引才能收到理想的生产效率。

据丁品先生等报道说:

---

① 浙江省文物考古研究所、平湖市博物馆:《浙江省平湖市庄桥坟良渚文化遗址及墓地》,《考古》2005 年第 7 期,第 13 页。

在属于广富林文化时期的稻田区农耕第Ⅰ层发现有沟等遗迹，并在此层上发现了一组30个清晰的大型偶蹄类动物（牛）脚印和零散的人脚印。[①]

可是古代这么重要、这么先进的农业生产工具，在传世文献中只有《山海经·海内经》有"稷之孙曰叔均，是始作牛畊"（郭璞注："始用牛犁"）的记载[②]，而在《易·系辞下》《世本·作篇》中却没有记载，这不能不说是个遗憾。出土文物弥补了这个遗憾。由于有很多人不相信新石器时代晚期出现犁耕，所以，在此多举（没有全举）了石犁的例证。这些资料是作者花费大量时间收集到的，或许对大家有用。

杜耀西、黎家芳、宋兆麟《中国原始社会史》[③]、宋兆麟《中国风俗通史·原始社会卷》[④]、陈文华《中国古代农业科技史图谱》[⑤]、陈文华《中国农业考古图谱》[⑥]、游修龄主编《中国农业通史》[⑦]、周昕《中国农具通史》[⑧]、卢嘉锡总主编，董凯忱、范楚玉主编《中国科学技术史·农学卷》[⑨]等，都一致认为新石器时代晚期出现犁耕。彭邦炯先生说："商人是最早利用牛作动力的民族，商之先人王亥已服牛动力这是人们所熟知的。犁，并非商代才有的罕见之物，早在新石器时代就使用石犁已为原始社会的考古发掘所证实。"[⑩]还有一些专门从事农业史研究的专家学者也持相同的说法。

石雕刻器，见于距今70—20万前年北京周口店1地点（113件，《下川——旧石器时代晚期文化遗址发掘报告》第453页）、20—4万年前贵州观音洞（2件，《观音洞——贵州黔西旧石器时代初期文化遗址》第98页）、10万年前山西许家窑（张之恒等《中国旧石器时代考古》第264页）、28945年前山西峙峪（《考古学报》1972年第1期，第50—51页）、23000—16000年前山西下川（78件，《下川——旧石器时代晚期文化遗址发掘报告》第228—236页）、13550±150年前山西薛关（张之恒等《中国旧石器时代考古》第328、344页）、8555—4000年前内蒙古呼伦贝尔辉河水坝（2件《考古学报》2008年第1期，第78—79页）等遗址。

---

① 丁品等：《发现良渚文化时期水稻田遗址，与布局和结构清晰完整的良渚文化聚落紧密有机地联系在一起》，《中国文物报》2010年3月12日第4版。

② 上海古籍出版社编：《二十二子》，上海古籍出版社1988年，第1387页。

③ 杜耀西、黎家芳、宋兆麟：《中国原始社会》，文物出版社1983年，第255页。

④ 宋兆麟：《中国风俗通史·原始社会卷》，上海文艺出版社2001年，第393—394页。

⑤ 陈文华：《中国古代农业科技史图谱》，农业出版社1991年，第7页。

⑥ 陈文华：《中国农业考古图谱》，江西科学技术出版社1994年，第218—220页。

⑦ 游修龄主编：《中国农业通史》，中国农业出版社2008年，第279—280页。

⑧ 周昕：《中国农具通史》，山东科学技术出版社2010年，第90—95页。

⑨ 卢嘉锡总主编，董凯忱、范楚玉主编《中国科学技术史·农学卷》，科学出版社2000年，第40页。

⑩ 彭邦炯：《商代农业新探》，《农业考古》1988年第2期，第51页。

骨雕刻器,见于河北邢台市葛家庄先商文化遗址(《考古》2005 年第 2 期,第 12 页)。

李福顺先生说:

> 雕刻器的出现,对于美术的发展是至关重要的。这时的雕刻器坚硬、锋利、规整,如 1963 年山西朔县峙峪出土的雕刻器,不但锋刃锐利,器体的三角形、菱形也趋于规整。雕刻器本身即反映了艺术活动,也体现了美的意识。它的出现使钻孔和雕刻纹饰成为可能。于是出现了美化人类自身的装饰品和可能具有某种宗教意味的道具。北京周口店山顶洞人(距今 18000 年)的带孔石珠、石坠、海蚶壳,以及刻有纹饰的鹿角短棒,就是一批代表性作品。①

在河姆渡遗址出土有刻花木构件(《河姆渡》第 22 页)、刻纹陶块、刻兽纹陶体腹片(《河姆渡》第 68 页)、象牙盖帽形器、象牙蝶(鸟)形器(《河姆渡》第 283—287 页)等,所刻纹饰都非常美观精致。

石刮削器,见于距今 200 万年前安徽繁昌人字洞(57 件,《安徽繁昌人字洞——早期人类活动遗址》第 47—54 页)、180 万年前山西西侯度(6 件,《西侯度》第 59—61 页)、80 万年前广西百色(171 件,《百色旧石器》第 75 页)、23000—16000 年前山西省下川上层(1700 余件,《下川——旧石器时代晚期文化遗址发掘报告》第 101—186 页)、9000—8000 年前河南舞阳贾湖(34 件,《舞阳贾湖》第 390 页)、8000 年前辽宁查海(139 件,《查海新石器时代聚落遗址发掘报告》第 611 页)等遗址,在其他不同时期的遗址中亦均有出土。

陶刮削器,见于距今 5970±110—5745±140 年前陕西临潼姜寨第一期遗址(1961 件,《姜寨》98—99 页)。比较晚的遗址还出土了骨刮削器。

刮削器有石质的,也有陶质的、骨质的。石质刮削器出现的时间非常早,从前边所举实例来看已有 200 多万年的历史。陶质的出现在新石器时代以后。刮削器用途很广,在分割禽兽的肉时使用,在切割肉、刮掉骨头上的肉也要使用它。另外在制作木质、竹质工具时也少不了它。由于其用途很广,所以,在旧石器时代、新石器时代遗址中出土的比例比较高。遗憾的是传世文献却没有刮削器的记载。

结论

根据前面对《易·系辞下》和《世本·作篇》有关远古发明的考证,我们归纳出口

① 李福顺:《中国美术史》,辽宁美术出版社 2000 年,第 7 页。

耳相传的几个特点：

1.传世文献所记器物发明制作的年代多晚于考古所见同类器物之年代。我们在前面所举“刳木为舟，剡木为楫”；“断木为杵，掘地为臼”；“弦木为弧，剡木为矢”的实例即是。事实证明传世文献所载历代口耳相传的东西，很多不是说早了，而是说晚了，有一些跟实物所承载的时代相差特别远，比如弓箭相差两万五千多年。客观地说，传世文献所说的那个年代也确实有这些东西。在没有文字的时代，靠头脑记忆和口耳相传远古信息是非常难的。人们记忆近的容易，记忆太遥远的就不容易了。所以，传世文献所记器物发明制作的年代多晚于考古所见同类器物之年代是远古信息口耳传递的实际情况，也是它的一个特点。

2.所记发明制作之种类则少于考古所见之种类。我们在“出土文物可补传世文献记载之不足”一节所举“鱼镖”、“鱼钩”、“石球”、“石弹丸”、“石磨盘”、“石磨棒”、“石犁”、“雕刻器”、“刮削器”等，就不见于《易·系辞下》及《世本·作篇》的记载。所以说，古代传说，不是说多了，而是说少了。由于种种原因，有很多东西没有经过口耳相传下来，我们前面所举的实例最能说明问题。出土的实物实在太多了，举不胜举，由于篇幅的限制，我们在此就不多举例了。

3.时代说得比较笼统、模糊的，多可与出土的实物相印证。如“上古穴居而野处，后世圣人易之以宫室”、“上古结绳而治，后世圣人易之以书契”，跟古代实际情况相符。

4.时代说得比较具体的，很多不能与出土实物相吻合，而且有的相差甚远，不具有准确性。如“黄帝、尧、舜垂衣裳而天下治……刳木为舟，剡木为楫。舟楫之利，以济不通，致远以利天下”、“断木为杵，掘地为臼，臼杵之利，万民以济”、“弦木为弧，剡木为矢，弧矢之利，以威天下”，都把时代具体到黄帝时代，说得非常具体，结果跟迄今为止最早的出土实物年代相差非常远。证明了口耳相传的东西，很多不具有准确性。实事求是地说，口耳相传也确实难以做到具有准确性。

5.流传的过程中还会出现篡改、增益的情况。《世本·作篇》的各种辑本皆落实到具体的人物上，涉及的人物较多，说法复杂奇异，比较混乱，还增加了较晚的人物，就有篡改、增益之嫌。

传世文献所记远古发明创造的时间虽然存在不够准确的问题，但是，在没有考古学的漫长历史时期里，正是这些记述使人们对远古时代的发明创造情况有所了解而不至于一无所知。因此，可以说传世文献的这种记载是十分宝贵的。

上个世纪有中国学者因相信西方学者“商代犹是石器时代晚期”的说法，以为传世古文献的记述提早了中国古史上一些发明创造的时代，夸大了远古时代物质文明创造的成就。而上述丰富的考古成果证明，虽然传世文献相关记载的具体时间并不一定准确，但是所记载的远古发明创造并未被提早或夸大，传世文献所反映的中国远古时代物质文明创造上的成就是可信的。

（徐宝贵：韶关学院文学院，512005，韶关）

利用文字形体的讹误校订古书一例

史杰鹏

提要 本文通过归纳出土文字和俗字某些容易混淆的书写特点，并用记载同一件事的不同的文献互相比较，指出《春秋繁露·王道》中“刑鬼侯之女取其環”的“取”字应该是“俎”字之误，“環”字应该是“骸”字之误，并顺便讨论了《史记》中的某个词义问题。

关键词 字形讹误 押韵 通假

《春秋繁露·王道》有一段文字谈纣王无道的暴行：

杀梅伯以为醢，刑鬼侯之女取其環。

按，鬼侯，古书上或作“九侯”，以音近通用。他的故事很有名，还见于不少其他古书，比如《战国策·赵策下》《史记·鲁仲连传》《史记·殷本纪》《礼记·明堂位》等，大多是说鬼侯有女而美，献给纣王；但此女性不喜淫，纣王很生气，将她杀掉；并迁怒鬼侯，也将其杀掉，并做成肉醢。和上揭《春秋繁露》最相似的，莫过于《吕氏春秋·过理》中的两句：

刑鬼侯之女而取其環……殺梅伯而遺文王其醢。

内容几乎完全一样，只是顺序不同。《吕氏春秋》是先梅伯后鬼侯之女，《春秋繁露》反之，很可能《春秋繁露》这句，是抄《吕氏春秋》一类书的。前者高诱注：“听妲己之譖，杀鬼侯之女以为脯，而取其所服之環也……梅伯，纣之诸侯也，说鬼侯之女美好，纣受妲己之譖，以为不好，故杀梅伯以为醢。”句子意思都比较好懂，除非深究一些字词，比如“取其環”。单从字面上看，“取其環”也不难理解，但会让人产生额外的兴趣：環是什么东西？鬼侯的女儿为什么随身带着这个东西，让富有四海的纣王也想获得？可惜，原文语焉不详。好在其他古书中也有非常类似的内容，比如《淮南子·俶真》有这么两句：

醢鬼侯之女，菹梅伯之骸。

同样是高诱注，但说法也因此略有不同：“梅伯，纣时诸侯，梅伯说鬼侯之女美好，令纣妻之；女至，纣以为不好，故醢鬼侯之女，菹梅伯之骸也。一曰，纣为无道，梅伯数谏，故葅其骸也。”

可以发现，在《吕氏春秋》和《春秋繁露》里的“刑鬼侯之女而取其環”，在《淮南子》里却是“醢鬼侯之女”，“杀”变成“醢”，没有“取其環”三字，后面紧接着又有“葅梅伯之骸”。我们认为，这样的描述更符合常理。首先，把鬼侯的女儿做成肉醢，和把梅伯的尸体制成酱葅，非常对仗；而在《春秋繁露》和《吕氏春秋》里，把梅伯做成肉醢，和莫名其妙的杀鬼侯的女儿夺取其環，却不是那么对仗；其次，古书多韵文，而“醢”和“骸”古代都是之部字，正好押韵[①]，从这个角度来看，“取其環”也不大合理。所以，我们认为“取其環”可能有误，而且很可能就是“俎其骸”三个字的讹误。

按照《说文》，表示腌菜或肉酱的“葅”，正确写法是“菹”，“葅”是“菹”的异体字。不过，从现有古文字资料看，不管是“葅”字还是“菹”字，在先秦都还不曾出现。因此，很有可能这段故事的原文，并不是写成“葅”或者“菹”，而是借用一个从“且”得声的字。这种情况，在出土文献中是十分常见的。比如梅伯受醢的事，不但出现于诸多先秦古书，也出现在《郭店楚墓竹简》的《穷达以时》篇第九号简中：

> 母（梅）白（伯）初沈（醢）酭（醢）后名扬，非其德加。[②]

其中“醢醢”两个字，都是用通假字，所以，《吕氏春秋》“葅梅伯之骸”的“葅”字，用通假字，是一点都不奇怪的。它所用的通假字有很多可能，我们猜测有几种：一种就是“俎”。“取”和“俎”形体较近，组成它们的部件“耳”和“且”非常相似，“俎”所从的“仌”，也和“取”所从的“又”相似，“取”的俗字写法有“[illegible]”，[③]右边的“又”写成“人”形；元刊本《四声篇海》的“俎”，还写作“[illegible]”，从双“又”，如果不计较偏旁左右互换，和“取”的字形就更近了。另一种可能是“菹”本来写作“助”或者“[illegible]”，古文字从“且”声的字，往往喜欢加个“又”作意符，比如“祖”，中山王铜器作“[illegible]”，虢季子白盘的“组”作“[illegible]”，这些都是导致“俎”会和“取”相混的因素。总之，“俎”和“取”因为形近致误的可能性是很大的。

---

① 本文所用上古声韵归部，都采用郭锡良《汉字古音手册》，北京大学出版社1988年。

② 荆门市博物馆：《郭店楚墓竹简》，文物出版社1998年，图版27页，释文第145—146页。陈剑先生将“母白”破读为“梅伯”，可从，参看陈剑：《郭店简穷达以时、语丛四的几处简序调整》，《新出简帛研究》，文物出版社2004年，收入其著《战国竹书论集》第6—8页；“沈酭”的“沈”释为“滔”，对此词也未有解释，后有学者将“滔”改释为“沈”，赵平安先生认为当作“沓”，将“沈酭”读为“醢醢”，可从，参看赵平安：《穷达以时第九号简考论》，《古籍整理研究学刊》2002年第2期。

③ 本文所用俗字字形均采自台湾教育部《异体字字典》网络版数据库，网址：http://dict. variants. moe. edu. tw/start. htm

至于“骸”和“環”,应该也是形近相误。“骸”和“環”的右边很相似。按照古代通假字的特点,“骸”可能单写成“亥”,“環”可能单写成“睘”,“睘”的俗体写法和“亥”很相似,比如“睘”的俗体为“[illegible]”“[illegible]”,而亥的俗体为“[illegible]”①,两字的下部很相似,有可能致误。

另外,“骸”和“環”讹误,还有一种可能,就是音近相通。上古音“骸”是匣母之部字,“環”是匣母元部字,声母完全相同,韵母貌似相差很远,但之部和元部相通的例子,并不是完全没有。值得注意的是,在新蔡楚简中,表示地支的字,经常出现一个“睘”“嬛”“還”字,《新蔡葛陵楚墓》一书的整理者,全部读为“亥”,宋华强先生赞同,曾经归纳说:

> 葛陵简中有些通假现象很值得注意。如地支之“亥”或用“睘”(乙四 102,零 214,零 717)、“嬛”(甲三 8、18,甲三 204,乙四 105,乙四 63、147,零 294、482、乙四 129,零 77、154,零 170,零 257)、“还”(甲三 32,甲三 342－2)等字来表示。“嬛”、“还”皆从“睘”得声,上古音“亥”属匣母之部,“还”属匣母元部,两字声母相同,而韵部相隔。何琳仪认为,以“睘”、“嬛”、“还”表“亥”应该属于双声通假现象。②

这似乎对我们的看法是佳证。不过李学勤先生指出,如果把“睘”“嬛”“還”读为“亥”,有些干支排不进历谱③。武家璧先生提出一个看法,认为“睘”“嬛”“還”都应该读为“巳”④,如果读为“巳”,葛陵简中涉及这些干支的简文都能排进历谱。只是武家璧先生虽然认为“睘”“嬛”“還”应该读为“巳”,却又说它们之间古音相隔很远,其通用和声韵无关,完全是意义相通。理由是,“嬛”和“巳”均有“复返”义。我们认为武家璧先生意义相通的说法在训诂上站不住脚,不可信,恐怕还得从古音通假上去解释。假如真如武家璧先生所言,“睘”“嬛”“還”应该当“巳”字来用,恰巧“巳”和“亥”古音也很近,也有通假例子。据《说文》,“改”字本来从“巳”声,古文字“改”的写法,也可以证明这

---

① 本文所用俗字字形均采自台湾教育部《异体字字典》网络版数据库,网址:http://dict.variants.moe.edu.tw/start.htm

② 宋华强:《新蔡葛陵楚简初探》,武汉大学出版社 2010 年,第 13 页。宋还指出,在其他传世文献和出土楚简资料中,还有类似通假,他说,“亥”“期”音近可通,《左传》和《上海四·曹沫之陈》都有“还年”,当读为“期年”,这和葛陵简把“亥”写作“睘”“嬛”“还”的现象正相平行。见其《“还年”小议》,简帛网 2008 年 8 月 9 日,如果这个看法可信,则是又一个之、元相通之例。

③ 李学勤:《论葛陵楚简的年代》,《文物》2004 年第 7 期。

④ 武家璧:《葛陵楚简历日“癸嬛”应为“癸巳”解》,《中原文物》2009 年第 2 期。

一点。而“改”和“亥”古音很近，可以通假。比如郭店简《老子》甲：“蜀(独)立不亥，可以为天下母。”①今本“亥”作“改”。“骸”以“亥”为声符，“還”和“嬛”都从“睘”得声，“嬛”如果能和“亥”相通，则“骸”和“環”自然也能相通。所以，除了字形之外，“骸”和“環”的相讹，的确也不能排除有音近因素的可能。

综上所述，本文起始所讨论的《春秋繁露·王道》：“杀梅伯以为醢，刑鬼侯之女取其環。”我们认为原文应当是：“杀梅伯以为醢，刑鬼侯之女俎其骸。”《吕氏春秋·过理》：“刑鬼侯之女而取其環……殺梅伯而遺文王其醢。”原文应当是：“刑鬼侯之女而俎其骸……殺梅伯而遺文王其醢。”“俎其骸”的一会儿是鬼侯之女，一会儿是梅伯，并不奇怪，“菹”和“醢”本来意思就相近，都有做成肉酱的意思，互相换用是很正常的。而所谓“取其環”，是一种想当然的看法。王利器先生认为，《春秋繁露》记述这件事，“盖即本于《吕氏》”②，这是很有道理的，其与《淮南子》传承不同。

必须说明的是，我们前面说，“取其環”从押韵的角度上看，也不如“俎其骸”合理，但我们下面的论证又说“環”“骸”也有音近相通的可能，岂非自相矛盾？其实不然，一般来说，文字通假，没有文章押韵对字音的要求那么严格。众所周知，古音学家给上古音归部，韵文材料最可靠，通假只能作为参考补充。“骸”虽然可用“環”通假，但耳朵听起来，还是和之部字的读音有一定距离，如果是韵文的话，就不那么协和。所以，“環”应该不是最初的原文。至于“俎其骸”的“俎”，其误可能在于抄录者所看见的本子，其中的“骸”字已经借用或讹误成了“環”字，因为感觉“俎其環”讲不通，于是拍拍脑袋，干脆把“俎”改成了形近的“取”。

由此顺便提一下，由“骸”和“環”通假，可以推断出古书上其他类似情况，也可能是通假问题。比如《史记·酷吏列传》：“即上意所欲罪，予监史深祸者；即上意所欲释，与监史轻平者。”《汉书·张汤传》“深祸”作“深刻”，关于这个异文，向来无人做过分析，大约觉得就是同义词，没什么可说。韩兆琦先生的《史记》全注全译本注释“深祸”为“狠毒酷苛”③，应该就是这么理解的。但细究起来，并不严谨。从文例来看，

---

① 荆门市博物馆：《郭店楚墓竹简》，文物出版社1998年，图版第四页第21号简，释文第112页。

② 王利器：《吕氏春秋注疏》，巴蜀书店2002年，第2829页。另王利器提到，“環”还有的版本作“瓌”，清代毕沅已正其误。按《淮南子·主术》：“不智而辯慧懷給。”高诱注：“懷，佞也。”王念孙《读书杂志》卷十已经指出：“懷”没有“佞”的意思，当是“慣”之误。《说文》：“慣，急也。”《集韵·仙韵》：“慣，辨急也。”“急”和“給”意思相近。(《汉语大字典》第2528页)大约是“骸”因音近先讹为“環”，再因形近讹为“瓌”。

③ 韩兆琦：《史记》全注全译本，中华书局2010年，第7210页。

“轻平”是并列式结构，“深祸”也该是并列式结构，也就是说，“深”和“祸”意思应该相近，都当形容词用，检《汉语大字典》，“祸”字有六个义项，[①]两个名词用法，三个形容词用法，一个通假为“过”，也是动词用法，并没有和“深”义近的形容词用法，所以，应该依照《汉书》，读为“刻”为佳。“刻”有“峻深”的意思，《庄子·刻意》：“刻意尚行。”陆德明《释文》：“司马云：刻，削也，峻其意也。”张衡《西京赋》：“下刻峭其若削。”意思也一样。上古音“刻”是溪母之部字，“祸”是匣母歌部字，“祸”和“还”“嬛”声母相同，韵部有严格的阴阳对转关系，既然从“亥”声的字能与匣母元部的“还”“嬛”字相通，那么，把“祸”读为“刻”，当然是没有什么问题的。此外，“果核”的“核”有个异体为“槲”，《集韵·没韵》：“槲，果中实，或作核。”“槲”从“骨”声，“骨”实际上与“祸”的声符“呙”是一字分化[②]，这也是“刻”和“祸”能够通假的证据。

最后值得一提的是，之部字和歌月元三部的通假现象值得重视，比如上古第三人称代词的“其”“厥”用法大致相同[③]，很多学者都认为是一词分化。《诗经·周颂·敬之》：“陟降厥士。”清华简《周公之琴舞》“厥”作“其”。[④] 楚令尹蔿艾猎，王念孙认为“艾猎”即“弋猎”，古声“艾”与“弋”通。又引《尔雅》：“太岁在壬曰元黓。”《史记·历书》作“横艾”[⑤]。而“弋”是之部字，“艾”是月部字。上博简《竞建内之》第4简：“高宗命傅鸢(说)量之……”[⑥]，其中“鸢”作“”，从“弋”声，而“弋”是之部字，“鸢”是元部字，“说”则是月部字。虞万里先生认为“弋”“鸢”韵部有距离，主张“鸢”乃从“戈”声[⑦]，从字形看，未必可信，“戈”的字形下部的“丿”画往往呈西南—东北向的斜线，而“弋”的字形下面横画，往往比较平直，试比较上博楚简中的“戈”“弋”以及“鸢”（单独的“戈”字形较少，这里采用偏旁）：

 鸢《竞内建之》  弋《缁衣》  代 《容城氏》

显然“鸢”的右边更像“弋”。而且“弋”“鸢”都是余母字，而“戈”是见母字，声母有距离，也找不到通假例证，说它们相通，似不可信。如果“鸢”的确从“弋”声，也是一个

---

① 四川辞书出版社、湖北辞书出版社：《汉语大字典》，商务印书馆1993年，第2571页。

② 黄德宽主编：《古文字谱系疏证》，商务印书馆2009年，第3207页。

③ 王力：《汉语史稿》，中华书局1996年，第262页。

④ 李学勤主编：《清华大学藏战国楚竹简(叁)》，中西书局2012年，第133页。

⑤ 王念孙：《经义述闻》卷二十二，江苏古籍出版社2000年，第547页。

⑥ 《上海博物馆藏战国楚竹书(五)》，上海古籍出版社2005年，图版21页，释文211页。

⑦ 虞万里：《清华简说命“鹏肩女惟”疏解》，《文史哲》2015年1期，128—136页。

之、元相通的例子。上博简《吴命》第1简："马将害（忾—蹶），又动（恿）之，速巻（踼）。"[①]有不少学者已经指出，这句话相当于古书上的"马方骇，而重惊之"，或"马方骇，鼓而惊之"[②]。其中的"害"字和"骇"字相通，则是之、月相通的例子。

2017年6月据2010年旧稿修改

看校按：从新出楚简"鸢"字的其他写法来看，也可能确实是从"戈"声的。

（史杰鹏：东京大学东洋文化研究所，113—8656，东京）

① 《上海博物馆藏战国楚竹书（七）》，上海古籍出版社2008年，图版135页，释文304页。原整理者曹锦炎将"害"释为"走"，不确，已有多数学者改释为"害"，可从。

② 参看禤健聪：《说上博〈吴命〉"先人之言"并论楚简"害"字》，《古文字研究》28辑464—470页，中华书局2010年。关于这段简文几个字字义的详细分析，我们另外有文章阐述。

里耶秦简习字简初步研究*

蒋 伟 男

提要 根据本文统计，已公布的里耶秦简中共有习字简109枚。里耶习字简主要以文书为主，偶有书信、诏书等内容。部分习字简将偏旁形同、形体相近的文字连续书写，这可能反映了当时人们记忆、理解文字的方法和思维习惯。里耶习字简在形式上并无特定规范，常常较为随意，书体杂糅、书写草率、书风拙稚等都是其特征表现。

关键词 里耶秦简 习字简 书写格式 初步研究

在出土的汉代简牍中，如居延汉简、居延新简、肩水金关汉简、额济纳汉简、敦煌马圈湾汉简、长沙东牌楼汉简等，都曾发现过用于练习书写的简支，学界一般称此类简牍为习字简。沈刚、白军鹏、戴裕洲等先生曾对汉代习字简的内容、载体等进行过研究。①

里耶秦简中也发现有为数不少的习字简，这在出土秦代简牍中尚属首见。李园先生曾对《里耶秦简(壹)》所见的部分习字简的文字特点与文字学价值加以阐发。②《里耶秦简(壹)》《里耶秦简(贰)》共公布5664枚简。③ 陈伟先生主编《里耶秦简牍校释》第一卷、第二卷(下文简称《校释一》《校释二》)在校释里耶简文时，已经将部分习字简指出。④ 我们参照原简图版，结合《校释一》《校释二》的注释意见，共统计出习字

---

* 本文为教育部、国家语委甲骨文等古文字研究与应用专项重大项目“战国文字谱系疏证”(YWZ-J013)阶段研究成果。

① 沈刚：《居延汉简中的习字简述略》，《古籍整理研究学刊》2006年第1期；戴裕洲：《肩水金关习字简牍初探》，中央美术学院硕士毕业论文2017年；白军鹏：《习字简中的〈仓颉篇〉首章及相关问题》，《古文字研究》第32辑，中华书局2018年，第517—521页。下文引用上列文章时一般不再出注。

② 李园：《秦汉习字简研究》，《古籍整理研究学刊》2017年第1期。

③ 湖南省文物考古研究所编：《里耶秦简(壹)》，文物出版社2012年；湖南省文物考古研究所编：《里耶秦简(贰)》，文物出版社2017年。下文简称《里耶一》《里耶二》，其中《里耶一》公布第5、6、8三层共计2252枚；《里耶二》公布第9层计3412枚。本文所用图版及字形皆取自二书。

④ 陈伟主编：《里耶秦简牍校释(第一卷)》，武汉大学出版社2012年；陈伟主编：《里耶秦简牍校释(第二卷)》，武汉大学出版社2018年。

简109枚，有关简牍信息见《表2》。[①] 以下我们尝试在已有研究基础上，对里耶习字简的形式、内容特点略加分析，疏漏之处，祈请方家批评指正。

一、里耶习字简的文字特征

先简单介绍一下里耶习字简的载体。在居延汉简等资料中，习字简往往书写在报废的正式文书空白处或背面。[②] 这一点里耶习字简与之相似。如简8-70+8-1913正面“勿令缪失，以纵、不直论，有令”，为正常的文书内容。[③] 背面“俞Ⅰ列削削俞 俞前俞Ⅱ”，显然为习字内容。又如简9-462+9-483：

迁陵廷辨、平具狱有期，期几尽矣。 旬旬(正)

等符治贞(背)

《校释》指出“旬旬”及背面字为习字内容。[④] 除利用报废文书简外，里耶习字简也常见利用空白简来书写的例子：单面书写的如简8-566、8-882等；正反两面书写的则有8-176+8-215、8-1435、8-1437等。我们判断习字简的依据，主要是综合文字内容与书写形式来考虑，具体特征如下：

1、内容通常没有连贯意义

由于习字简的本质是书手练习所用，所以其内容往往较为随意，常将所依据的正式简文省写或将部分文字反复书写。如简8-1494背面(图一)书“卅五年三月”，简支下部留有较大空白，字迹与正面差别明显，且书写较为草率，应为习字简。此简内容为一般文书简开头的纪年纪月部分，因习字的缘故，仅写了五个字便弃之不用。又如简8-176+8-215：

迁陵库吏有库吏库Ⅰ 武城武武武库库□壄壄壄壄有论曰有有事□□有论未决有□有事造造琴有事Ⅱ府府皆□有有有 有有令令事Ⅲ(正) □□□都吏……道库库……吏急□□□车车车车库吏……Ⅰ都……□山山山□□□□□郡郡郡Ⅱ(背)

简9-1892：

---

① 由两支简缀合而成的我们以一支计算。

② 沈刚:《居延汉简中的习字简述略》,《古籍整理研究学刊》2006年第1期。

③ 正文及《附表》中所引简文一般按照原简行款用简体字隶定，用罗马字母Ⅰ、Ⅱ、Ⅲ、Ⅳ分行。

④ 《校释二》第131页。值得注意的是，里耶简中利用报废简练习书写的一面，书写顺序往往与简文原有的文书文字方向颠倒，如8-202背、8-649背、8-682背等。

迁少内少少少少前前⧄Ⅰ迁少少少□之春春春迁⧄Ⅱ迁 春之春之少少少⧄Ⅲ之之⧄Ⅳ(正)之之迁迁⧄Ⅰ妾妾妾止之之之⧄Ⅱ之之迁迁迁□□□之之之⧄Ⅲ之迁之□之□之Ⅳ之之之之之之之之之之之Ⅴ(背)

简文并无连贯意义,而是将壄、有、库、车、郡、迁、妾、之等字反复书写,可能正是书手为了熟悉这些文字而有意为之的结果。

2、文字书写不完整

里耶习字简部分字形书写不完整,存在残字、偏旁等内容。简 9－526＋9－527(有字部分见图二),第一个"为"下部存有两个形体,显然都是"为"上半部的残字。8－68(图三)中的"乛",即"宀"字的横折笔画。简 8－713 背(图四)"广"前的字作"[illegible]",显即"广"的残字。简 8－1446 背(图五):

缪糸糸缪意有□音意意意四阝阳阳

李园先生指出"糸""阝"即"缪""阳"的偏旁。这些残字、偏旁可能是因为书手对书写不满意,故未及一字写完便另起一字而造成的。

3、文字书写不工整

习字简是练习书写之用,书手可能重点专注于文字的准确与否,故而对简牍格式并不注意,所以里耶习字简往往文字大小不一、字际间隔不匀称固定。此外很多文字的字迹比较拙稚、书写不够工整,这可能是因为这部分内容并非出自熟练写手,而是文化程度不高的童蒙或初学者所为。①

8－713 正(图六)书"卅二年日酉阳成里小男子"等字,内容为文书,但文字结构很不匀称,用笔也较幼稚,显非熟练书手所为。简 8－798、8－882、8－1613＋8－1708、9－2339 的书写也是如此。9－1220 背(图七)书写亦较拙稚,除第三字"小"尚可辨认之外,剩下的形体几不可辨识,近乎不识字之人的涂鸦。从书写上来看,这些简文的书写者显然还没有掌握熟练的书写技巧。

简 9－858＋9－1838 背(图八)尚存五字,字迹虽十分潦草,但用笔较自如,应是熟练书手简率而为的结果,这与前面所说的幼稚一类书风非同样情形。

4、字体杂糅

里耶文书简的字体多为秦隶,部分亦用篆书(如简 8－461),证明秦代公文中是

---

① 《汉书·艺文志》云:"太史试学童,能讽书九千字以上,乃得为史。又以六体试之,课最者以为尚书御史史书令史。吏民上书,字或不正,辄举劾。"《张家山汉简·二年律令·史律》:"试学童以十五篇,能讽书五千字以上,乃得为史。"

两种字体并用的，不过正规的文书简往往只使用一种字体。但在部分习字简中，可将两种字体杂糅书写。如简 8－715（图九）背面为篆书，正面用隶书。简 8－753、8－1442 也是篆隶杂糅。

总之，通过习字简内容以及书写布局、文字工整度等特征，我们可以较为明确地判断相关简牍是否为习字简。

二、里耶习字简的内容来源

沈刚先生通过对居延汉简习字简的研究指出，习字简的内容主要包括文书用字与字书简两类，前者指边塞基层吏员练习书写公文中常用的年号、地名、职官名、文书习语等内容，后者指边塞士卒利用废弃简支抄写《仓颉篇》《急就章》等字书上的内容。[①] 戴裕洲先生通过肩水金关简的研究指出，习字简的练习内容大体包含四类：文书、字书、干支、单字部件。分析来看，里耶习字简的内容也较为丰富，主要以文书文字为主、其他内容为辅。

通过《表 2》所录释文不难看出，里耶习字简大部分内容都出自文书简，如：简 8－708、8－1041＋8－1043、9－51、9－1884 背练习年月日期、文书习语；8－807、8－753、8－1444 练习地名等。

在里耶习字简中，我们尚未见到抄写《仓颉篇》《急就章》等秦代字书内容的简支，但却不乏一些将偏旁形体相近的字抄写在一起的例子，如：简 8－15“谩缦”、8－70 背＋8－1913 背“匍列削削箭箳前箭”、8－219＋8－310“无把拔艳何可苛阿”、8－707 正“伏状”、8－882“泥沂乡斤守沂阳守泥”、8－1435 背“佗佗佗人敄敄刹钊”、8－1485 背“闲闲丝系孙孙”等。李园先生分析认为：

> 从自习简所反映的情况来看，这种按字形分类的意识早已有之……将字形相近或含有同样偏旁的字排列在一起，以便于掌握、分辨，这是很自然的事。

这种解释应当是符合实际的。将字形相近、部首相同的字书写在一起，显然是书手刻意的行为，目的正是为了便于书写者记忆掌握形近字之间的差别。

简 9－704（图十）书写篆、隶并用：[②]

> ☐号壹度明法庄襄壹（正）　☐号号（背）

---

① 李园先生称前者为练习简，后者为抄写简。

② 正面简文第一个“壹”前字原释文未释，《校释》疑为“号”，从残存笔画来看，确应释为“号”。

从书写内容来看,此简或是以二十六年诏书为依据书写的。秦王政二十六年(前221)统一全国,号始皇帝,下诏令统一度量衡。(《史记·秦始皇本纪》)诏书的内容多铸刻在权、量、方升等器物上。[①] 诏书共四十字:

廿六年,皇帝尽并兼天下诸侯,黔首大安,立号爲皇帝,乃诏丞相状、绾,法度量则不壹,歉疑者皆明壹之。

简文号、壹、度、明、法等字皆见于二十六年诏书,当非偶然。诏书流传广泛、影响巨大,秦代基层吏员对其内容必定谙熟,故迁陵县廷的书手极有可能以此内容来习字。

习字简 9-3172 正"毋恙也毋",8-1451 背"某敢大心多"。"毋恙也""敢大心"为当时书信中常见的问候语和敬语,亦见于简 8-659 正+8-2088、8-823 正+8-1997 正。[②] 书信用语与公文简的习语性质类似,都是生活中的常用语。

此外,里耶习字简中还有少量的笔画练习内容,目前所见的有简 8-172、9-306、9-1435、9-1635、9-2728 等。

通过以上的简单梳理,我们大致可以总结出里耶习字简的文字书写特征与大体内容来源。里耶习字简的书写内容主要以文书为主,偶见书信、诏书等内容。一些偏旁相同、形体相近文字连续书写,这可能反映了当时人们记忆、理解文字的学习方法和思维习惯。里耶习字简在形式上往往并不规范,常常是较为随意的,书体杂糅、书写草率、书风拙稚等都是其特征表现。这些鲜活的文字材料,正是我们了解秦代文字书写与使用的重要依据,值得学者加以关注。相信随着里耶简的不断公布,习字材料也定会越来越丰富。

(蒋伟男:安徽大学汉字发展与应用研究中心,230039,合肥)

① 据统计,已见秦二十六年诏版或铸刻此诏书的器物已有七十多件。详王辉、陈昭容、王伟著:《秦文字通论》,中华书局 2016 年,第 68、69 页。

② 《校释一》第 194 页。

附表 1

图一	图二	图三	图四	图五	图六	图七	图八	图九	图十
		 背	 背	 背面	 正		 背	 正  背	 正  背
8－1494	9－526＋ 9－527	8－68	8－713	8－1446	8－713	9－1220	9－858＋ 9－1838	8－715	9－704

附表 2 里耶秦简所见习字简统计表

序号	简号	简文	说明
1	6－1 背	小吏鼻有□	
2	8－15	谩缦▨	
3	8－53	受受受▨	
4	8－68	守 守˭守守 适言之▨(正) 与与▨(背)	正背面书写顺序相反
5	8－70 背＋8－1913 背	削Ⅰ列削削箾箾前箾Ⅱ	
6	8－171	它如□后句腹复(正) 金夋后Ⅰ金金金穀Ⅱ(背)	
7	8－172	卅五年六月辛酉□拙诎之▨(正) —————————四升见Ⅰ □ 史□Ⅱ(背)	笔画练习
8	8－176＋8－215	释文见正文,此略。	
9	8－200＋8－296	秝卮秝求请得以卮求(正) 聿聿建安(背)	
10	8－202 背	迁迁迁迁▨	
11	8－219＋8－310	无把拔抱何可苛阿履手手手	
12	8－566	吴叙絲▨	
13	8－649 背	▨母子之子	正背面书写顺序相反
14	8－662	□乂乂□▨(正) □□□▨(背)	
15	8－678	幸之(正) 季幸 心季(背)	
16	8－682 背	伤 月七 月七 月七▨	背面书写顺序相反。
17	8－687	▨隋延辵(正) ▨也报(背)	
18	8－707	□罚□·戟□伏状▨(正) 发发·婥女再两□▨(背)	
19	8－708	▨□□五年卅卅五□▨(正) ▨不不▨(背)	正背面书写顺序相反,正面第四字“卅”倒写。
20	8－711	壹 七月甲子月七月七月甲子贰▨(正) 乙二言巨□高□▨(背)	
21	8－713	卅二年日酉阳成里小男子▨(正) □广□▨(背)	字迹拙稚
22	8－715 背	▨□·泰半斗石廿▨(正) ▨辛丑丙▨(背)	正背面书写顺序相反

（续表）

序号	简号	简文	说明
23	8-735 背	婁甄☐(正) ☐印印印☐(背)	
24	8-741 背	爲☐(正) 沂所☐(背)	
25	8-744	☐有年正月☐(正) ☐□☐(背)	
26	8-745	武武武☐(正) 昌昌昌足前日武武武☐(背)	
27	8-753	☐ 袭夷山到与豁到爰浅到袭鼓山到贰Ⅰ ☐邑旁 邑邑Ⅱ(正) ☐书到急朔书急Ⅰ ☐上入袭夷山急急急急急急Ⅱ(背)	
28	8-797	循欲欲□☐	
29	8-798	☐律闲闲闲帚帚	
30	8-807	鄢江里孱。 □☐	
31	8-882	泥沂乡斤守沂阳守泥邑里士五	
32	8-957	苐苐	
33	8-1041+8-1043	丗六年十一月丙戌,都乡守桦令史牒书吏当受嘉平迁,皆不守金钱。【巴】蜀蜀蜀蜀歜歜Ⅰ 爲沈沈□□□沈邦刻□□□□迁陵□帮城成蜀蜀守今今今今Ⅱ	
34	8-1049	盗盗盗☐	
35	8-1380 正	年 唤吴☐(正) □年☐(背)	
36	8-1408	☐□□□□☐	
37	8-1433	斤 所 所所(正) 沂所斤所所斤己(背)	
38	8-1435	☐佐吏使长丞(正) ☐佗佗佗人敄敄剂钊(背)	
39	8-1437	丗六年十月枳枳□枳枳如如丞□□昌壄Ⅰ 枳枳里野枳野里它言言食□乡乡武昌Ⅱ 丗年□当Ⅲ 枳枳□□□□□□□□□□□□□□□□□令□□Ⅳ(正) 昌里大男昌武武武止武武武武武规规买Ⅰ 昌武武出五买Ⅱ 昌昌武乡貉何故有何有有有有有□有买Ⅲ 昌里大男子 貉阎咎有有□有 买Ⅳ(背)	
40	8-1438 背	献泰 迁陵守丞陵□爲爲Ⅰ 爲爲爲Ⅱ(背)	
41	8-1441 背	㉖㉖征(背)	
42	8-1442	☐及及Ⅰ☐事从事从事从事及庚若若Ⅱ ☐从 及Ⅲ(正) ☐事从事欲欲欲欲㉕僳Ⅰ ☐追从从Ⅱ(背)	

（续表）

序号	简号	简文	说明
43	8-1444 背	孱陵江陵孱陵江陵	
44	8-1446	□□金予爲□洞发□发（正） 缪糸糸缪意有□音意意意四阝阳阳（背）	
45	8-1448	或沓迁陵狱史（正）　西阳　西阳　西阳（背）	
46	8-1451	□南门□以爲学书□Ⅰ　廷　Ⅱ户发Ⅲ（正） 某敢大心多（背）	
47	8-1460	⍁作七月八月丁巳朔甲子，临沅（正） ……卅卅五年八月丁巳……⍁（背）	
48	8-1471＋8-1480	酉阳（正）　酉酉自自自□□（背）	
49	8-1485 背	廷⍁（正）　殴闲闲丝系孙孙⍁（背）	
50	8-1486＋8-1487	急朔朔急急急朔……【朔】急（正）急急急……急急（背）	
51	8-1494 背	卅五年三月	下部留空白
52	8-1499	⍁红薄缮益（正）　⍁租质质质（背）	
53	8-1613＋8-1708	□五年年八月丁巳年一年年年年年年年⍁	字迹拙稚
54	8-1788	年年年年⍁	
55	8-1819	⍁令令⍁	
56	8-2026	乐乐伯廿六加加加以廿（正）　及人赎廿月成遣成⍁（背）	
57	8-2051	⍁□□陵陵陵陵⍁	
58	8-2188	七月甲子贰庚陁阳（正）爵爵　　七月　　七月（背）	
59	8-2230	□廿年　　廿年九月　　九年	
60	8-2377	⍁及及急【及】	
61	9-17	卅卅卅卅五年四月己未己　五五年四月　四月□⍁（正） 聘 AA□AAA　没眇　眇眇□⍁（背）	A 作
62	9-51 背	卅卅五年三月庚寅卅Ⅰ　敢言之廷下　下恒署Ⅱ	
63	9-78	□瘳瘳瘳翏敢言之	
64	9-203	⍁（革虎）（革虎）	
65	9-306	隶妾欣。　廿——————	笔画练习
66	9-364	□□少八廿□卅卅□卅	
67	9-462＋9-483	迁陵廷辨、平具狱有期，期几尽矣。　匄匄（正） 等符治贞（背）	《校释二》指出“匄匄”及背面字为习字简。

（续表）

序号	简号	简文	说明
68	9－491	☐句□视☐(正) ☐阳阳阳□□□虽☐(背)	
69	9－526＋9－527	☐为□□为为迁☐	
70	9－538＋9－3392	急急心心急急□心☐(正) 心及卅四年□□☐(背)	
71	9－656	☐□期其期□☐	
72	9－704	☐□壹度明法庄襄壹(正) ☐号号(背)	内容或与廿六年诏书有关，背面为篆书。
73	9－729	廷□貳(尸火)春乡以☐(正) 廷廷廷(背)	
74	9－791	急卅急☐	
75	9－809	☐□心心廿	
76	9－858＋9－1838背	月月急月心□☐	字迹草率
77	9－1066	卅卅卅卅四卅☐	
78	9－1080	夜☐Ⅰ 日食夜□☐Ⅱ(正) 夜夜□☐(背)	
79	9－1093	☐□陵主□□发Ⅰ ☐ 邮 邮邮Ⅱ ☐以邮行邮□□邮邮邮☐Ⅲ(正) ☐邮邮邮Ⅰ ☐邮Ⅱ(背)	
80	9－1168	毋死枚木毋卅	
81	9－1220背	☐□□小□☐	未识字
82	9－1410	司空讯却，辞曰：士五，居城父。(正) 心心忌□为为为为为城为城勿易勿易勿(背)	
83	9－1424	急心心心心□☐(正) 心心心心心□☐(背)	
84	9－1430	☐朔己巳己巳(正) ☐己巳(背)	
85	9－1435	铁籥————————————☐(正) 六十 □☐(背)	笔画练习
86	9－1562	☐美美☐	
87	9－1611＋9－1842	☐□死死者□□☐	
88	9－1635	☐田————————————☐	笔画练习
89	9－1645	□貇貇貇貇□□□□	
90	9－1756	☐□□☐	未识字
91	9－1844背	☐律□有有有☐	
92	9－1847背	☐爵爵☐Ⅰ ☐爵☐Ⅱ	
93	9－1858	午盾守守守酉阳守守(正) 守守敢言(背)	

（续表）

序号	简号	简文	说明
94	9－1884	迁迁陵守丞公敢告酉敢以闻书Ⅰ 守府府府于主　曰写▨Ⅱ（正） 元元元年年□□□□　宿▨Ⅰ 元年九月己亥朔　□　年▨Ⅱ（背）	
95	9－1892	释文见正文，此略。	
96	9－1900	▨九月九月成纪纪令忌史忌可以忌▨（正） ▨□忌忌令纪令己令令史▨（背）	
97	9－1930	有罪罪▨	
98	9－1961	弭弭覉▨	
99	9－2012	▨号号	
100	9－2014	▨敢　□敢言言之之令史	
101	9－2136	▨智（知）可不可	
102	9－2214	▨阳□（正）　▨卅四年年年（背）	
103	9－2216	意意（正）　意意（背）	
104	9－2243	▨心心心心心（正）　▨心□心□心▨（背）	
105	9－2290	□□□年四卅人卅五年□陵夌庆（正） 阳訾圂圂迁迁陵与贰春毋（背）	
106	9－2339	卅一年十□□入	字迹拙稚
107	9－2534	敢敢敢之敢敢敢言□□□□▨	
108	9－2728	▨———————·▨	笔画练习
109	9－3172	▨毋恙也毋（正）▨□心心心（背）	

读马王堆帛书《五十二病方》札记二则*

方勇　崔美琦

提要　文中对马王堆汉墓帛书《五十二病方》中治疗“疣”及“白瘧”的医方进行了集中讨论，释出“稽”字，并认为可以通假为“楷”“蓍”“榰”等字，分别指楷树、蓍草、柱脚等义；《五十二病方》中治疗“白瘧”病的医方中有“鸡涅居”一语，其应该读为“鸡涅距”，指鸡的黑色鸡距。

关键词　五十二病方　疣　稽　白瘧　鸡距

裘锡圭先生主编的《长沙马王堆汉墓简帛集成》（下文简称“《马集》”）全面整理并完整公布了上世纪七十年代马王堆汉墓出土的全部简帛资料。这次重新整理，《马集》择善吸收了近几十年来学术界对于马王堆简帛材料研究的各种优秀成果，它是一部集大成的佳作。笔者在阅读学习过程中，对帛书《五十二病方》中的两处释字问题有些新的考释意见，敬请学术界批评指正。

一

马王堆汉墓帛书《五十二病方》治疗“疣”病医方中有如下内容：

一，以朔日，葵茎靡（磨）又（疣）二七，言曰：“今日朔，靡（磨）又（疣）以葵軙。”有（又）以杀本若道旁葥、椙二七，投 109/109 泽若□下。●除日巳（已）朢（望）。110/110①

其中 110 行“若”字下面的字在《马集》图版中作形；在 1985 年出版的《马王堆汉墓帛书〔肆〕》图版中作形，②整理者认为是“渊”字，《马集》编著者引陈剑先生（2010）意见认为释“渊”于形不合，且“渊下”亦不辞。我们认为陈先生的意见正确。

---

* 本文为 2016 年国家社科项目“汉代简帛医学文献的综合整理与研究”（16BZS012）阶段性成果。

① 裘锡圭主编：《长沙马王堆汉墓简帛集成》，中华书局 2014 年，册贰图版第 73 页；册伍释文第 236 页。

② 马王堆汉墓帛书整理小组编：《马王堆汉墓帛书[肆]》，文物出版社 1985 年，图版第 19 页。

此字应该不是“渊”字，诸如马王堆帛书中的“渊”字常作、形，[①]可证上举的及形与“渊”字毫无瓜葛。

按，此形其实应为“稽”字，如马王堆简帛中的诸“稽”字常作、、、、、、形，[②]通过观察马王堆简帛中的“稽”字形可以看出，这些字形整体来说可以分为两类：一类是右侧从攴从旨，一类是右侧从又从旨形。仔细观察1985年黑白图版的形，很明显此形左侧是从“禾”形，虽然其右侧字形中间部分残泐，其上部明显为攴形，其下部的匕形（已残泐）与甘形笔划粘连，故整个字形和前一类“稽”形十分接近，此字释为“稽”字最合适。

上举《五十二病方》中的“稽”字和其下文的“下”字为一词组，我们疑“稽”读为“楷”字。“楷”字上古音为溪母脂部，“稽”字为见母脂部，二者同为牙音，韵部相同，故可以相通。《老子》六十五章：“知此两者亦稽式。”《释文》：“稽，严、河上作楷。”按今河上本作楷。[③]《说文·木部》：“楷，木也。孔子冢盖树之者。”段《注》曰：“《皇览》云，冢茔中，树以百数，皆异种。传言弟子各持其方树来种之。按：楷亦方树之一也。《儒行》曰：‘今世行之，后世以为楷。’楷，法式也，楷之言稽。我稽古，而后世又于此焉稽也。”

据《汉语大字典》载：

> 唐·段成式《酉阳杂俎·木篇》：“孔子墓上特多楷木。”清·刘献廷《广阳杂记》卷一：“楷木，即今之黄连头树也。楷有瘿，可以为器。”《清朝野史大观·清人逸事·孔东塘出山异数记》：“上问楷木何所用之？尚任奏曰：‘其木可为杖，又可为棋，其木之瘿可为瓢，其叶可为蔬，又可为茶，其子榨油可为膏烛。’”[④]

由此可见，“稽”读为“楷”，指黄连木。又据上引《汉语大字典》记载，楷树为漆树科，落叶乔木。木质黄色，坚硬，细致，耐用，可供建筑、细木工等用。嫩叶可食或代用。帛书文“稽（楷）下”当可指楷树下。帛书中的“杀”，整理者读为“榝”，“蔱”，《说文》：“榝，似茱萸，出淮南。”帛书中的“莆”，整理者读为“莆”，指地卢。赵有臣先生释为“道旁莆”，指车前草。[⑤]《马集》编著者引陈剑先生意见认为“莆”即“幡”，“道旁莆”指道旁幡帜，用作祝由方的巫术用品。“楬”，整理者原释为“根”，此亦为陈剑先生改释，指作

① 陈松长编著：《马王堆简帛文字编》，文物出版社2001年，第445页。

② 同上书，第254页。

③ 高亨纂著、董治安整理：《古字通假会典》，齐鲁书社1989年，第571页。

④ 汉语大字典编辑委员会编：《汉语大字典（二）》，四川辞书出版社、湖北辞书出版社1988年，第1246页。

⑤ 赵有臣：《〈五十二病方〉中几种药物的考释》，《中华医史杂志》1985年第2期。

标记用的小木桩。

按，以上陈先生的改释正确可从。帛书“有(又)以杀本若道旁葥、楬二七，投泽若稽(楷)下。”即是指将椴根(或指靠根的茎干)或者道旁的幡帜、作标记用的小木桩十四枚投于楷树下。此外，据上引清·刘献廷《广阳杂记》中记载“楷有瘿，可以为器”的内容，我们考虑古人是否在用“楷有瘿”来影射人之长“疣”？这个问题值得玩味。

上面将“稽”读为“楷”是我们考虑的第一种解释。因为本条帛书辞例短小，“稽下”的含义不容易确定，所以我们认为“稽”也可能读为“蓍”，《说文》：“稽，留止也。从禾从尤，旨声。”又《说文》：“蓍，蒿属。生十岁，百茎。《易》以为数。天子蓍九尺，诸侯七尺，大夫五尺，士三尺。从艹耆声。”《说文》曰：“耆，老也。从老省，旨声。”归根结底，“稽”“蓍”“耆”皆从“旨”得声，故可相通。因此帛书中的“稽”可读为“蓍”，指蓍草。“稽(蓍)下”即指蓍草之下，因“蓍草”是古代常用的占卜之物，而马王堆医书此方属于巫术，所以二者可能会有一定的联系。这是我们考虑的第二种解释。

我们的第三种解释认为，可以将“稽”字读为“榰”，指柱脚。《说文·木部》：“榰，柱砥，古用木，今以石。从木，耆声。《易》：‘榰恒凶。’”“榰”也是从“耆”得声，故“稽”读为“榰”亦是可从。“柱砥”，《汉语大字典》引沈涛古本考：“古本作‘柱下砥’。”朱骏声《通训定声》：“榰，柱底也……今以石，苏俗谓之柱磉石。”[①]故“稽(榰)下”即指柱砥之下。

我们回头看帛书中的“又(疣)”，它是由人类乳头瘤病毒感染所引起的一种皮肤良性肿瘤。皮肤和黏膜的损伤是引起感染的主要原因。初期表现为硬固的小丘疹，状如黍米，后大至黄豆形，呈灰黄或黄褐色等，表面粗糙角化。此病发展缓慢，可自然消退，亦可采用局部的药物治疗和手术治疗。传统医学中称其为“疣目”、“千日疮”、“枯筋箭”，俗称“刺瘊”、“瘊子”等，多见于手指、手背、足缘等处。其和“鼠乳”相类，余云岫先生曰：

> 鼠乳者，《病源》云：“身面忽生肉，如鼠乳之状，谓之鼠乳也，此亦是风邪搏于肌肉而变生也。”盖即吾乡俗称所谓老鼠奶也，亦称为老鼠疣。王肯堂《外科准绳》卷五云：“肬音休。”“肬”“疣”同字，今吾乡正呼作老鼠休也。鼠乳之名，自《病源》而外，医籍不多见，盖即统于“疣目”，而《病源》别有“疣目候”，即在“鼠乳候”前，与鼠乳并列，是不以为同一物也。然其述疣目之候云：“人手足边忽生如豆，或如结筋，或五个或十个相连，肌里粗强于肉，谓之疣目。此亦是风邪搏于肌肉

① 汉语大字典编辑委员会编：《汉语大字典(二)》，四川辞书出版社、湖北辞书出版社1988年，第1260页。

而变生也。”是其述疣目之所以生,全与鼠乳同。故《圣济总录》卷一百一“面体疣目”论曰:“风邪入于经络,气血凝滞,肌肉弗泽,发为疣目,或在头面,或在手足,或布于四体,其状如豆,如结筋,缀连数十,与鼠乳相类,故谓之疣目。”是鼠乳实与疣目相类,故后世医籍但以疣目统之,而不复言鼠乳也。今谓之疣赘(Verruca),疣赘都分三种,曰寻常性疣赘,曰青年性扁平疣赘,曰老人性疣赘。而寻常性疣赘之形状,本其发生之地位而不同,其生在手掌足跖者,多成扁平,恰如包于皮中。疣赘之数,少则一个,多则数十个,亦与《病源》或五或十之言相合。①

由此可见,古人对“疣”病由风邪搏于肌肉而变生的认识较为深刻。上举马王堆帛书《五十二病方》的“祛疣方”运用了祝由术来解除“疣”病所带来的痛苦。除了这个例子,《五十二病方》的“祛疣方”还有以下几个例子:

尤(疣):取敝蒲席若藉之弱(蒻),绳之,即燔其末,以久(灸)尤(疣)末,热,即拔尤(疣)去之。102/102

一,令尤(疣)者抱禾,令人嘑(呼)曰:“若胡为是?”應(应)曰:“吾尤(疣)乚。”置去禾〈禾去〉,勿顾。103/103

一,以月晦日之丘井有水者,以敝帚骚(扫)尤(疣)二乚七,祝曰:“今日月晦,骚(扫)尤(疣)北。”入帚井中。104/104

一,以月晦日=(日日)下餔时,取凷(块)大如鸡卵者,男子七,女子二七乚。先〖以〗凷(块)置室后,令南北列□105/105,以晦往之凷(块)所,禹步三,道南方始,取凷(块)言曰{凷言曰}:“今日月晦,靡(磨)尤(疣)北。”凷(块)一靡(磨)一,二【七】。106/106 已(已)靡(磨),置凷(块)其处,去,勿顾。靡(磨)大者。107/107

一,以月晦日之内后,曰:“今日晦,弱(搦)又(疣)内北。”靡(磨)又(疣内辟(壁)二七。108/108

一,祝尤(疣),以月晦日之室北,靡(磨)宥(疣),男子七,女子二七,曰:“今日月晦,靡(磨)宥(疣)室北。”不出一月,宥(疣)已(已)。111/111

这些“祛疣方”中,巫方占有更大的比例。此外,诸如《医心方·治疣目第廿七》引《千金方》《范汪方》《如意方》中记载了用“秃条帚”“厕前故草”“亡人枕若席”“故拂床帚”等工具祛疣的巫术。② 值得注意的是这些“祝由术”的运用常以“晦日”或“朔日”禳除

① 余云岫:《古代疾病名候疏义·尔雅病疏》,学苑出版社2012年,第17页。

② [日]丹波康赖撰、高文柱校注:《医心方》,华夏出版社2011年,第114、115页。

疣,正如刘玉堂、贾海燕二位论述的那样:

> 由此可见,在古代各地特别是故楚之地,很早就有晦朔日的禁忌风俗。《五十二病方》记载的巫医,因用"久(灸)尤(疣)""拔尤(疣)"(祛疣方一)都无法奏效,疣去而复起,从而产生了恐惧心理,认为是恶鬼作怪,所以才选择被认为是鬼神最为猖獗的"月晦日""月朔日"来禳除疣,以求"根治"顽疾。而后世的文献记载和现实的生活民俗表明,晦朔日的禁忌曾长期存在,至今仍有孑遗。①

《五十二病方》中的"祛疣术"从一个侧面反映了我国秦汉时期医学所取得的巨大成就,其巫术和医术的并存体现了巫、医混合的原始特征。我们认为,将榝根或者道旁的幡帜、作标记用的小木桩十四枚投于水泽之中或者"稽(楮)下"(即是将这些东西压在柱砥之下或者象征性地放在柱砥旁),似乎能够更加表明人们害怕"疣去而复起"的心理。

二

马王堆帛书《五十二病方》治疗"白瘧"方中有如下内容:

> 一,白=瘧=(白瘧:白瘧)者,白毋(无)奏(腠),取丹沙与鳣鱼血,若以鸡血,皆可。鸡涅居二【□】者(煮)之,□130/130 以蚤(爪)挈(契)虒(瘧)令赤,以傅之。二日,洒(洗),以新布孰(熟)暨(摡)之,【复】傅,如此数,卅(三十)日而止。●令。131/131

此方是治疗"白瘧"病(即白癜风)的医方。我们主要来看"鸡涅居"一语,其中"涅"字原被释为"湮",其形作(黑白图版)、(彩色图版),可见彩色图版的字迹较为清晰,故此字应该不是"湮"。《马集(伍)》编著者将之改释为"涅",认为"鸡涅居"是对"鸡血"的说明,并说"鸡血"要用"涅居"鸡的血,并认为这个词的具体词义待考。②同时又注明"涅"字有学者释为"淫"。其实认真对比帛书中的"淫"字、诸形以及"涅"字的、、等形,③可以看出在帛书中"淫"和"涅"二者字形互讹程度很高。我们倾向于释"涅"的意见,但"涅居"究竟是不是用来说明"鸡血"的词语,则是值得商

① 刘玉堂、贾海燕:《马王堆帛书〈五十二病方·祛疣〉所涉之巫术与民俗》,《中南民族大学学报》2009年第1期,第174页。

② 裘锡圭主编:《长沙马王堆汉墓简帛集成》,中华书局2014年,册贰图版第74页;册伍释文第239页。黑白图版见马王堆汉墓帛书整理小组编《马王堆汉墓帛书[肆]》,文物出版社1985年,第20页。

③ 陈松长编著:《马王堆简帛文字编》,文物出版社2001年,第445、442页。

権的。

因帛书文“若以鸡血”和“鸡涅居”之间有“皆可”一语，故“鸡涅居”隔着“皆可”来说明“鸡血”，似乎语义不太连贯；且“鸡涅居”下面接的词语是数词“二”，很明显这是在说明“鸡涅居”的数量，故基于以上考虑，“鸡涅居”应是指单独的一样药物或者东西，我们认为它可能是指鸡的黑色鸡距。

“涅”义指黑色。如《广雅·释器》：“涅，黑也。”《淮南子·说山》：“流言雪污，譬犹以涅拭素也。”高诱《注》：“涅，黑也。”又“居”字，我们认为其应读为“距”，“居”字上古音为见母鱼部，“距”字上古音为群母鱼部，二者韵部相同，声母发音部位亦同，故二者读音关系密切。又王辉先生编著的《古文字通假字典》载“距”“锯”可通，并曰：

> 银雀山汉简《孙膑兵法·势备》：“夫陷齿戴角，前蚤后锯，喜而合，怒则斲，天之道也，不可止也。”影本注引《淮南子·兵略》：“凡有血气之虫，含牙戴角，前爪后距。……喜而相戏，怒而相害，天之性也。”张震泽《孙膑兵法校理》引《说文》：“距，鸡距也。”并谓《三代》所收燕戈，自名为锯，“戈形本似鸡距，故引申其义以为名，而别造锯字。在鸡曰距，在兵曰锯，音义可通”。[①]

按，“锯”从“居”得声，故“居”读为“距”应无问题。正如上引张震泽先生意见，“距”字本义即《说文》所说“鸡距”，段《注》：“鸟距如人与兽之叉。”

通俗来讲，鸡距就是鸡、雉的腿后面突出像脚趾的部分。《汉书·五行志》：“不鸣不将无距。”颜注云：“距，鸡附足骨，斗时所用刺之。”《六书故·人九》：“距，鸡爪也。斗则用距。”可知鸡距是鸡的重要打斗武器。

帛书中的“鸡涅居(距)”即是指鸡的黑色鸡距。这里的“鸡”应该是指家鸡，中国古人驯化家鸡的历史悠久。据学者研究，当下主流观点认为家鸡的祖先是红原鸡，鉴于红原鸡在我国境内分布情况，我国家鸡有可能是在长江流域或者更南的地方首先驯化的。[②] 虽然我们现代人没有见到过秦汉时期家鸡爪子的颜色，但从现代家鸡爪子的黑色、黄色、浅白色等颜色可以推测，古代家鸡爪子的颜色应该是有黑色的。那么为什么古人选用黑色的鸡距来辅助治病，还是因为治疗“白癜风”的需要。我们现在知道，白癜风是一种常见的后天性或泛发性皮肤色素脱失病，由于皮肤的黑素细胞功能消失而引起，可见“黑色”鸡距似乎正好暗合“黑素细胞”之颜色，且与“白瘧”(白癜风)之“白”颜色相对。

---

① 王辉：《古文字通假字典》，中华书局2008年，第75页。

② 邓惠、袁靖等：《中国古代家鸡的再探讨》，《考古》2013年第6期。

帛书文“鸡涅居(距)二”下文有的字字迹残泐不全,但是通过上下文的联想,可以看出,帛书文选用丹沙和鳣鱼血(或者选用丹沙和鸡血)与两个黑色鸡距一并煮熟。文中用“蚤(爪)”划刻“白瘯”表面,直至令其颜色发红,然后再将丹沙等药物敷在患处。二日之后冲洗干净患处,再用新布仔细擦拭,然后继续敷药,如此反复三十日后停止。本方意思如按此解释似乎较为通顺。

参考文献

[1]汉·许慎:《说文解字》,中华书局 2013 年。
[2]清·段玉裁:《说文解字注》,上海古籍出版社 1988 年。
[3]汉·班固:《汉书》,中华书局 1962 年。
[4]宋·戴侗著,党怀兴,刘斌校:《六书故》,中华书局 2012 年。
[5]清·王念孙:《广雅疏证》,中华书局 2004 年。
[6]何宁:《淮南子集释》,中华书局 1998 年。

(方勇:吉林外国语大学国际传媒学院,130117,长春;
崔美琦:吉林师范大学文学院,136000,四平)

西汉出土文献中的地名通假用字考察

孟 娇

提要 本文对西汉出土文献与传世文献中的地名通假用字的实例进行了整理，并进行了简单分类。在实例的基础上对地名通假用字的特点、产生的原因进行了探讨。

关键词 西汉地名 出土文献 用字差异 通假字

同一地名在西汉出土文献与传世古籍中的用字时有不同。以往学者已注意到了这一现象并进行了初步研究，如陈直利用出土资料指出了《史记》《汉书》中一些地名的用字差异①，罗福颐、孙慰祖、徐正考等学者的著作②对用字差异进行了讨论，不同程度上涉及了地名用字现象，赵平安《秦西汉印章研究》有专章论述了秦、西汉印章中的通假现象③，石继承《汉印研究二题》④、姚明辉《汉代封泥整理与研究》⑤等博士学位论文也涉及了玺印、封泥中的地名用字问题。但是对西汉地名用字进行系统研究的论著，目前仍然比较少见。本文拟对西汉出土文献与传世文献中的地名通假用字作一全面系统的考察。

西汉出土文献和古书地名用字差异，绝大部分为通假字类型，也有的属于古今字、异体字范畴⑥，但由于相比通假字数量不多，故本文不作专门的讨论。通假字又

---

① 陈直：《汉书新证》，天津人民出版社 1979 年；《史记新证》，天津人民出版社 1979 年。

② 罗福颐：《史印新证举隅》，《故宫博物院院刊》1982 年第 1 期，第 27 页；孙慰祖：《两汉官印汇考》，上海书画出版社 1993 年；徐正考《汉代铜器铭文综合研究》，作家出版社 2007 年。

③ 赵平安：《秦西汉印章研究》，上海古籍出版社 2012 年，第 88—110 页。

④ 石继承：《汉印研究二题》，复旦大学博士学位论文 2015 年 6 月。

⑤ 姚明辉：《汉代封泥整理与研究》，复旦大学博士学位论文 2017 年 6 月。

⑥ 古今字如：《汉志》东海郡下邳县，《汇考》·499、《尹》·2 皆作“下邳”；《汉志》右扶风雍县，《汇考》316、317 作“雝”；《汉志》陈留郡雍丘县，《汇考》454 作“雝丘”。《汉志》魏郡，《封集》584、《居》159·5 作“巍”；《汉志》琅邪郡魏其县，《大系》10243 作“巍其”。“魏”出现时间较晚，西汉出土数据皆作“巍”，“巍——魏”应属古今字关系。异体字如：《汉志》牂柯郡同并县，《汇考》794 作“同并”。《汉志》右扶风盩厔县，《汇考》311 玺印、《秦汉》127 鼎作“盩庢”。《汉志》越嶲郡三绛县，《大系 09598》作“三絳”。《汉志》北海郡平的县，《汇考》1069 玺印作“平旳”。《汉志》京兆尹“奉明”县，《大系》06864 作“奉朙”。《汉志》广汉汉郡葭明县，《大系》07456 作“葭朙”。《汉志》河間国，《大系》07282 作“河閒”等。

可以分为两种情况，一种是声旁相同，一种是声旁不同。兹列举如下：

（一）声旁相同的通假字

A、形旁不同

1、戠巂（《汇考》796）——《汉志》“越巂”郡

2、豲道（《肩》72EJC:1）——《汉志》天水郡“豲道”县

3、笵阳（《秦汉》233）——《汉志》涿郡“范阳”县

4、篸城（《汇考》588）——蔘城（《大系》07886）——《汉志》千乘郡“蓼城”县

5、管（《汇考》538）——《汉志》城陽“莒”县

6、楪榆（《史印新证举隅》[①]）——《汉志》益州郡“叶榆”县

7、稾（《汇考》1000、《大系》07057）——《汉志》真定“稾城”县

8、稗（《封集》1620）——《汉志》琅邪郡“椑”县

9、淮汤（《肩》73EJT37:1496）——淮阳（《汇考》407）——《汉志》“淮阳”郡

10、丹杨（《汇考》721、《尹》3 正）——《汉志》“丹阳”郡

11、粱邹（《封集》873、《大系》07865）——《汉志》济南郡“梁邹”县

12、楗为（《肩》73EJT9:237、《汇考》784[②]）——《汉志》“犍为”郡

13、甄城（《汇考》489、《秩律》460）——《汉志》济阴郡“鄄城”县

14、湿成（《秦汉》100 鼎）——《汉志》西河郡“隰成”县

15、潦西（《虚》0030）——辽西（《汇考》929）——《汉志》“辽西”郡

16、逃阳（《汇考》690 玺）——洮阳（《汇考》691 玺）——《汉志》零陵郡“洮阳”县

17、修（《秦汉》105 鼎）——《汉志》信都“条”县

18、勮魁（《汇考》1065）——《汉志》北海郡“剧魁”县

19、勮阳（《文物》1963.11 尊）——《汉志》雁门郡“剧阳”县

20、勮（《汇考》601、《汇考》602 玺）——《汉志》甾川“剧”县

21、颖川（《汇考》371、《中原文物》1981·02，P61 颖川铜钲、《尹》3 正）——颍川（《汇考》372 玺）——《汉志》“颍川”郡

22、颖阳（《秩律》458、《居》183·18A）——《汉志》颍川郡“颍阳”县

23、颖阴（《尹》3、《秩律》460）——《汉志》颍川郡“颍阴”县

24、澄（《肩》73EJF1:117、《汉金·卷 3》20 镫）——《汉志》左冯翊“征”县

---

① 罗福颐：《史印新证举隅》，《故宫博物院院刊》1982 年第 1 期，第 27 页。

② 《大系》收录一枚同文封泥“楗為大守章”，作者归入新莽官印。细审二封泥，似非同一枚。

25、降(《秩律》449)——绛(《居新》EPT59·365)——《汉志》河东郡“绛”县

26、营阳(《肩》73EJT37:1006)——荥阳(《秩律》456、《居》45·1A、《秦汉》111鼎)——《汉志》河南郡“荥阳”县

27、傿陵(《汇考》378)——焉陵(《秩律》460)——《汉志》颍川郡“鄢陵”县

28、嬴(《大系》11379)——《汉志》泰山郡“嬴”县

29、临菑(《汇考》635、《大系》07954、《秦汉》94鼎、《奏谳书》17)——《汉志》齐郡“临淄”县

30、琅邪(《汇考》527、《大系》07737)——狼邪(《汇考》526玺)——《汉志》琅邪郡“琅邪”县

31、汁邡(《汇考》760)——《汉书·高惠高后文功臣表》“汁邡”——《史记·高祖功臣表》“汁方”县——《汉志》广汉郡“什方”县[①]

32、朐衍(《秩律》451)——眗衍(《秩律》451)——《汉志》北地郡“眗衍”县

33、伯人(《肩》73EJH1:45)——佰人(《肩》73EJT28:15)——《汉志》赵国“柏人”县

34、廪丘(《汇考》491玺)——廩丘(《大系》08038)——《汉志》东郡“廩丘”县

35、粱(《封集》184、《秦汉》190钟)——梁(上海博物馆藏[②])——《汉志》“梁”国

36、请郭(《封集》493)——《汉书·文帝纪》“靖郭”县

37、藍田(《秩律》448)——蓝田(《大系》07700、《汉金》卷1·96鼎)——《汉志》京兆尹“蓝田”县

38、祋栩(《集古》卷8、《大系》06829)——《汉志》左冯翊“祋祤”县——《汉书·卫青霍去病传》“祋栩”县——《冯野王传》(殿本)“祋祤”县

39、赣揄(《汇考》515玺、《征存》0288、《大系》06986)——《汉志》琅邪郡“赣榆”县

40、姊归(《秩律》456)——《汉志》南郡“秭归”县

41、犨(《秩律》457、《大系》06357)——《汉志》南阳郡“犨”县

42、西郝(《居》514·42)——《后汉书·刘永传》“西防”县

43、犁阳(《肩》73EJT2:3)——《汉志》魏郡“黎阳”县

44、育黎(《汇考》630玺)——《汉志》东莱郡“育犁”县

45、雒卢(《征存》0642)——《汉志》胶东“邹卢”县

---

① 此例归入声旁相同的A类、B类皆有理，但不再重复另列于B类下；其他实例同类。

② 转引自赵平安《秦西汉印章研究》，上海古籍出版社2012年，第100页。

46、蘄(《汇考》403)——《汉志》沛郡"鄿"县

47、犛(《汇考》312、《大系》08220、《陕金》0584 鼎)——斄(《汇考》313 玺)——斄(《汉金》卷 4·362 钭、《秩律》448)——《汉志》右扶风"斄"县

48、沙歁(《秩律》456)——《汉志》江夏郡"沙羡"县

49、磿城(《汇考》571、《封集》1130)——《汉志》济南郡"历城"县

B、增减形旁

1、刚甁(《大系》06989)——《汉志》广汉郡"刚氐"道

2、卢江(《广西文物》1986.1 卢江戈)——庐江(《大系》08044)——《汉志》"庐江"郡

3、元成(《考古与文物》2014.4 锺、缶)——《汉志》魏郡"元城"县

4、渭成(《汇考》308 玺)——《汉志》右扶风"渭城"县

5、阳成(《秩律》457)——《汉志》颍川郡"阳城"县

6、新城(《秩律》第 455)——新成(《汉金·卷 1》101 鼎)——《汉志》河南郡"新成"县

7、襄成(《贞松·卷 13》2 鼎)——襄城(《Ancient Chinese Bronzes》① 14 豆)——《汉志》颍川郡"襄城"县

8、城阳(《大系》06331)——《汉志》汝南郡"成阳"县

9、东成(《汇考》718)——《汉志》九江郡"东城"县

10、宜成(《汇考》574)——《汉志》南郡"宜城"县

11、宣成(《汇考》723 玺、《肩》73EJF3:328)——《水经注·渭水注》"宣成"——《汉志》丹阳郡"宣城"县

12、鄜(《秩律》459)——《汉志》左冯翊"鄜"县

13、压戎(《汉铜·卷 6》虎符)——《汉志》"厌戎"郡

14、鱼阳(《虚》0052)——渔阳(《征存》0374、《汇考》923 玺)——《汉志》"渔阳"郡

15、汝阴(《尹》3 正)——女阴(《汉金·卷 1》26 鼎)——《汉志》汝南郡"女阴"县——《汉书·高惠高后文功臣表》"汝阴"

16、女贲(《大系》09348)——《汉志》汝南郡"汝汾"县

17、隐强(《肩》73EJ37:224)——《汉志》汝南郡"濦强"县

18、玄兔(《汉铜·卷 6》虎符)——《汉志》"玄菟"郡

---

① Daniel Shapiro:《Ancient Chinese Bronzes: A Personal Appreciation》,Sylph Editions,2014.8。

19、坏德(《秩律》第459)——《汉志》左冯翊“褱德”县

20、闻憙(《肩》73EJD:256)——《汉志》河东郡“闻喜”县

21、匽师(《肩》73EJT21:21)——《汉志》河南郡“偃师”县

22、建伶(《汇考》809玺)——《汉志》益州郡“健伶”县

23、龙伉(《尹》3反)——《汉志》沛郡“龙亢”县

24、濮阳(《秩律》450)——濮阳(《大系》08640)——《汉志》东郡“濮阳”县

25、胡阳(《汇考》675、《秩律》457)——《汉志》南阳郡“湖阳”县

26、隋(《秩律》457、《征存》0634)——《汉志》南阳郡“随”县

27、祭阳(《秩律》457)——《汉志》南阳郡“蔡阳”县

28、酆(《秩律》443)——《汉志》沛郡“丰”县

29、蘩阳(《秩律》455)——《汉志》魏郡“繁阳”县

30、蘩(《汇考》1182、《大系》06947)——《汉志》蜀郡“繁”县

31、仓松(《肩》73EJD:201)——《汉志》武威郡“苍松”县

32、来无(《汇考》475、《大系》07681)——《汉志》泰山郡“莱芜”县

33、蔓柏(《秩律》458)——《汉志》九原郡“曼柏”县

34、蕃禺(《秦汉》43鼎、232)——《汉志》南海郡“番禺”县

35、菹(《秩律》453)——《汉志》武都郡“沮”县

36、菑丘(《尹》3正)——《汉志》楚国“甾丘”县

37、蘼(《汉金·卷1》108鼎盖)——雝(《汉金·卷1》38鼎)——《汉志》右扶风“雍(雝)”县

38、菌(《秩律》451)——《汉志》安定郡“卤”县

39、潘和(《居》506·6)——《汉志》张掖郡“番和”县

40、泺涫(《肩》73EJT7:104)——《汉志》酒泉郡“乐涫”县

41、渔泽(《敦煌汉简》2228)——《汉志》敦煌郡“效谷”县“渔泽”[1]——《汉书·孙宝传》“鱼泽”县

42、掷裴[2](《肩》73EJT21:438)——《汉书·王子侯表》“掷裴”——《汉志》魏郡“即裴”县

43、夜丞(《汇考》623)——《汉志》东莱郡“掖”县

① 颜师古在《汉志》敦煌郡效谷县下注:“本渔泽障也。桑钦说孝武元封六年济南崔不意为鱼泽尉,教力田,以勤效得谷,因立为县名”。

② “掷”下一字作,原整理者隶定为“悲”,马孟龙认为隶书“衣”“心”二字写法相近,极易混淆,“悲”是“裴”之误释,可信。马孟龙:《谈肩水金关汉简中的几个地(二)》,《中国历史地理论丛》2014年第2期,第89—91页。

44、内广(《秩律》455)——《汉志》魏郡“内黄”县

45、庐乡(《史印新证举隅》[①])——《汉志》东莱郡“卢乡”县

46、临袁(《汇考》1037)——《汉志》琅邪郡“临原”县——《汉书·高惠高后文功臣表》“临辕”县

47、古始(《肩》73EJT9:253)——《汉志》淮阳郡“固始”县

48、黄乡(《秩律》465)——《汉志》广平郡“广乡”县

49、文阳(《汇考》414)——《汉志》鲁国“汶阳”县

50、上各(《陕金》1772鼎)——《汉志》弘农郡“上雒”县

51、浑彌(《上博》11辑引)——《汉志》乐浪郡“浑弥”县

52、嬘成(《上博》11辑引)——《汉志》乐浪郡“遂成”县

53、博亡(《肩》73EJT10:103)——《汉志》南阳郡“博望”邑

54、菀陵(《肩》73EJT21:370)——《汉志》河南郡“苑陵”县

55、存鄢(《汇考》791、《大系》06484)——《汉志》犍为郡“郁鄢”县

56、赞(《肩》73EJT22:80、《秩律》449[②]、《额济纳汉简》498·14A[③])——《汉志》沛郡“酂”县

57、陆糧(《汇考》712玺)——《史記·高祖功臣侯者年表》“陆梁”——《史记·索隐》《汉书·高慧高侯文功臣表》“陆量”县

58、阿氏(《秩律》454)——《汉志》上党郡“猗氏”县

59、沈黎(《汇考》783、《大系09809》)——《汉书·西南夷传》“沈黎”县

（二）声旁不同的通假字

1、左冯翊(《汇考》289)——左奉翊(《汇考》294玺)——《汉志》“左冯翊”

2、虖娄(《汇考》725)——《汉志》庐江郡“雩娄”县[④]

---

① 罗福颐:《史印新证举隅》,《故宫博物院院刊》1982年1期,第28页。

② 张家山汉简《秩律》449号简“赞”和“酂”并现,原整理者于“酂”下云:“酂,属沛郡。”于“赞”下云:“赞,又名酂,属南阳郡”(张家山二七四号汉墓竹简整理小组:《张家山汉墓竹简[二四七号墓]》,文物出版社2006年,第73页)。“赞”又见于肩水金关汉简,周波认为肩水金关汉简之赞即《汉志》沛郡之“酂”(周波:《说肩水金关汉简、张家山汉简中的地名“赞”及其相关问题》,《出土文献研究》2013年第12辑,第286—309页)。马孟龙据肩水金关汉简“淮阳郡赞”等材料指出,张家山汉简《二年律令·秩律》的“赞”应为沛郡酂县,初属淮阳郡,而“酂”是南阳郡酂县(马孟龙:《谈肩水金关简中的几个地名(二)》,《中国历史地理论丛》2014年第2期,第89—91页)。

③ 原整理者隶定为:“田卒淮阳郡嚣堂邑里上造赵德”,马孟龙认为“嚣”为“赞”的误释,马孟龙:《谈肩水金关汉简中的几个地名(二)》,《中国历史地理论丛》2014年第2期,第89—91页。

④ “虖”、“雩”音近,《集韵》“虖,况于切,音吁,虞平声”、“雩,匈于切,音吁,虞平声”(孙慰祖《两汉官印汇考》,上海书画出版社1993年,第115页)。

3、虖都(《汇考》745)——《汉志》豫章郡“雩都”县

4、临袁(《汇考》1037)——《汉志》琅邪郡“临原”县——《汉书·高惠高后文功臣表》“临辕”县

5、原城(《肩》73EJT3:55)——《汉志》魏郡“元城”

6、毋都(《居新》EPT52·118)——《汉志》五原郡“武都”县[①]

7、无极(《汉铜》p316鼎)——《汉志》中山国“毋极”县

8、钟离(《封集》1024)——《汉志》九江郡“钟离”县

9、载(《肩》73EJT37:699、《齐鲁封泥集存》)——菑(《封集》786、《征存》0193)——《汉志》梁“甾”县

10、於(《肩》73EJT24:131)——《汉志》太原郡“邬”县

11、揗丘(《秩律》460)——《汉志》东郡“顿丘”县

12、北与(《秩律》448)——《汉志》云中郡“北舆”县

13、沟氏(《肩》73EJT37:132)——《汉志》河南郡“缑氏”县

14、禄得(《肩》73EJT37:995)——觻得(《肩》73EJT23:661)——《汉志》张掖郡“觻得”县

15、盱台(《汇考》553)——《汉志》临淮郡“盱眙”县

16、大原(《肩》73EJT24:131)——大元(《肩》73EJT5:61)——《汉志》“太原”郡

(三)存疑实例

1、西粱(《汉铜》165锺)——《汉志》信都“西梁”

2、鄵(《汇考》429)——《玉篇》·邑部“鄵”——《汉志》巨鹿郡“鄡”县

根据统计,声旁相同的通假字在数量上占据绝对优势,这与代简帛通假字的规律是一致的[②],其中形旁增省的例子多于形旁不同的例子。地名通假字彼此声旁相同而形旁不同、形旁增省的原因,部分或由于义近而换用形符[③],部分或由于写法相近而导致形旁讹误[④],但大部分应并未考虑形旁,而是音近即可通假。地名用字习惯是

① “毋都”不见于文献记载,赵平安疑为“武都”的通假。参赵平安《秦西汉印章研究》,第118—119页。

② 赵平安:《秦汉简帛通假字的文字学研究》,《河北大学学报》1991年第4期,第28页。

③ 前者如“瓦——阝”、“豸——豕”、“艹——⺮”等。河西汉简中从“⺮”之字均从“艹”,如“簿”、“籍”之类均作“薄”、“藉”(《肩水金关汉简(壹)·凡例》)。

④ 如“木——扌”“木——牛”“力——刂”等。

当时社会普遍用字习惯的一种反映，因而不能与当时整体用字习惯割裂开来。但是地名通假用字也有特殊之处，比如增省的形旁多为“土”“水”“艹”“阝”等常用偏旁，它们往往与河流、城邑、树木等古代具有边界意义的形符有关。

地名通假用字差异产生的原因，除了与西汉通假字盛行的时代背景有关，还与记录地名的载体、载体的用途、地名所属的时代、书手等因素有关。

《汉志》赣榆县之“榆”封泥文字皆作“揄”，剧魁县、剧县、剧魁县、剧阳县之“剧”封泥文字皆作“勮”，莱芜县封泥文字皆作“来无”，靖郭县封泥文字皆作“请郭”等等。《汉志》和西汉出土封泥存在着用字差异，封泥文字内部地名用字比较稳定统一，而且更符合当时的用字习惯。

从文字载体的角度看，官印内部也存在用字差异的例子[①]。官印中的县名大量使用通假字，而且高一级的行政单位——郡名也多用通假字[②]。这应与代通假字盛行有关，故而比较正式的官印用字也不统一，另一方面也可能与用途有关。值得注意的是，《汇考》294 载有一方玺印“左奉翊掾王欣印”，陈直认为系私人所用之印，“故假奉翊为冯翊，然可推测人读“冯”如“奉”音…同书[③]又有‘左冯翊印章’封泥和‘左冯翊丞’印，对于官印，仍使用“冯翊”二字”[④]；施谢捷认为此方玺印是随葬印而非实用印[⑤]。这表明文字载体的用途会影响地名的用字。

地名用字差异与出土资料的时代有关。根据地名用字的不同，可以探讨地名的沿革，可以对出土文献所属的时代进行一定的推论。有学者根据《汉志》梁国下的记载“甾县，故戴”，认为出土文献中的载县、菑县反映的是西汉不同时期的用字规范，菑县乃是载县更名而来，虽然更名，但保留了“载”的读音[⑥]。此即根据地名用字差异对地名沿革进行探讨的尝试。但是，《征存》193 有“梁菑农长”，《肩》73EJT：39 作“菑”，73：EJT3：55 亦作“载”，根据《汉书》卷 41《靳歙传》，靳歙邗说军于甾南，是秦已置甾县[⑦]。由此看来，载县与甾县应不具有时代早晚的关系，而只是由于书手不同而造成

---

① 如：琅邪（《汇考》527）——狼邪（《汇考》526 玺）；颍川（《汇考》371）——颖川（《汇考》372 玺）辽西（《汇考》929）——潦西（《虚》0030）等。

② 如：颍川（《汇考》371、《中原文物》1981・02，P61 颍川铜钲、《尹》3 正）——颖川（《汇考》372 玺）——《汉志》“颍川”郡；卢江（卢江戈）——庐江（《大系》08044）等。

③ 案，指罗福颐《汉印文字征》，文物出版社 1982 年。

④ 陈直：《汉书新证》，天津人民出版社 1979 年，第 194 页。

⑤ 施谢捷：《古玺汇考》，安徽大学博士学位论文 2006 年，第 146 页。

⑥ 马孟龙：《谈肩水金关汉简中的几个地名》，《中国历史地理论丛》2012 年 3 期，第 58—60 页。

⑦ 周振鹤、李晓杰、张莉：《中国行政区划通史・秦汉卷》，复旦大学出版社 2017 年，第 274 页。

的用字习惯的差异。此外,《汉志》张掖郡有"觻得"县,又见于《肩》73EJT23:661。肩水金关汉简多次出现"角得"(《肩》73EJT37:968B、《肩》73EJF3:314)、"乐得"(《肩》73EJF3:254)二县名。此两种县名称谓在《汉志》及其余正史文献中并未记载。李健雄根据相关简牍的数字写法、职官称谓等信息,认为"角得""乐得"是西汉张掖郡郡治觻得县在王莽时期地名改易的结果,那么含有"角得"、"乐得"地名的简牍应属新莽时期[①]。

引书简称对照表:

《集古》——《集古官印考》

《征存》——《秦汉南北朝官印征存》

《虚》——《虚无有斋摹辑汉印》

《上博》——《上海博物馆集刊》

《封集》——《古封泥集成》

《大系》——《中国封泥大系》

《汇考》——《两汉官印汇考》

《贞松》——《贞松堂藏吉金墨本》

《汉铜》——《汉代铜器铭文选释》

《秦汉》——《秦汉金文汇编》

《汉金》——《汉金文录》

《陕金》——《陕西金文集成》

《肩》——《肩水金关汉简》

《居》——《居延汉简》

《居新》——《居延新简》

《尹》——《尹湾汉墓简牍》

《秩律》——《张家山墓竹简[247 号墓]·二年律令·秩律》

《奏谳书》——《张家山墓竹简[247 号墓]·奏谳书》

参考文献

[1]陈直:《汉书新证》,天津人民出版社 1979 年。

---

① 李健雄:《简帛材料中的历史地理信息研究——从张掖郡觻得县的称谓变化说起》,《档案》2017 年 7 月,第 17—22 页。

[2]罗福颐:《史印新证举隅》,《故宫博物院院刊》1982 年第 1 期。

[3]赵平安:《秦汉简帛通假字的文字学研究》,《河北大学学报》1991 年第 4 期。

[4]甘肃省文物考古研究所:《敦煌汉简》,中华书局 1991 年。

[5]魏坚:《额济纳汉简》,广西师范大学出版社 2005 年。

[6]施谢捷:《古玺汇考》,安徽大学博士学位论文 2006 年。

[7]赵平安:《秦西汉印章研究》,上海古籍出版社 2012 年。

[8]马孟龙:《谈肩水金关汉简中的几个地名》,《中国历史地理论丛》2012 年 3 期。

[9]周波:《说肩水金关汉简、张家山汉简中的地名"赞"及其相关问题》,《出土文献研究》2013 年第 12 辑。

[10]马孟龙:《谈肩水金关简中的几个地名(二)》,《中国历史地理论丛》2014 年第 2 期。

[11] Daniel Shapiro. *Ancient Chinese Bronzes: A Personal Appreciation*, Sylph Editions. 2014.8.

[12]周振鹤、李晓杰、张莉:《中国行政区划通史·秦汉卷》,复旦大学出版社 2017 年。

[13]李健雄:《简帛材料中的历史地理信息研究——从张掖郡觻得县的称谓变化说起》,《档案》2017 年 7 月。

(孟娇:吉林大学古籍研究所,130012,长春)

《五音集韵》构形特殊的异体字*

邱龙升

提要 构形特殊的异体字是指形成过程复杂，往往综合运用多种制字方法，同时又不好准确地归入异构或异写字类型的异体字。这类异体字表现在异构和异写同用，古今字形杂糅，制造的新字有的无法分析构形理据，有的构形理据隐晦，溯源颇费周折，可谓异体字中的“疑难字”。文章就《五音集韵》中的13例异体字试作考辨，希望对整理字书和韵书文字有所裨益。

关键词 《五音集韵》 异体字 构形特殊

异体字是指为语言中同一词而造的，在使用中功能不发生分化且不对立的不同的文字形体，以及由于书写变异造成的一个字的不同形体。根据异体字定义，我们将异体字区分为异构字和异写字。对于绝大多数的异体字而言，都可归类为某正字的异构或异写。但也有极少数的异体字，形成过程复杂，往往综合运用多种制字方法，同时又不好准确地归入异构或异写字类型，我们称之为“构形特殊的异体字”。这类异体字表现在异构和异写同用，古今字形杂糅，制造的新字有的无法分析构形理据，有的构形理据隐晦，溯源颇费周折，可谓异体字中的“疑难字”。

构形特殊的异体字比较罕见，但在历代编纂的大型字书和韵书中均偶有出现。《五音集韵》亦是如此。《五音集韵》全称《改併五音集韵》，是金朝韩道昭编纂的一部大型韵书。该书鸿篇巨著，在《广韵》和《集韵》的基础上增广而成，全篇收字多达五万六千余个，是我国古代韵书收字的集大成者。[①] 其中重文异体字最为丰富，也不乏一些构形特殊的异体字。我们以韩道昭著、甯忌浮校订《校订五音集韵》(中华书局1992年版)为底本，将这类特殊异体字择要摘录，根据生成方式的不同，分作四类依次考辨。

---

* 本文为2019年国家社科基金西部项目“宋金韵书古文研究”(19XYY017)的阶段性成果。

① 据甯忌浮先生统计，《五音集韵》共计收录单字56598个，其中成化本实有单字56556个。参韩道昭著，甯忌浮校注《校订五音集韵》“索引”，中华书局1992年，第1页。

一 形体糅合形成的异体字

形体糅合，亦称形体拼合或形体嫁接，就是直接截取两个具有异体关系或通假关系的字的不同构件拼合成一个新字的构字法。发生字形糅合的两个原字之间通常关系密切，它们或互为异体字，或为通假关系，往往是择取二字各半以成新字。运用形体糅合构字法制造的异体字，由于是借用“外力”造字，既没有明确的造字意图，也看不出书写变异的轨迹，大多字形来源隐晦，构意不明。例如：

1. 豳：⿵山⿰分分

《五音集韵·真韵》：“⿰豳阝、⿵山⿰分分，地名。本⿰豳阝国之地，又有⿰豳阝城公刘所邑，盖此地也因以州名，亦作邠。又姓，出《姓苑》。”(P35 下)①

按：“⿰豳阝”为“豳”异写。《说文·邑部》：“邠，周太王国。在右扶风美阳。从邑分声。⿰豳阝，美阳亭即豳也。民俗以夜市有豳山。从山从豩。阙。”“豳”即“邠”或体 ⿰豳阝之隶定，从山从豩，属“邠”声义符不同的异构字，表古国名，古邑名，姓等义。《玉篇·豕部》：“豳，古文邠字。”《邑部》：“邠，补珉切，国名。亦作⿰豳阝。”《集韵·真韵》：“邠、豳、⿵山⿰分分，《说文》：‘周太王国。在右扶风美阳。又曰美阳亭即豳也。’或作豳、⿵山⿰分分。”《类篇·邑部》同。《字汇·山部》：“⿵山⿰分分，同⿰豳阝。”《正字通·山部》：“⿵山⿰分分，俗豳字。《说文》本作𨚔，亦作豳。经典省作邠，伪作⿰豳阝、⿵山⿰分分。”“⿵山⿰分分”即“豳(邠)”异体，但构形不明。窃疑“⿵山⿰分分”最初可能是“豳”异体“⿰豳阝”书写讹变，但同时又受到“邠”的“分”部类化，遂变成一个形体糅合字，即截取“豳”的“山”部和“邠”的“分”部糅合而成。“⿵山⿰分分”从山、从二分得声，可视为“豳(邠)”构形特殊的异构字。

2. 昆：⿱日弟

《五音集韵·魂韵》：“昆、⿱日弟，古浑切，兄也，后也，同也，又姓。罤上同，《说文》：‘周人谓兄曰罤。’”(P40 上)

按：《说文·日部》：“昆，同也。从日从比。徐锴曰：‘日日比之，是同也。’”段玉裁注：“从日者明之义也，亦同之义也；从比者，同之义。”“昆”从日从比，表同，兄，后嗣等义。又《弟部》：“罤，周人谓兄曰罤。从弟从眔。”段玉裁注：“昆弟字当作此，昆行而罤废矣。”徐灏注笺：“古通作昆。”“罤”从弟从眔，本义表兄，为“昆弟”之“昆”本字。“昆”

① 引文后的括号内文字是标明在《校订五音集韵》中的详细出处，“P”代表页码，“上、下”分别指上、下栏，下同。

本义表同，亦假借为“翼”，遂产生了兄，姓等假借义。后世多以“昆”表兄义，“翼”渐废弃不用。《玉篇·日部》：“□，音昆，兄也。与昆同。”《龙龛手镜·日部》：“□，古；昆，今，古浑反，兄也，后也，同也，又姓。”《广韵·魂韵》：“昆，兄也，后也，同也，又姓。□上同。”宋陆游《幽居即事九首》之五：“野人求其类，金墺实弟□。”“□”即“昆”，是其例。“□”即“昆”异体，但构形不明，亦当为形体糅合字，截取“昆”的“日”部与“昆”通假字“翼”的“弟”部拼合而成。“□”从日从弟，即“昆”构形特别的异构字。

二　与古文字构形相关的异体字

与古文字构形相关的异体字，是指楷书异体字的构形要追溯到隶变以前的古文字或篆隶文字，是对与之对应古文形体的异构或异写。这类异体字往往古今字形杂糅，构形隐晦，异体的形源颇费周折，需要追溯到隶变及隶变前的古文字，涉及到古文字形体的书写讹变、异写、异构等诸方面。在先探明古文字构形之后，才可能通晓楷书层面的异体流变，合理解释字形。例如：

3.桑：□、桒

《五音集韵·唐韵》：“桑，息郎切，木名。《史记》曰：‘齐鲁千亩桑麻。’又姓，秦大夫自桑之后。桒俗；□古文。”(P69上)

按：《说文·叒部》：“□(桑)，蚕所食叶木。从叒、木。”“桑”即篆文□的隶变字，本义指桑树，又假借为姓义。《集韵·唐韵》：“桑、□，苏郎切，《说文》：‘蚕所食叶木。’又姓。古作□，或书作桒。”《类篇·叒部》：“桑、□，苏郎切，《说文》：‘蚕所食叶木。’又姓。古作□。”《广韵·唐韵》：“桑，木名。‘齐鲁千亩桑麻。’又姓，秦大夫自桑之后。桒俗。”《五经文字·木部》：“桑，作桒讹。”《隶辨》卷二引《韩勑碑》：“颜育空□。”按云：“《类篇》桑古作□，《集韵》云：‘或书作桒。’”“□”“□”“桒”形体微异，均为“桑”的异写字，异写形源可上溯至古文字时期。“桑”甲骨文作□、□、□[1]，上部象桑树的繁茂枝叶形。古陶文“桑”作□、□[2]，睡虎地秦简作□，汉瓦当作□、汉帛书《老子》作□诸形[3]，还依稀可见上部的叶茂之形，形体演变轨迹清晰，一脉相承。篆文□为讹变字形，将古文字中上端象形的部分讹成三个迭加的“又”，后隶变作“桑”。“□”“□”“桒”则为秦汉

① 中国科学院考古研究所：《甲骨文编》，中华书局1965年，第269页。

② 高明、葛会英：《古陶文字征》，中华书局1991年，第129页。

③ 汉语大字典字形组：《秦汉魏晋篆隶字形表》，四川辞书出版社1986年，第401页。

篆隶𣠺、𣡌、𣓁诸形演变而来，上半形体仍还依稀象叶茂形。故“𣡡”“𣓁”可视为与古文构形相关的特殊异体，即“桑”的古文异写字。其形体嬗变的路径推衍如下：

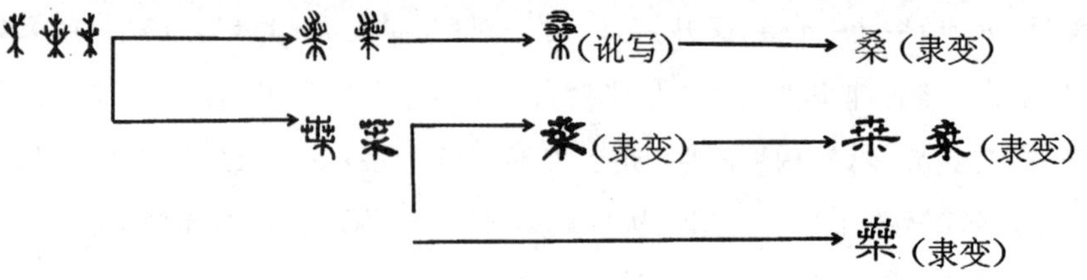

4. 巫：𢍿𢍰𢍱

《五音集韵·虞韵》：“巫，巫觋。或作𢍿、𢍱。𢍿、𢍰、𢍱并同上。”(P23 下)

按：《说文·巫部》：“巫，祝也。女能事无形，以舞降神者也。象人两褎舞形。与工同意。古者巫咸初作巫。𢍏，古文巫。”“巫”甲骨文作𠀁，金文作𠀁[①]，均像两玉交错形，古代巫师以玉为灵物，故以交错的玉形代表巫祝的巫，表巫祝，巫师等义。“𢍿”“𢍰”笔画微异，均为“巫”古文𢍏的隶定字，从“巫”、从“口”、从“𠬞”（“𠬞”表双手合拢向上承物，隶变作“廾”），盖源于“巫”战国文字作𢍏、𢍏（“觋”所从）、𢍏（“筮”所从）诸形[②]变异。“𢍱”则完全和古文字𢍏同构。《集韵·虞韵》：“巫、𢍿、𢍱，《说文》：‘祝也。女能事无形，以舞降神者。’古作𢍿、𢍱。”《类篇·巫部》：“巫，祝也。女能事无形，以舞降神者。古作𢍿、𢍱。”《玉篇·巫部》：“巫，武俱切，神降也，男为巫，女为觋。𢍰古文。”《四声篇海·廾部》《字汇·廾部》亦云：“𢍰，古文巫字。”《正字通·廾部》：“𢍿，古文巫。篆文作𢍏，省作𢍱（‘𢍱’异写）。”又云：“𢍰，𢍿字之伪。”“𢍰”为“𢍿”省讹，《正字通》所说甚是。“𢍿”“𢍰”属异写关系，所从“口”“𠬞（廾）”构意不明。窃疑古代巫师巫祝时常以双手捧物祷告，口中喃喃有辞以示虔诚，故“巫”字可取“口”“𠬞”作为义符。“𢍿”“𢍰”从巫从二口从𠬞，可视为“巫”累增义符的古文异构字。“𢍱”从巫从𠬞，亦即“巫”的古文异构字。

5. 𪗉：𡛷

《五音集韵·齐韵》：“𪗉，等也。或作𡛷。𡛷同上。”(P29 下)

按：《说文·齐部》：“𪗉，等也。从𠫓妻声。”段玉裁注：“齊等字当作此。齊行而𡛷（𪗉）废矣。”《玉篇·齐部》：“𪗉，且题切，等也。”“𪗉”从齊妻声，表等齐、相等义。《集韵·齐韵》：“𪗉，等也。或作𡛷。”《类篇·𠫓部》：“𪗉，千西切，《说文》：‘等也。’或作

---

① 高明：《古文字类编》，大通书局 1986 年，第 23 页。

② 汤余惠：《战国文字编》，福建人民出版社 2001 年，第 302、287 页。

⿱厽妻。”《重订直音篇·厽部》:“⿱厽妻,音妻,等也。”“⿱厽妻”构形不明,窃疑其所从“厽”即《说文》“从亝妻声”的“亝”省写,略去了下端二横笔。《玉篇·二部》:“亝,古文齊。”《龙龛手镜·二部》:“亝,古文,音齊。”“亝”即“齊”的隶定古文,源于“齊”金文作亝[①]、楚简文字作亝、亝诸形[②]演变而来。“⿱厽妻”之“厽”即“齊”隶定古文“亝”之省体。“⿱厽妻”从厽(亝省)妻声,为“齏”与古文构形相关的特殊异体字。

6.祸:⿰礻⿱乃古

《五音集韵·果韵》:“祸、⿰礻⿱乃古,胡果切,害也。”(P122下)

按:《说文·示部》:“禍(祸),害也,神不福也。从示咼声。”“祸”从示咼声,表灾害,罪过,遭难等义。《玉篇·示部》:“祸,胡果切,害也,神不福也。⿰礻⿱乃古同上。”《龙龛手镜·示部》:“⿰礻⿱乃古、祸,二正,胡果反,灾祸也。”《广韵·果韵》:“祸,害也。⿰礻⿱乃古上同。”《类篇·示部》:“祸,户果切,《说文》:‘害也,神不福也。’古作⿰礻⿹乃古。”“⿰礻⿱乃古”“⿰礻⿹乃古”形体微异,属异写关系,但构形不明,盖为“祸”古文字异写,字形来源可上溯至秦汉篆隶。“祸”篆文作禍,西汉简帛作禍、禍、禍[③]。“⿰礻⿱乃古”“⿰礻⿹乃古”即禍诸形书写变异,将其右上“冎”讹作“乃”(“乃”篆隶作乃、乃[④],与禍的右上冎、冎形近讹混),右下“口”讹作“古”,即成“⿰礻⿱乃古”;若将“乃”的右下竖笔拉长,变成半包围状,即成“⿰礻⿹乃古”。同时“古”“祸”上古见、匣属牙喉音类,鱼、歌部通转合韵,古音相近,“口”讹作“古”也有可能受到汉字音化的影响。“⿰礻⿱乃古”即由篆隶演变至楷书时的书写变异,从示⿱乃古(咼)声,可视为“祸”的部件异写字。

三　文字类化形成的异体字

文字类化是指汉字书写过程中,受所处具体语言环境和相邻文字的影响,或受自身形体的影响,相应地改变文字构形的现象。文字类化形成的异体字,简称类化异体字,就是运用文字类化方法产生的异体字。根据类化途径的不同,类化异体字又可分为两类:一是受上下语境和相邻文字影响的类化字;二是受文字内部的部件影响的类化字。这类异体字构形特殊,不适用传统六书分析,也很难统一归入异构字或异写字,需视具体情况而定。例如:

---

① 容庚:《金文编》,中华书局1985年,第488页。

② 张守中等:《郭店楚简文字编》,文物出版社2000年,第106页。

③ 汉语大字典字形组:《秦汉魏晋篆隶字形表》,四川辞书出版社1986年,第13页。

④ 同上书,第310页。

7. 微:𢖍

《五音集韵·微韵》:“微、𢖍,无非切,妙也,细也,少也。《说文》曰:‘隐行也。’”(P18上)

按:《说文·彳部》“微,隐行也。从彳𢼸声。《春秋传》曰:‘白公其徒微之。’《玉篇·彳部》“微,无非切,细也,不明也。”“微”从彳𢼸声,表隐匿,细微,精妙,姓等义。《集韵·彳部》“微、𢖍,无非切,《说文》:‘隐行也。’或作𢖍。引《春秋传》‘白公其徒微之。’亦姓。”《类篇·行部》:“𢖍,无非切,隐行也。”《四声篇海·行部》:“𢖍,妙也,细也。《说文》曰:‘隐行也。’”《字汇补·行部》亦云:“𢖍,《韵会》与微同。”“𢖍”即“微”异体,但构形不明。窃疑“𢖍”的右旁“亍”与左旁“彳”组合作“行”字,所从“行”即受《说文》“微,隐行也”之“行”类化,而将“微”右旁“攵”改作“亍”。“𢖍”从彳𡵂(𢼸)声,可视为“微”受特定语境类化产生的部件异写字。

8. 螣:𧖉

《五音集韵·登韵》:“螣,螣蛇,或曰食禾虫。𧖉同上。”(P77上)

按:《说文·虫部》:“螣,神蛇也。从虫朕声。”《尔雅·释鱼》:“螣,螣蛇。”郭璞注:“龙类也,能兴云雾而游其中。”“螣”从虫朕声,指一种能飞的神蛇。《集韵·登韵》:“螣、𧖉,《说文》:‘神蛇也’。一曰蝗也。或作𧖉。”《类篇·虫部》同。《四声篇海·虫部》:“𧖉,徒登切,𧖉蛇。”《字汇补·虫部》:“𧖉,《韵会》:‘与螣同。’飞蛇也。”《农政全书·诸家杂论下》:“朝露浥日,蒙雨日中,点缀叶间,单则化气,合则化形,遂生𧖉。”“𧖉”即“螣”。“𧖉”之“𧊅”即声符“朕”异写,应是声符“朕”之“月”受到了义符“虫”的类化而改作。“𧖉”从虫𧊅(朕)声,即“螣”部件类化形成的异写字。

9. 扁:鶣

《五音集韵·轸韵》:“扁、鶣,扁鹊,古之良医也。”(P108上)

《五音集韵·狝韵》:“扁、鶣,姓也。卢医扁鹊是也。”(P115下)

按:《说文·册部》:“扁,署也。从户、册。”“扁”从戶从冊,表匾额,在门户上题字,姓等义。《集韵·准韵》:“扁、鶣,扁鹊,古之良医。或作鶣。”《铣韵》:“扁、鶣。姓也。古有扁鹊,或作鶣。”《龙龛手镜·鸟部》:“鶣,薄显反,鶣鹊也。”《类篇·鸟部》:“鶣,姓也。古有扁鹊,或作鶣。”《正字通·鸟部》:“鶣,姓也。鶣鹊,古良医。《史记》本作扁鹊,《姓苑》无鶣姓。”《正字通》所说甚是,“鶣”实属“扁”之异体。隋刘善经《四声论》:“纵使华陀集药,鶣鹊投针,恐魂岱宗,终难起也。”“鶣”即“扁”。《广碑别字》引《唐张才墓志》“扁”作“鶣”①。皆其证。“鶣”从鸟构意不明,应是受“扁鹊”之“鹊”从鸟的类

① 秦公、刘大新:《广碑别字》,国际文化出版公司1995年,第143页。

化而累增。故“鶣”之“鸟”和鸟无关，完全是一个无音义功能的记号，将“鶣”看作“扁”的异构字或异写字均不太合适，只能统称为异体字，即“扁”受相邻文字类化形成的异体字。

四　声符替换义符形成的双声符字

声符替换义符形成的双声符字，亦称双声字，就是将原形声字的义符用另一个声符替换，变成具有两个声符而无义符的怪字。这类异体字极为罕见，《五音集韵》仅见1例。它成因不明，很可能是受汉字左形右声主流结构的影响，误将右边的义符换成了声符。例如：

10. 䬐：⿰委畏

《五音集韵·灰韵》：“䬐、⿰委畏，风低皃。”（P33 上）

按：《玉篇·风部》：“䬐，于回切，风低皃。”《广韵·灰韵》：“䬐，风低皃。”“䬐”从风委声，表风低缓貌义。《集韵·灰韵》：“⿺風畏（‘䬐’异写）、⿰女畏，低风谓之⿺風畏。或作⿰女畏。”《类篇·风部》亦云：“⿺風畏、⿰女畏，乌回切，低风谓之⿺風畏风，或作⿰女畏风。”《四声篇海·女部》：“⿰女畏，乌恢切，风低皃。”《正字通·女部》：“⿰女畏，俗字。旧注音威，风低貌。”“⿰女畏”“䬐”音义俱同，属一字异体，但“⿰女畏”形体特别，构意不明。“⿰女畏”之“畏”与“䬐”声符“委”同属影纽微部，古音相同。“⿰女畏”从畏得声，替换了“䬐”的义符“风”，变成了一个没有义符的双声符字，从而破坏了从“风”的表意理据。“⿰女畏”从委、畏得声，为“䬐”构形特殊的异体字。

以上辨析了10个韵字所属的13例异体字，就字书文字的传承来看可分作两类。第一类承袭前代字书和韵书，其中有“⿱日男”“褶”承录《玉篇》，“⿱朵木”转录《广韵》，“⿶凵幽”“⿱佥犬”“⿱覀夏”“⿰歹殳”“⿲彳斤亍”“⿰虫逢”“鶣”“⿰女畏”来源《集韵》，“⿱弃木”来源《类篇》。第二类“⿱卑廾”始见《五音集韵》，同时又被《正字通》等后出字书转录。这些构形特殊的异体字非常少见，加之字形奇特，往往容易造成误解和识读困难。这是我们在整理字书和韵书文字时需要特别留意的。

参考文献

[1][汉]许慎：《说文解字》，中华书局1963年。
[2][南朝梁]顾野王著、陈彭年等修订：《大广益会玉篇》，中华书局1987年。
[3][唐]张参：《五经文字》（集成初编本），中华书局1985年。
[4][宋]陈彭年等：《广韵》，中国书店1982年。
[5][宋]丁度等：《集韵》，中华书局1989年。

[6][宋]司马光等:《类篇》,中华书局 1984 年。
[7][辽]释行均:《龙龛手镜》(高丽本),中华书局 1985 年。
[8][金]韩道昭著、甯忌浮校订:《校订五音集韵》,中华书局 1992 年。
[9][金]韩道昭:《改并五音类聚四声篇海》,明正德乙亥重刊本。
[10][明]梅膺祚:《字汇》(续修四库全书本),上海古籍出版社 2002 年。
[11][明]张自烈:《正字通》,中国工人出版社 1996 年。
[12][明]章黼撰、吴道长重订:《重订直音篇》(续修四库全书本),上海古籍出版社 2002 年。
[13][清]吴任臣:《字汇补》(续修四库全书本),上海古籍出版社 2002 年。
[14][清]顾蔼吉:《隶辨》,中华书局 1986 年。
[15][清]段玉裁:《说文解字注》,中华书局 1988 年。
[16][清]朱骏声:《说文通训定声》,中华书局 1984 年。
[17]高明:《古文字类编》,大通书局 1986 年。
[18]高明、葛会英:《古陶文字征》,中华书局 1991 年。
[19]汉语大字典字形组:《秦汉魏晋篆隶字形表》,四川辞书出版社 1986 年。
[20]汉语大字典编辑委员会:《汉语大字典》(第二版),四川辞书出版社、崇文书局 2010 年。
[21]秦公、刘大新:《广碑别字》,国际文化出版公司 1995 年。
[22]容庚:《金文编》,中华书局 1985 年。
[23]汤余惠:《战国文字编》,福建人民出版社 2001 年。
[24]张守中等:《郭店楚简文字编》,文物出版社 2000 年。
[25]中国科学院考古研究所:《甲骨文编》,中华书局 1965 年。

(邱龙升:琼台师范学院文学院·儿童语言学习研究中心,571100,海口)

据北齐石刻佛经对《汉语大字典》《汉语大词典》的补充*

刘征　郑振峰

提要　以响堂山石窟刻经为代表的北齐实物文献，与汉译佛经《大正藏》对读，其中的文字、词汇差异不仅能反映北齐时代的语言文字特点，还可以帮助语文辞书的编纂，以《汉语大字典》《汉语大词典》为代表的语文辞书应不断吸收出土文献的新成果，据响堂山佛经补足辞书之处主要有：提早首见例证年代 19 处、弥补例证缺失 24 处、增加《大字典》字头 3 处及补充《大词典》异体词形 8 处、增加释义义项 1 处。

关键词　北齐　刻经　《汉语大字典》《汉语大词典》

〇　引言

北齐处于佛教刻经的盛期，石经有近 20 万的字量，北齐都城邺城（位于河北省邯郸市南部漳河的两岸）是北方重要的佛教中心，北齐佛教石窟代表的响堂山石窟即位于此，响堂山石窟是皇室开凿的一组大型石窟，石窟上存有大面积的刻经，如：全本《维摩诘所说经》，《佛说弥勒下生成佛经》《佛说孛经》等的部分章节，以及一些散经如："十二部经名"等共计十八篇。[①]"这些译经是研究汉语史的宝贵材料"，[②]但这些石经文本未被全面的整理，故研究价值发掘不足。

《大正新修大藏经》[③]简称《大正藏》，是目前学术界应用最广、较为完备的佛经版本，是基于中国多部《大藏经》整理而来，响堂山石经都能找到与《大正藏》对应的篇

* 本文得到 2019 年河北省哲学社会科学基金项目"河北响堂山佛教刻经字形与字用研究"（HB19YY012）的资助。

① 本文全部的响堂山图片来自张林堂：《响堂山石窟碑刻题记总录》，外文出版社 2005 年。

② 方一新，王云路：《中古汉语读本》，上海教育出版社 2006 年，第 1 页。

③ ［日］大正一切经刊行会：《大正新修大藏经》，新文丰出版有限公司 1996 年。

目，如：响堂山的《维摩诘所说经》对应（姚秦）鸠摩罗什译《维摩诘所说经》，《佛说孛经》对应（吴）支谦译《佛说孛经抄》等，这些石经不仅真实可靠且与译经年代接近，较大程度地保留了译经原貌。

“如何利用出土文献及相关研究成果，是大型历时语文辞书编纂、修订需要进一步思考的问题。”[①]本文将响堂山石经（以下简称“响文”）图版上6万左右的单字与通行本《大正藏》逐字对读（一并关注《大正藏》页下所附的版本差异），制作响堂山石刻佛经释文及校注，把异文与《汉语大字典》（第二版，以下简称《大字典》[②]）、《汉语大词典》（简称《大词典》[③]）关联，找到石经文献补足大型辞书之处。如：响堂山《无量义经》中有“智恬情泊虑凝静，意灭识亡心亦”，此处“宷”字《大正藏》（8－421－3[④]）作“寂”。《大字典》（1002）收有“宷”字，其下引《龙龛手鉴・宀部》：“宷”，同“寂”。例证为清许承家《赠杜于皇七十》：“宷寞台城北，高吟不厌贫。”此处所引字书为辽代僧人行均所纂，例证为清代作品，可见响文可将始见例至少提前到北齐时期。此字并非仅此一处，还见于响文多处，如《大般涅盘经・狮子吼品》：“无三宝处，令我自得～静之心。”再如“善男子诸佛无所从”篇中：“～灭无来无去，～灭即是佛。”这些字形形体清晰、语句完整，实可为辞书编纂所用。“辞书编纂中也应当贯彻出土文献和传世文献相结合的‘二重证据法’，方能使大型辞书趋于完善。”[⑤]在这一思路启发下总结出响堂山石刻佛经异文补足语文辞书共计55处，具体分类探讨如下。

一　提早首见例证

《汉语大字典》《汉语大词典》部分例证时代如唐代，相较北齐略晚，有些时代较远为元明清时期，可据响堂山石窟刻经提前到北齐时期。

（一）对《汉语大字典》的补充

这类将《汉语大字典》首见例证进行提前的，共有13处，如：

埿《维摩诘所说经》：“离众杂恶，摧诸外道，超越假名，出淤，无系着。”

“埿”为“泥”的异体字。《大正藏》（14－541－3）作“泥”。《大字典》（491）“埿”下

① 周远富，孙莹：《出土文献与辞书编纂》，《南通大学学报》（社会科学版）2017年第2期，第91页。

② 汉语大字典编辑委员会：《汉语大字典（第二版）》，崇文书局2010年。

③ 汉语大词典编辑委员会：《汉语大词典》，上海辞书出版社1986年。

④ 所标注分别为在《大正新修大藏经》中的卷—页—栏，如：8－421－3表示第八卷，第421页，第三栏，下同。

⑤ 李迅：《新出土文献在辞书编纂与出版中的价值刍议》，《出版发行研究》2014年第2期，第72页。

引宋代韵书《集韵·齐韵》:“埿,涂也。通作泥。”唐杜甫《秋雨叹》:“秋来未曾见白日,埿污后土何时干”。此例证可用响文置换。该字还可见于响文同文的“譬如高原陆地不生□(表示该字残泐)□,□湿污～,乃生此华。”以及记录石经创作过程的题记《唐邕刻经碑》:“舜共三公,芝～观字。”多次出现该字,意义明确且形体清晰,《大字典》可引作例证。

遮《维摩诘所说经》:“如来满中,譬如甘遮、竹苇、稻麻、丛林。”

“遮”为“蔗”的异体字。《大正藏》(14－556－1)作“蔗”。《大字典》(3534)“遮”引明代宋濂《篇海类编·花木类·艹部》:“遮,甘遮。与蔗同。”所举例证《大般若波罗蜜多经》为唐代玄奘所译,可用响文置换。

迊《维摩诘所说经》:“稽首佛足,右绕七迊,一心合掌,在一面立。”

“迊”为“帀”的异体字。《大正藏》(14－553－2)作“匝”。《大字典》(4071)“迊”引《广韵·合韵》:“帀,遍也,周也。迊,同帀。”又引《集韵·合韵》:“帀,或作迊。”二者为宋代韵书,例证引唐裴漼《少林寺碑》诗文。此字在响文中还见于同文“稽首佛足,亦绕七～,于一面立。”

这类可以将书证年代提早到北齐时期的还有很多,如:石经《大方广佛华严经四谛品》一文中:“如是等□□□,有卌亿……”“卌”字《大正藏》(9－422－2)作“四十”。《大字典》(69)最早的书证为唐代的《入唐求法巡礼行记》;石经《无量义经》一文中:“大哉大悟大圣主,无垢无染无所著,天人舄马调御师,道风德香熏一切。”“舄”字《大正藏》(9－385－1)作“象”。《大字典》(2372)该字下例证为清代王士禛的碑刻作品《池北偶谈》;石经《佛说孛经》一文中:“王与夫人……毭。孛□就坐,犬前舐足。”“毭”字《大正藏》(17－790－1)作“㲪”。《大字典》(2151)引证为宋代赵汝适的《诸蕃志》,这些例证年代较此处都晚,可据响文置换。

(二)对于《汉语大词典》的补充

这类将《汉语大词典》首见例证进行提前的,共有6处,如:

罣阂《维摩诘所说经》:“示行贪欲,□诸染着;示□瞋恚,于诸众生无□～。”

《大正藏》(14－549－1)作“恚阂”。《大词典》(8－1021)[①]只有“罣碍”一词:释作“佛教语。谓凡心因迷成障,未能悟脱。”举例为唐玄奘译本《般若波罗蜜心经》,“罣阂”与“罣碍”同义,因此《大词典》可收录“罣阂”一词,并附上此处例证提早年代。

另外:“阂”据《大字典》(4375)释为:阻碍,妨碍。唐慧琳《一切经音义》卷十五引

---

① 所标注分别为在《汉语大词典》中的卷—页,如:8－1021表示第八卷,第1021页。

《考声》："阂，妨也。"《集韵·德韵》："阂，碍也。"清段玉裁《说文解字注·门部》："有外闭则为阂。"《说文通训定声·颐部》："阂，与碍义近。"以及所收例证：汉焦赣《易林·贲之咸》："树柱阂车，失其正当。"都是实义"阻碍"，而响文"阂"都指心中迷障，再如同文"是应作，是不应作，□鄣～，是不鄣～"等，且响文只有"阂"而无"碍"。"阂"字表心理的义项可据此补。

⿰忄龍悷《维摩诘所说经》："譬如象马，～不调，加诸楚毒，乃至彻骨，然后调伏。"

"⿰忄龍"字中"龍"的写法继承了早期隶书，《大正藏》(14－553－1)作"⿰忄龍"。《大词典》(7－794)有"⿰忄龍戾"一词：凶狠难以驯服。举例为唐玄奘《大唐西域记·屈支国》，响文中"戾"受上下文影响，增加心旁，《大词典》可补"⿰忄龍悷"词形，且此处可提早例证年代。

⿸疒创疣《维摩诘所说经》："菩萨成就几法，于此世界行无～，生于净土？"

"⿸疒创"是"疮"字增构件"刀"的异体字，《大正藏》(14－553－1)作"疮"。《大词典》(8－348)有"疮疣"：比喻痛苦或祸害。举例为唐韩愈《赴江陵途中寄赠三学士》诗文，可据此词形，提早例证年代。

这类将书证年代提早到北齐时期的还有几处，再如：《维摩诘所说经》："虽行禅定解脱三昧而不随禅生，是菩萨行；虽□□念处，而不毕竟离身受心法，是菩萨行。"其中"毕竟"，《大正藏》(14－545－3)作"永"；元版、明版《大正藏》中"而不"作"不毕竟"；圣版(大概在隋唐时期)《大正藏》中"而不"后有"毕竟"二字。这些其它版本的《大正藏》与响堂山处都有"毕竟"一词。可见至少北齐时期已有该词。《大词典》(7－1322)"毕竟"有"到底；终归"义，所列最早的例证为唐代许浑《闻开江宋相公申锡下世》的诗作。

二　弥补例证缺失

《汉语大字典》《汉语大词典》在有些字头下只有字书对该字的收录，却未引用例证，故读者无法看到该字在文献中的实际使用，据响文可弥补例证不足。

(一)对《汉语大字典》的补充

这类弥补了《汉语大字典》字头下例证缺失现象的，共有23处，如：

𡔷《文殊师利般若波罗蜜》："非行非不行处，悉入𡔷乘，名非行处。"

《大正藏》(8－731－1)作"壹"。《大字典》(536)"壹"字下引汉代《说文·壹部》："𡔷，专壹也。"又引清代吴任臣《字汇补·士部》："𡔷，古文壹字。"但未见用例，响文可补。响文还见于《大方广佛华严经四谛品》："尒时，～切处文殊师利……"又"明达～切法，知法悉虚妄。"

𣪊《佛说弥勒下生成佛经》："得离诸欲，如鸟出𣪊。"

该字义为"卵"，《大正藏》(14－425－3)作"㲉"。《大字典》(2324)"𣪊"字下引《字汇补·殳部》："𣪊，同鷇"。北齐响文中可见"㱿""殸"混用，所以"𣪊""㲉""鷇"三字为一字异体关系。《大字典》无例证，响文可补。此字还见于响文《大方广佛华严经四谛品》："亦如众鸟类，出～音不同。"

訙《维摩诘所说经》："维摩诘稽首世尊足下，致敬无量，问訙起居，少病少恼，气力安不？"

《大正藏》(14－552－1)作"讯"。《大字典》(4199)"讯"字下引《集韵·稕韵》："讯，问也。或作訙。"未见用例，据此可补。

这类补充《大字典》书证的还有很多，如：《佛说孛经》："草木殊性，鸟□类分。白鹤自白，鸬鷀……益也。""鷀"字《大正藏》(17－734－1)作"鹚"。《大字典》(4976)"鷀"下只注《直音篇·鸟部》："鷀"，同"鹚"。而未列用例。《无量义经》："踝膝不现阴马藏，细筋锁骨鹿膊肠。""膝"字《大正藏》(9－385－1)作"膝"。《大字典》(2245)"膝"字下只引用明代字书《字汇》："膝，《释藏》作膝"。《维摩诘所说经》："入此世界，犹持华𩭴，示一切众。""𩭴"为"鬘"的俗字，响文字形中"目"位于一角是构件"髟"构字时的特点，《大正藏》(14－555－2)作"鬘"，《大字典》(4812)收有"䰈"字，其下只有(金)《改并四声篇海·髟部》引《龙龛手鉴》："䰈，花䰈也。䰈，同上。"无例证。这些字下并未引证用例，都可据响文增补。

(二)对《汉语大词典》的补充

《汉语大词典》中的例证有的为间接证据，不够充分，据响堂山石经可提供直接例证，共有1处：

婇女《维摩诘所说经》："示有妻妾～，而常远离五欲淤泥。"

《大正藏》(14－549－1)作"采女"，三本(宋元明)版《大正藏》作"婇女"。《大词典》(4－373)"婇女"：宫女。例证为唐法琳《辨证论》卷七"孙皓溺像，阴疼累月"注引南朝宋刘义庆《宣验记》"中宫有一婇女，先奉佛法，内有所知，凡所记事往往甚中。"刘义庆的时代南朝宋(420—479年)与北齐(公元550年—公元577年)相去不远，而《大词典》所引为间接材料，响文为直接材料，故可据此例证补充。

三　补充字头

中古实物文献中大量俗字待开发，对出土材料的研究可以真实地掌握俗字时代，以补充《汉语大字典》字头，并完善《汉语大字典》中的字形关系。这类补充共有3处。

申《维摩诘所说经》："是身如浮云，须申变灭。"

《大正藏》(14－539－2)作"臾"。响文中"臾"字都写作"申"。《大字典》收录多个"臾"的异体，如："⿱臾儿"、"臾"，却未收"申"，同时《大字典》(1485)有"⿰歹申"字，其下注：同"腴"，引《龙龛手鉴·歹部》："⿰歹申，正作腴。"收有以"申"作偏旁的"⿰歹申"字而未收"申"字，不妥。响文中此形大量出现，如同文有"若欲食者，且待须～，当令汝得未曾有食"又"于彼世界，忽然不现。须～之闲，至维……"又"弥勒菩萨见此妙台须～无常"等，形体清晰、意义无疑，故应补录该字。

⿳米田土《维摩诘所说经》："又如殖种于空，终不得生；⿳米田土坏之地，乃能□茂。"

此字形包含的构件为"米""田""土"，是"粪"的俗字。《大正藏》(14－549－2)作"粪"。《大字典》(3354)据历代字书收录多个"粪"的俗字如"畚""糞""㷓"等，而无此字，可据此补录"⿳米田土"字。

⿰忄堕《大般涅盘经·狮子吼品》："读诵书写十二部经，不生懈怠懒⿰忄堕之心。"

据响堂山石经可知：在原字形上增加"心"旁是佛经材料的特点。此字《大正藏》(12－534－1)作"堕"。该字虽有残泐，但仍可看出左部有"忄"旁，下部为构件"土"。《大字典》有多个"惰"字的异体，如："⿱隋心""憜""憜""⿰忄⿱隋心"等，但无此写法。可据此补"⿰忄堕"字。

四　补充词语异形

响堂山石经中有些词语不见于《汉语大词典》，但与《汉语大词典》所收词语表达意义的功能相同，可据响文补充《汉语大词典》词形。共有8处。

蠃髺《维摩诘所说经》："尔时，～梵王语舍利弗：勿作是意……"

"蠃"即蠃，"髺"即"髻"。《大正藏》(14－538－3)作"螺髻"。《广韵·果韵》："蠃"本作"螺"。《大词典》(8－956)只有"螺髻"，可据响文补充该词形。

谨⿱殸心《佛说孛经》："明人之性，仁柔～，温雅习博。"

《大正藏》(17－733－2)作"谨懿"，三本版、宫版、圣版、圣乙版《大正藏》作"谨慤"。《大词典》(11－398)有"谨慤"，并注"可作'谨愨'"。响堂山石经中"㱿"会写作"殸"，故"慤"可作"⿱殸心"，所以可增此"谨⿱殸心"词形。

踪横《佛说孛经》："□□～于外，以佞辩为政；夫人于内，以妖……"

《大正藏》(17－734－2)作"纵横"。此处用法与"纵横"相同。《大词典》(9－

1004)只有“纵横”,可据此补“亦作‘踪横’”。

这类再如:《佛说孛经》:“□师,衺□,□圣,反论,淫泆,嗜酒。”“淫泆”《大正藏》(17－732－2)作“淫妷”。“淫”字据《说文解字注・女部》:“婬之字今多以淫代之,淫行而婬废矣。”《广韵・质韵》:“泆,淫泆。”《大词典》(4－373)有“淫佚”,并注“亦作‘淫妷’”,据此可补作“淫泆”。《维摩诘所说经》:“回向阿耨多罗三藐三菩提,实时壑然,还得本心。”“壑然”《大正藏》(14－541－1)作“豁然”,从文意看为“豁然”。《大词典》(10－1324)“豁然”下可补。《佛说弥勒下生成佛经》:“复有二大臣,一名旃檀,二名须蔓。”“蔓”字将构件“又”换作带有示音功能的“万”,“须蔓”《大正藏》(14－424－3)作“须曼”。《大词典》(12－249)只有“须曼”,可补此词形。

“异形词‘同义’的确定是相当复杂的”,[①]这部分异形词通过与传世本《大正藏》同义替换而得,同样也需要再参考同时代的其它材料进行斟酌,以审慎的态度辨别差异,并附以大量语料加以印证。

五 增加词语义项

响堂山石经中的个别词语见于《汉语大词典》,但无法找到相对应的义项,共有1处。

毕手《佛说孛经》:“到□礼毕,□□面坐。王～曰:……”

《大正藏》(17－729－2)作“叉手”。《大词典》(7－1320)收录“毕手”一词:指完成,引元代刘祁《归潜志》文,但此处据文意及与传世《大正藏》的对照,并不为“完成”义。词义若不再多加揣测,可收入《大词典》,待更多用例证明。

六 结语

“在现代语言教育中,我们绝对离不开汉语史的基本史实和结论。”[②]了解和研究汉语史的目的是为了更好地掌握现代汉语。通过上述北齐响堂山石窟刻经与传世《大正藏》对比所反应的文字、词汇问题,我们结合语文词典编纂将这些问题存在的价值体现出来,充分展示了中古词语研究的重要性。中古汉语研究是一个热门话题,然

① 苏宝荣:《关于异形词整理和规范的理论思考》,《辞书研究》2002年第4期,第10页。

② 王力:《汉语史稿》,中华书局2004年,第3—4页。

而目前对中古出土佛经文献的整理与研究多限于敦煌写卷文献，此处通过响堂山石经对辞书编纂的补足，表明中古石刻佛经亦有相当的价值。当然，在文本对读中反应出的问题不止是对《汉语大字典》《汉语大词典》的增补，还体现在虚词运用上的差异，词语选用的不同，以及利用碑刻文献对传世文献进行校对等方面，这些内容仍有待进一步的挖掘与整理。

（刘征，河北经贸大学文化与传播学院，050061，石家庄；
郑振峰，河北师范大学文学院，050024，石家庄）

释《隋李贵暨妻王氏墓志》中的“肙”

张崇依

提要 《隋李贵暨妻王氏墓志》中的“肙”，前人释作“胥”。本文从字形、字义两方面提出新见，认为当释作“戢”。

关键词 隋代 墓志 疑难字

《隋李贵暨妻王氏墓志》：“逝水难留，泪光永肙。”

“肙”，《隋代墓志铭汇考》释作“胥”[①]，不确。此字应释作“戢”。

就字形而言，在石刻文字资料中，“咠”声诸字主要发生了以下形体演变：(1)“咠”中“耳”的第一笔横画与“耳”其他部分割裂。从现存字例来看，这种形体变化主要发生在汉代。如“戢”，“”(汉《朝侯小子碑》)。如“缉”，“”(汉《孔宙碑》)。(2)或是因为“耳”省去第一笔横画的部分，与“月”形似，或是因为书写者追求字形的美观，“耳”的短竖被拉长至与长竖同等长度，总之，“耳”省去横笔的部分被写作“月”形。这使得“咠”在形体上成为“口”、“一”、“月”三部分。如“缉”，“”(曹魏《曹真碑》)、“”(晋《郭槐柩记》)、“”(唐《张颜墓志》)。如“辑”，“”(唐《宋庄墓志》)。如“揖”，“”(汉《曹全碑》)。(3)在上述形体变化的基础上，“咠”的“一”发生弯折。如“缉”，“”(北魏《慈庆墓志》)、“”(北魏《元瞻墓志》)、“”(西魏《王超宗妻王氏墓志》)、“”(隋《田保洛暨妻王氏墓志》)、“”(唐《荆从皋墓志》)、“”(唐《张氏墓志》)。如“辑”，“”(唐《张忠义墓志》)。如“揖”，“”(隋《杨异暨妻穆氏墓志》)、“”(隋《杨孝偡墓志》)。自然地，“戢”字也就写作“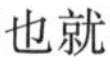”(北魏《侯愔墓志》)、“”(隋《暴永墓志》)、“”(唐《韩长墓志》)、“”(唐《冯士良墓志》)。此外，“”为“咠”的异体，其有力的辅助证据则是来自字书的界定。唐颜元孙《干禄字书》明确指出，“、”的关系是上俗下正[②]。

那么，“”是如何写作“肙”的呢？其原因在于，中古石刻资料中，文字省去形旁

---

① 王其祎、周晓薇：《隋代墓志铭汇考》第一册，线装书局2007年，第67页。

② [唐]颜元孙撰、施安昌编：《颜真卿书干禄字书》，紫禁城出版社1997年，第64页。

的现象比较常见。以下举两例证明之。“懋”,《说文解字》(以下简称《说文》):“勉也。从心,楙声”①。省去形旁后,“懋”写作“楙”,如“”(萧梁《旧馆坛碑》)、“”(隋《严元贵墓志》)、“”(唐《徐思倩墓志》)。“柔”,《说文》:“木曲直也。从木,矛声。”“柔”省去形旁后,写作“矛”。如“”(西魏《吴辉墓志》)、“”(隋《苏嶷墓志》)。同理,“戢”在写作“”后,省去形旁“戈”,遂作“咠”。

再看“胥”字,就现存的出土文字资料而言,自汉代以来,“胥”的字形演变分为两途,(1)由小篆字形“”隶变作“胥”。这类字形,与本文无关,兹不在讨论之列。(2)“胥”的“疋”写作“足”,即保留了隶变前的字形,如“”(汉《马王堆汉简·纵横家书》一八八)、“”(汉《马王堆汉简·孙膑》二二四)。在此基础上,“足”部发生简省,写作“”(北魏《穆绍墓志》)、“”(西魏《辛长墓志》)、“”(唐《崔绍墓志》)。它与“戢”的异体字“咠”形体一致。也就是说,“胥”的异体字“”与“戢”的异体字“咠”是同形字。

那么,我们应该如何判断《李贵暨妻王氏墓志》中所用的是“戢”还是“胥”呢?这应该从字义加以考证。墓志之语“逝水难留,沮光永咠”值得略作分疏。“逝水”用典故《论语·子罕》:“子在川上曰:‘逝者如斯夫,不舍昼夜。’”“逝水难留”喻指生命恰似逝去之流水,难以暂停。“沮光”,即“徂光”也,指逝去的光辉。中古墓志中,时见“徂光”、“徂辉”之语,如北魏《和丑仁墓志》:“徂光奄沦,百龄一谢。”北齐《宇文诚墓志》:“岂徂辉易谢,逝水无停。”“咠”若作“戢”讲,则是收敛、止息之义。《诗·小雅·鸳鸯》:“鸳鸯在梁,戢其左翼。”郑玄《笺》云:“戢,敛也。”“永戢”是永远地收敛、止息。中古墓志中时见用例,萧梁《萧敷墓志》:“茂册徒休,神猷永戢。”北魏《元袭墓志》:“高芳振振,□辉永戢。”

“咠”若作“胥”讲,“胥”有“尽”义,似亦可通。但同时也存在着以下问题:第一,从词义上看,“胥”的“尽”义是从“皆、都”之义引申而来的。《孟子》杨伯峻注:“《尔雅·释诂》云:‘胥,皆也’。引申之便有‘尽’义。”它侧重表达的是空间范围的“囊括、包举”的意义,与墓志想要传达的时间的“止歇”之义,还是有一定的区别。第二,从语法上看,“胥”作为动词单独使用表达“尽”义时,词后皆带宾语。如《孟子·万章上》:“天下之士多就之者,帝将胥天下而迁之焉。”《文选·甘泉赋》:“云飞扬兮雨滂沛,于胥德兮丽万世。”李善注:“君臣皆有圣德,故华丽至于万世也。”第三,从语例上看,中古墓志中的“胥”主要有下列含义:(1)官府中的小吏。唐《崔绍墓志》:“吏胥息奸。”(2)相看、视察。唐《赵仁表砖志》:“载胥仁宇。”(3)相互。北魏《穆绍墓志》:“世道沦胥。”“沦

① [汉]许慎:《说文解字》,中华书局2013年,第218页。

胥”之初义是相率牵连。《诗·小雅·雨无正》:“若此无罪,沦胥以铺。”毛《传》:“沦,率也。”郑玄《笺》:“胥,相铺遍也。言王使此无罪见牵率相引而遍得罪也。”此后,“沦胥”泛指沦陷、沦丧。可知,“沦胥”之“胥”不作“尽”义讲。就笔者目力所及,未见中古墓志中有“胥”训“尽”的用例,也未见“永胥”的用例。因此,“永胥”一词,不确。

综上所述,“徂光永胥”之“胥”应释作“戢”。

参考文献

[1]北京图书馆金石组编:《北京图书馆藏中国历代石刻拓本汇编》,中州古籍出版社 1997 年。
[2]齐运通、杨健锋:《洛阳新获墓志 2015》,中华书局 2017 年。
[3]王其祎、周晓薇:《隋代墓志铭汇考》,线装书局 2007 年。
[4](汉)许慎:《说文解字》,中华书局 1963 年。
[5]徐中舒:《秦汉魏晋篆隶字形表》,四川辞书出版社 1985 年。
[6](唐)颜元孙撰、施安昌编:《颜真卿书干禄字书》,紫禁城出版社 2007 年。
[7]臧克和主编:《汉魏六朝隋唐五代字形表》,南方日报出版社 2011 年。
[8]赵超:《汉魏南北朝墓志汇编》,天津古籍出版社 2008 年。
[9]赵力光:《西安碑林博物馆新藏墓志汇编》,中华书局 2007 年。

(张崇依:中山大学历史学系,510275,广州)

纳西东巴经选择性异读初探

喻 遂 生

提要 选择性异读是东巴在写经时将某一内容的几种选项一并写出，而读经时根据具体情况选读其中之一的现象。本文举例分析了东巴经的选择性异读，与敦煌书仪文献中的类似现象进行了比较，指出了东巴经选择性异读研究的意义。

关键词 东巴经 选择性 异读

一、引言

关于纳西东巴文的异读，笔者曾写过《纳西东巴文的异读和纳汉文字的比较研究》《纳西东巴文同义换读研究》，对东巴文的古今异读、方言异读、借词异读、构词异读、同义换读作过初步的研究①。本文讨论东巴经书中的另外一种异读——选择性异读。

选择性异读是东巴在写经时将某一内容的几种选项一并写出，而读经时根据具体情况选读其中之一的现象。譬如我们写一份讲话稿，主体内容可以适用于不同对象，某些部分则根据不同对象适当调整。如对同学讲就称“同学们”，对老师讲就称“老师们”，等等。这些变化我们可以在稿纸上直接改动，或改后重新打印。而东巴的经书是要长久地反复地使用的，而且东巴纸制造不易，经书抄写费时费力，东巴绝不会因少数几处的变换去重抄一本，也不会将此次不读的内容划去，因为这些内容也许正是下一次要读的。最经济实用的办法是写出各种选项，读时酌选其一，这就形成了选择性异读。

本文的选题和材料收集得到和继全先生的大力帮助。大约在2010年，当时和继

① 喻遂生：《纳西东巴文的异读和纳汉文字的比较研究》，载《纳西东巴文研究丛稿》，巴蜀书社2004年；《纳西东巴文同义换读研究》，《云南师范大学学报》2018年第4期。

全先生在西南大学攻读博士学位，在一次课堂教学中，我听他讲述东巴经而受到启发，在原来研究东巴文异读的基础上萌生了“选择性异读”的概念。本文初稿曾于2019年10月在郑州大学举办的中国文字学会第十届学术年会上宣读，承蒙河南财经政法大学徐浩先生提示敦煌文献中选择性异读的情况，并热情提供有关论著和图片，亦承蒙西南大学同事赵鑫晔女士提供有关图片和录文，因而增写比较研究一节。在此谨向三位先生女士致以谢忱。

本文引自《纳西东巴古籍译注全集》①的用例，均用“《全集》＋数码”标注出处，二节式数码表示“卷数—页数”，三节式数码表示“卷数—页数—小节数”。其他来源的用例，随文注明经书名。

二、东巴经选择性异读例释

1、“梅、禾、树、尤”四大支系

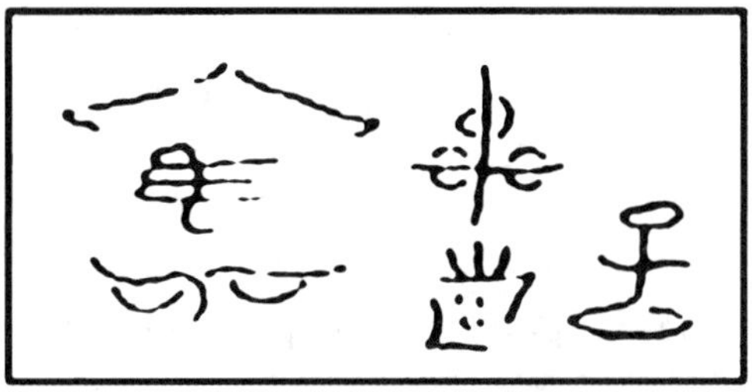

《点油灯》2页

上图是白地经书《点油灯》中的一个片段。各字为： my^{55} 天。 ho^{21} 肋骨，借音作纳西族古支系名禾。 $iə^{21}$ 一种野菜，借音作古支系名尤。 me^{21} 五倍子树，借音作古支系名梅。 $ʂv^{33}$ 茅草，从 草， $ʂv^{21}$ 骰子声，借音作古支系名 $ʂv^{55}$ 树。 $ndzv^{21}$ 坐，引申作居住。按字面全句应读作：my^{55} bv^{21} ho^{21} $iə^{21}$ me^{21} $ʂv^{55}$ $nɯ^{33}$ $ndzv^{21}$ 天下由和、尤、梅、树支系居住。

“梅、禾、树、尤”传说是纳西族创世始祖崇则丽恩六代孙哥来秋的四个儿子，由此而形成古代纳西族的四大支系，除了由外族归化者，所有的纳西人都是梅、禾、树、尤的子孙。但在作仪式时，四大支系并不同时读出。该经释读者和继全先生特别指出：“实际诵读时按死者的支系选择性读，即死者属于梅、禾、树、尤哪个支系就读哪字。”

① 东巴文化研究所：《纳西东巴古籍译注全集》，云南人民出版社1999—2000年。

《全集》61.37

上图是东巴经《超度夫和妻·献牲》中的一个片段。各字为： iə[21] 一种野菜，借作古支系名尤。 sɿ[55] 茅草，借音作古支系名束（为支系名“树”的另一种译法）。 pɯ[33] 蒿草，借作 pɯ[55] 出处。 zo[33] 男子。 mi[55] 女子。全句《全集》译作“尤（束）氏族先祖的男后裔，尤（束）氏族先祖的女后裔”。“尤（束）”的表述方式说明该经的译注者已注意到此处是选择性异读。

在一些记录东巴教仪式的资料中，也有类似的记载。如和士成东巴讲述、和发源先生记录整理的《纳西族丧葬仪式》中，就多次记载东巴要念诵“树（尤、禾、梅）氏族先祖的男（女）后裔×××，现在把丰盛的饭菜已经献给你了”之类的经文①，将一些项目放在括号中，说明经文中确实是有选择项的。

这里有一个问题，难道天下不可以几个氏族同时居住吗？其实说某氏族居住只是一种强调的说法，是祭仪中的惯例。四川木里县俄亚乡苏达村的一块东巴文碑也是这样写的。

苏达村东巴文碑

① 和士成、和发源：《纳西族丧葬仪式》，载云南省社会科学院东巴文化研究所《纳西族东巴教仪式资料汇编》，云南民族出版社 2004 年，第 186 页。

此碑1、2行各字为：mv^{33}天。bv^{21}汝卡字，借作在……之下。ɕi^{21}黄，由hæ^{21}金借形并省简而来，借作纳西族古氏族名ɕi^{55}习。nɯ^{33}心脏，借作主语助词。ndzʅ^{21}坐，引申作居住。全句读作：mv^{33}bv^{21}ɕi^{55}nɯ^{33}ndzʅ^{21}天下习氏族居住。ɕi^{55}习是氏族名ʂv^{55}树的方言变读①。

上述《点油灯》紧接着下文还有："死者你回到斯补洛许地方去，回到培美罗朗地方去，回到三代祖父、四代祖母、先父、先母的地方去，回到树村、尤村去。"是说要将亡灵送回到祖居地，其中的"树村、尤村"应是"梅村、禾村、树村、尤村"的省写，实际读经时也要根据死者的支系选读其一。

在东巴经《刺母孟土·中卷》，有这样一段经文，大意是：将死者送到上方之日，上方有神的五个寨子。有一个寨子，是神的寨子，将死者送到神的寨子里。有一个寨子，是梅支系的寨子，你不是梅支系的后裔，就不兴去到梅的门前。有一个寨子，是和支系的寨子，你不是和支系的后裔，就不兴去到和的门前。有一个寨子，是尤支系的寨子，你不是尤支系的后裔，就不兴住在那里。有一个寨子，是树支系的寨子，你是树支系的后裔，你要住到树的门前。② 这段经文有三个"不是"和一个"是"，除非是某支系专用的经书，"不是"和"是"应该随着被超度者所属的氏族支系，作适当的改换。

2、白鹤父亲、斑鸠母亲

《全集》53.209

上图是《全集》53卷《关死门仪式·都沙敖吐、崇忍利恩、高勒趣三个的传说》中的一节。各字为：bi^{33}太阳。mə^{33}不，借作mə^{55}明朗。i^{33}da^{24}tʂhʅ^{33}dɯ^{33}dʑi^{24}主人这一家。ko^{33}phər^{21}白鹤，用作已故父亲的美称。gv^{33}hɯ^{21}斑鸠，用作已故母亲的美称。ə^{33}sʅ^{21}父亲，写作倾倒表示已死。ə^{33}me^{33}母亲，写作倾倒表示已死。mu^{55}牛蝇，借作老、死。全句意为：太阳明朗的这一天，主人这一家，白鹤

① 史晶英、杨亦花：《俄亚乡竖经幡仪式调查》，《丽江师范高等专科学院学报》2012年1期。

② 和士成读经、李静生翻译：《刺母孟土·中卷》，载《纳西东巴古籍译注（二）》，云南民族出版社1987年，第311—315页。

般的父亲去世了，斑鸠般的母亲去世了。

这段经文在超度死者的经书中很常见，语句大同小异。就一个家庭来说，父亲和母亲一般不会在同一天去世，除非父母同时去世[①]，举行仪式的时候，东巴会根据情况，选读其中的一句。《纳西族丧葬仪式》也多次用加括号的方式表示此二者选一，如："当东巴们跳着舞从那刹坞门前到庭院后，又继续念诵说：'祭祀的人家，像洁净的白鹤一样的祢尼父亲死了（像杂色斑鸠一样的俄尼母亲死了），前来送死者的一天，把福泽和活者拦回下面。'"[②]

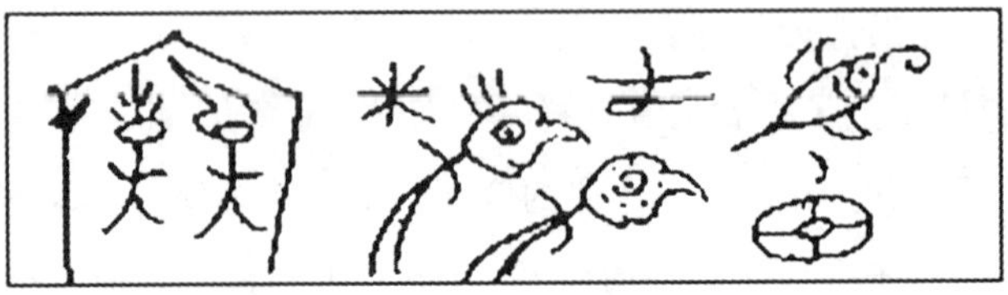

《点油灯》9 页

白地经书《点油灯》第 9 页也有类似的情节，经文如上图，释读者和继全先生特别说明："此处在举行祭仪时，按实际情况选择性诵读。即逝者为男性，读'白鹤般吉祥的父亲去世那一天'；若是女性，则读'斑鸠般吉祥的母亲去世那一天'。"

3、生肖纪年四合局[③]

《祭祀生育神》4 页

① 现实生活中应偶有夫妻同时去世的，东巴经中有相应的经书，见《全集》第 61 卷《超度夫和妻・献牲》等 4 种。

② 和士成、和发源：《纳西族丧葬仪式》，载云南省社会科学院东巴文化研究所《纳西族东巴教仪式资料汇编》，云南民族出版社 2004 年，第 185 页。

③ 本例采自和继全《东巴文藏音字研究》，载《东巴文考论稿》，民族出版社 2017 年，第 6 页。又喻遂生等：《俄亚、白地东巴文化调查研究》，中国社会科学出版社 2016 年，第 781 页。

上图是白地经书《祭祀生育神》中的一页，其第三栏中，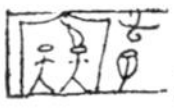是主人这一家，、、、是十二生肖四合局，是新的一年。

纳西族采用藏历，以五方（五行）各分阴阳为十，与十二生肖相配为六十纪年，如木鼠年即农历甲子年，木牛年即乙丑年，等等。云南香格里拉市白地一带的经书，常将十二生肖分为“鼠猴龙”、“牛蛇鸡”、“虎马狗”、“兔猪羊”四组，称为“相合四局”，读经时根据具体年份的属相，选择相应的一组用藏音读出。这四组的读音是：

第一局： $\mathrm{tsh}ʅ^{33}\ \mathrm{ta}^{55}\ \mathrm{ta}^{33}$ 狗虎马。按东巴文的顺序和纳西语读音是：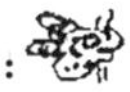 $\mathrm{l}ɑ^{33}$ 虎、 $ʐ\mathrm{u}ɑ^{33}$ 马、 $\mathrm{kh}ɯ^{33}$ 狗。

第二局： $\mathrm{pha}^{33}\ \mathrm{lo}^{55}\ \mathrm{yu}^{21}$ 猪羊兔。按东巴文的顺序和纳西语读音是： $\mathrm{tho}^{33}\ \mathrm{le}^{33}$ 兔、 bu^{21} 猪、 y^{21} 羊。

第三局： $ɕ\mathrm{i}ə^{21}\ \mathrm{le}^{55}\ \mathrm{v}^{21}$ 鸡牛蛇。按东巴文的顺序和纳西语读音是： $ɣɯ^{55}$ 牛、 $ʐʅ^{21}$ 蛇、 $æ^{21}$ 鸡。

第四局： $ɕ\mathrm{ua}^{21}$ 、 $\mathrm{mb}ə\mathrm{r}^{55}\ \mathrm{l}ə\mathrm{r}^{21}$ 、 fv^{55} 鼠龙猴。按东巴文的顺序和纳西语读音是： fv^{33} 鼠、 lv^{21} 龙、 zv^{21} 猴。

以上几个小节的经文，连起来意思是：“主人这一家，在某某生肖组，新的一年里（举行某种仪式）。”“新的一年”年份是具体的，东巴读经时必须在“相合四局”中选择其中的一组。

4、二十八宿某星当值

《全集》1.14

纳西历法有星宿记日法，以二十八宿轮流记日，名曰“某日某星当值”。因一年365天不能被28整除，某月某日由何星当值，不是固定不变的，需经过推算，东巴经中有专门推算星宿当值的经书和星图。上图是《祭天·远祖回归记》中的一页，其第一栏第二小节(格)至第三栏第一小节的译文是：“一月三十天，二十八宿好(引按：意为二十八宿轮流来值日)。三月三十日，毕古星、毕补星好，……蕊崩星好。”一共列出了23个星宿的名称：py^{21} kv^{55}毕古、py^{21} bu^{21}毕补、ʐua^{33} mu^{33} tse^{55} kɯ^{21}阮姆仄庚、pa^{21} me^{33} dʑə^{33} kɯ^{21}巴美玖庚、na^{21} gu^{21}娜谷、tha^{33} kə^{55}涛构、tʂhua^{55} tʂhər^{21}创昌、tʂhua^{55} kho^{33}创可、miə^{21} ɕy^{21} no^{55} kɯ^{21}谬许糯庚、sɿ^{33} tho^{21} ga^{33} kɯ^{21}司托嘎庚、kɯ^{21} phər^{21} dʑi^{21} khu^{33}庚盘吉空、kɯ^{21} phər^{21} dʑi^{21} kv^{33}庚盘吉古、fv^{33} le^{33} kə^{55} kɯ^{21}夫勒构庚、bu^{33} to^{21}布铎、bu^{21} ma^{55}布冒、zy^{21} kho^{33}蕊可、zy^{21} he^{33}蕊亨、zy^{33} tɕər^{33}蕊江、zy^{21} gv^{33}蕊古、zy^{21} dv^{21}蕊督、zy^{21} tshi^{21}蕊齐、zy^{21} ba^{21}蕊巴、zy^{21} b^{33}蕊崩。

很显然，一天不可能有那么多星宿来当值，东巴罗列众星在此，应该是便于读经时选用，因为要凭记忆说出28个星宿的名称，也不是那么容易的事情。下两图是东巴推算二十八宿当值的经书和星图。

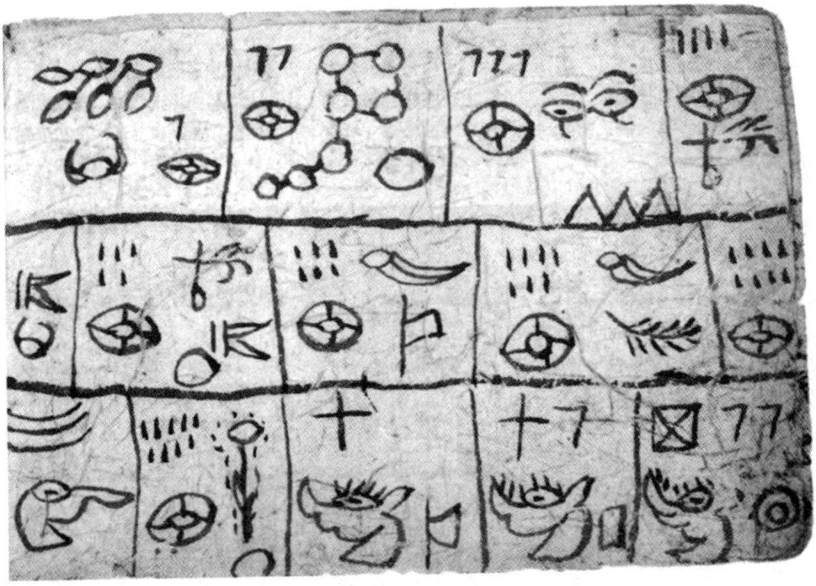

《全集》95.273《算二十八宿当值日》

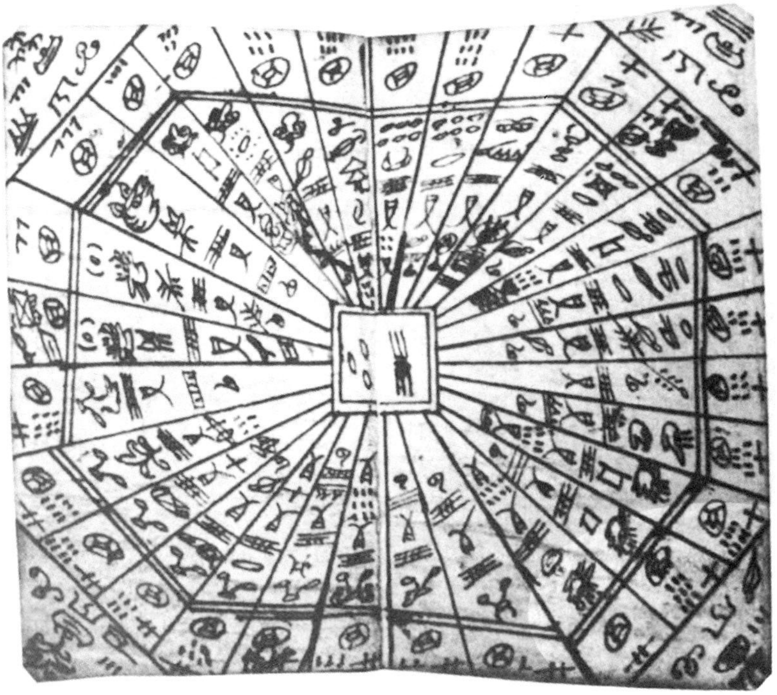

东巴二十八宿当值星图[①]

5、你两个、他两个

《全集》第 89 卷《大祭风·超度男女殉情者·制作木身》是超度殉情者的经书，因超度对象成双成对，经书中有很多“两个”、“你两个”、“他两个”之类的词语。如：

(1) 　(2) 

《全集》89.231.1　《全集》89.233.8

(1) tshɿ^{33} 吊死鬼。 dzɿ^{33} 围墙，借作 dzɿ^{21} 伴侣。 ȵi^{21} 二。 kv^{33} 蒜，借作量词 kv^{55} 个。连读作 tshɿ^{33} dzɿ^{21} iə^{21} dzɿ^{21} nɯ^{33} ȵi^{33} kv^{55} 吊死鬼情死鬼伴侣你两个。读时增加了 iə^{21} 情死鬼、nɯ^{33} 你。

(2)文字与(1)相同，读作 ʦhɿ^{33} dzɿ^{21} iə^{21} dzɿ^{21} la^{33} ȵi^{33} kv^{55} 吊死鬼情死鬼伴侣他两个。读时增加了 iə^{21} 情死鬼、la^{33} 他。

① 冯莉：《东巴舞蹈传人习阿牛　阿明东其》，民族出版社 2007 年，第 42 页。

(3) 

《全集》89.231.12

(4) 

《全集》89.227.4

(5) 

《全集》89.225.15

(3)文字比(1)增加了哥巴文 nɯ³³你，连读与(1)相同，为吊死鬼情死鬼伴侣你两个。

(4)文字比(1)增加了 nv²¹黄豆，借作 nɯ³³你，连读与(1)相同，为吊死鬼情死鬼伴侣你两个。

(5)文字比(1)增加了 iə²¹烟叶，借作情死鬼；哥巴文 la³³他，连读与(2)相同，为吊死鬼和情死鬼伴侣他两个。

有时候写的字应读“nɯ³³你”，实际读作了“la³³他”。如：

(6) 

《全集》89.238.7

(6)文字比(3)增加了 iə²¹烟叶，借作情死鬼，其余相同，但将哥巴文 nɯ³³你同义换读作 la³³他，读音与(5)相同，为吊死鬼和情死鬼伴侣他两个。

(7) 

《全集》89.238.4

(8) 

《全集》89.239.7

(9) 

《全集》89.239.3

以上三例同时将“(或)nɯ³³你”和“ la³³他”写出，而选读其一。如：

(7) nv²¹黄豆，借作 nɯ³³你。哥巴文 la³³他，未读出。连读作：tshʅ³³ dzʅ²¹ iə²¹ dzʅ²¹ nɯ³³ ȵi³³ kv⁵⁵吊死鬼情死鬼伴侣你两个。此式共 5 例。

(8)哥巴文 nɯ³³你。哥巴文 la³³他，未读出。连读作：tshʅ³³ dzʅ²¹ iə²¹ dzʅ²¹ nɯ³³ ȵi³³ kv⁵⁵吊死鬼情死鬼伴侣你两个。此式共 1 例。

(9) nv²¹黄豆，借作 nɯ³³你，未读出。哥巴文 la³³他。连读作：tshʅ³³ dzʅ²¹ iə²¹ dzʅ²¹ la³³ ȵi³³ kv⁵⁵吊死鬼情死鬼伴侣他两个。此式共 3 例。(8)(9)两例说明，经书虽然写作“你他两个”，但并不表示可以这样读，只是提示可以选读其一。

为什么会出现这种情况？我们认为，这是超度仪式的性质和经书的情节所决定的。超度死者的目的是要将亡灵送往祖先居住的地方，使其不要在家中作祟，因此在经文中要告诉亡灵回归路上要经过的地方、需携带的物品、要战胜的鬼怪、需注意的事项等，还要督促他们赶紧上路，不要耽搁，与亡灵对话当然需用第一人称。举行仪式同时又是对事主和听众的抚慰，需要不时告诉他们亡灵的情况，东巴要使仪式取得成功，也需要与听众交流，这时说到亡灵，就需要用第三人称。所以对于同一对亡灵，时而说“你两个”，时而说“他两个”。但这种人称的转换，非常灵活，并没有一定之规，所以经书中才会出现写“两个”读作“你两个”或“他两个”，写“你两个”而读作“他两个”的情况。至于(7)(8)(9)同时写出“你”和“他”，读经时选读其一的情况，更说明东巴认为这是可以灵活掌握的。这本经书篇幅不长，连封面共 21 页，同时写出“你”和“他”的共 9 例，说是东巴误写不太可能，实际情况应该是选择性异读。

三、与敦煌文献选择性异读的比较

汉语敦煌书仪文献中，也有与东巴经选择性异读类似的现象。所谓“书仪”，是一种关于书札体式、典礼仪注的写作范本。为了便于不同的人使用，书仪作者有时会将不同选项列出，供人选择。选择项有时用双行小字排列，本文为方便打印，改为小号字单行排列。括号内为校勘后的文字。如①：

1、与夫之伯叔父母姑姨姊书：大新妇言夫之姊云白：违远经久，驰系惟深。奉月日诲夫之姊之(云)问，伏慰驰悚。孟春犹寒，不审尊体何如？即日新妇蒙恩，未由拜奉，伏增驰结，伏愿珍重。谨言疏不宣夫云(之)姊云白记不具。大新妇姓再拜。(伯 3442，《吉凶书仪》21－3)

此例选择项用双行小字排列并加说明。因“夫之伯叔父母姑姨”与“夫之姊”有尊卑之别，故对象为“夫之姊”时，要改“言”为“白”，改“诲”为“问”，改“言疏不宣”为“白记不具”。

2、万佛同宣，三乘共轨。阅今(金)言于掌内，垂玉露，吞宝偈于豪颛(毫端)，胸中，若乃动雷音。(伯 2631，《释门文范》9－7)

3、官事。不择良，善朋，横，谋缨罗网，命疋黄沙之内，魂摇丹笔之前。类飞俄(蛾)之投火，同弱草之经霜。唯有，运一心，至求三宝。幸得近该天泽，狱官无滥。微命再生，思答，喜

① 以下 6 例，例 1 见张小艳《敦煌书仪语言研究》，商务印书馆 2007 年，第 14 页；例 5、6 见周尚兵《敦煌写本斋文整理复原心得》，载《古文献复原与整理》，首都师范大学历史学院 2015 年，第 128、129 页；由徐浩先生提供。例 2、3、4 由赵鑫晔女士提供。本文核对了原著录书。谨致谢忱！

报鸿恩，聿休香水。（北大 192，《诸文要集》7－6）

以上两例选择项用双行小字排列，不加说明。若以加括号表示选择项，两例要表示的意思是："万佛同宣，三乘共轨。阅金言于掌内，垂玉露（吞宝偈）于毫端（胸中），若乃动雷音。""官事。不择良（善）朋，横（谋）缨罗网，命疋黄沙之内（魂摇丹笔之前），类飞蛾之投火（同弱草之经霜）。唯有（运）一心，至求三宝。幸得近该天泽（狱官无滥）。微命再生，思答（喜报）鸿恩，聿休香水。"

4、卓彼真慈，无缘普济，利乐之道，夫何以加？然今陈雅志、舍所珍、竖良缘、祈妙福者，其谁施之？则有某大德之谓矣。僧云：道器清秀，神仪爽然；精心示逾，逸志高上。尼女云：行净明珠，戒含秋月；温柔作德，松竹坚心。俗人云：乃深信因果，非乃今生；暮（慕）道情殷，诚惟曩劫。"（斯 343，《文样》11－2）①

此例选择项和说明都用大字排列。说明文字"僧云""尼女云""俗人云"表示不同的祈愿者，各用其下的"道器清秀""行净明珠""乃深信因果"等句。

5、凉风吹断归雁之声，落业（叶）动愁人之思。（斯 2832，《文样》26－8）

此例选择项用大字排列，不加说明。但从句式的对比可看出选择项，第一句应读作"凉风吹（断）归雁之声"。

6、十二分之宗旨玄谈高论之文观门了达于十方五重方便语有相入无相与圣智相应诠有为入无为如来真教。（斯 2832，《文样》26－5）

此例标点非常困难，周尚兵先生认为应读作："十二分之宗旨，玄谈高论之文。观门（了达）于十方（五重），方便语有相，入无相，与圣智相应（诠有为，入无为，[阐]如来真教）。"是将"多个双字词、句子""连续书写"的比较复杂的选择性异读。

比较可知，东巴经和敦煌文献选择性异读的主要差异有：

1、从文献的类别和功用看，有选择性异读的敦煌文献都是文献写作范本，不是实用性的文献，而东巴经都是实际使用的文献。

2、从表现形式看，敦煌文献的选择性异读有些是有标记的，标记的形式有双行小字、双行小字加说明、大字加说明；有些是无标记的，其中有的可以通过语言形式的比对看出，可视为一种隐形的标记。东巴经都是无标记的。

3、从内容看，敦煌文献的选择性异读有指别差异，有修辞异读，正如赵鑫晔女士所指出的："这类异读，有的跟不同的施受对象有关，有的则是增加一种文学性用语的可能，与施受对象无关。"东巴经的选择性异读都是指别性的，目前尚未见到修辞性的用例。

---

① "俗人云"至"诚惟曩劫"原在文末，录文据文义移至此处。

四、选择性异读对于东巴经释读和研究的意义

根据初步研究，我们认为东巴经的选择性异读对于经书释读和研究有以下的意义。

1、提示新一代东巴应加强此方面的认识。东巴经的选择性异读见于实际使用的文献，又没有特别的标记，识别比较困难。在东巴教盛行的时代，东巴对祭仪、经书、经义比较熟悉，各种情况烂熟于心，对选择性异读会作恰当的处理。在东巴教中断传承又恢复以后，新一代东巴总体水平远不如从前，在东巴养成的过程中，必须加强这方面的认识，才能正确理解和诵读经书。

2、提示东巴经中的并列项有的可能是选择性异读。铺陈是东巴经常见的写作手法，并列项在经书中普遍存在，经常出现。作为研究人员，一般都缺乏宗教规仪的实际经验，如不提高警惕，很可能认为既然经书上写出了，当然应该一并读出，因而忽略有一些内容可能是需要作选择性异读的。

3、提示译注本应尽量注明选择性异读。东巴经的译注本，以经书的释读和翻译为目标，对于选择性异读的全部选项，都会一并读出译出。这并无不妥，但应加说明。若不加说明(有时译者也未必意识到某些地方是选择性异读)，就掩盖了经书运用的原貌，容易导致读者将选择项误认作并列项，从而作出错误的理解。

4、提示对某些并列项来源的研究。有些选择性异读，如果特定的对象和语境变得模糊，有可能变作一般的并列。如“白鹤父亲、斑鸠母亲”，作为对已故父母的美称，在祭仪事主夫妻一方还健在的情况下，同时读出就不恰当，而应选择其一。但经书中“白鹤父亲、斑鸠母亲”又常常和远祖、祖父祖母连在一起叙述，变得像虚指的历史和套话，如《全集》第 51 至 60 卷就出现了 41 次，如果在祭仪中不确指事主的父母，这种情况也就不必再作选择性异读了。但对这类并列项的来源，应予以注意。

5、提示注意选择性异读和其他异读的相互影响。东巴经选择性异读，和东巴文的古今异读、方言异读、借词异读、构词异读、同义换读的相同处在于，它们都是经书的某一个片段有不同的读法。但选择性异读是书面上写出了几项而选读一项，其他几种异读是书面上只有一个字但有不同的读法，二者性质不同。但二者有时会相互影响。如经书中选择性异读多次出现时，往往前详后略。一般只在前面列出全部选项，后面只写其中的一部分或一项。如纳西族“梅、禾、树、尤”四大支系，在前面全部列出，在后面往往只写其中之一，而这“之一”究竟该用哪一个，东巴会根据实际情况

从“梅、禾、树、尤”中选择。也就是说，东巴经中有些看似只有一项的地方，实际上存在着换读他项的可能。写一项而读作他项，不属于选择性异读，而属于同义换读。但所换之项，一定在前面选择性异读所列范围之内，二者有密切的联系。又如例5之(6)将“哥巴文 $nɯ^{33}$ 你”读作“la^{33} 他”，孤立地看是同义换读，但为什么会换读作“他”，只有放在全经“你、他”选择性异读的背景下考察，才能得出更合理的解释。

6、拓展东巴经文字赘余原因的研究。选择性异读同时写出多项而只读出一项，剩下的未读项就会成为文本中的赘余成分。东巴文的字词关系非常复杂，造成文字赘余有多种原因，如表意方法的杂糅、为保持文字与音节数的对应而添写、为保持文字结构平衡而添写、造字历史层次的累积、文字异读造成的赘余等。以上前3类为用字层面的赘余，后2类为造字层面的赘余。选择性异读成分的遗留也是造成文字赘余的原因之一，属于用字造成的赘余，但以前的研究尚未予以注意。

东巴经的选择性异读是新提出的问题，现在收集到的例证不多，研究才刚刚开始。今后应多作田野调查，观察经书的实际运用，将经书与东巴教仪式结合起来研究，才有可能取得更大的成绩。

（喻遂生：西南大学汉语言文献研究所，400715，重庆）

《字体蒙求》在汉字童蒙教育上的价值和意义

雍淑凤

提要 《字辨证篆》是清代道光年间举人易本烺在文字学领域的重要著作。《字体蒙求》是《字辨证篆》的第17卷，是易本烺早年编写的旧作，是“蒙求”类童蒙识字读本。《字体蒙求》在童蒙识字教育史上有一定的价值与意义，即撮举杂辨，帮助童蒙识字、记字、正确书写汉字；添加音注材料，利于蒙童快速正确诵读、记忆字音，理解词义；押韵形式多样，寓教于乐，有助于童蒙诵读、吟唱、记忆。《字体蒙求》是对李翰《蒙求》的继承与革新，专注于汉字教学，抓住字体是汉字教学的关键，为我们编写当代识字教材提供了范本。

关键词 《字体蒙求》 《蒙求》 汉字教学 蒙学 价值意义

易本烺(1805—1864)，湖北京山人，道光年间举人，曾任国史馆编修，清代中晚期的著名学者。他一生著述颇丰，现今流传下来的约有15种，大多收于《纸园丛书》和《湖北丛书》中。[①]“生平尤服膺读书必先识字之语”[②]，结合《说文》及其研究，1825年(即道光12年、道光壬辰年)写成蒙童识字读本《字辨证篆》初稿，1836年(即道光16年、道光丙申年)最终成书。[③]《字辨证篆》是易本烺在文字学领域的重要著作。所谓的“证篆”就是证之于《说文》之篆。《说文》是易本烺研究的出发点。[④]

《字体蒙求》是《字辨证篆》的第17卷，是易本烺早年编写的旧作，是“蒙求”类童蒙识字读本，“使后生俗学釐于某点、某画、某偏旁之截然不可混者，以各有意义也。”[⑤]“撮举杂辨，韵以四言，取便蒙诵，仍载篆文，不厌熟览也。”我们认为此卷在童

---

① 黄德宽：《金石古文字学术典籍丛刊·文字学编·字辨证篆·版本提要》，安徽人民出版社2015年，第1154页。

② 易崇堦：《字孳补·跋》，同治九年重刊，京山易氏家藏。

③ 易本烺：《字辨证篆(〈续修四库全书〉经部第240册)》，上海古籍出版社2002年，第337—510页；《字辨证篆(〈金石古文字学术典籍丛刊〉第24函、25函，第101—106册·文字学编)》，安徽人民出版社2015年。

④ 黄德宽：《金石古文字学术典籍丛刊·文字学编·字辨证篆·版本提要》，安徽人民出版社2015年，第1154页。

⑤ 易本烺：《字辨证篆·自叙(续修四库全书经部第240册)》，上海古籍出版社2002年，第338页。

蒙识字教育史上有一定的价值与意义，试述如下：

一、撮举杂辨，帮助童蒙识字、记字、正确书写汉字

剖析字形结构用来解说文字的音、义，是汉语文字学的一大特色。周秦时期人们就知道汉字的一个"字"是可以进一步分析的，并且还可以通过切分汉字来阐述说话人心中的某些义理，如"止戈为武""反正为乏""皿虫为蛊""自环謂之厶(私)，背厶(私)谓之公"，都是析形说义。许慎著《说文》全部吸收了这些汉字结构分析。易本烺从实用角度出发，以大徐本《说文》为基础，汲取《说文》对文字形音义的解释，注意剖析字形结构，侧重辨别偏旁形体，强调文字形体特点，辨别易混易错字，目的是为了让童蒙易于识字，牢记汉字结构，提示写法，防止写错，采用首(头)、足(脚)、肩、腹、尾等表示人体部位的文字或上、下、左、右等表示方位的词语来分析，生动有趣，易于被童蒙接受，力求"《说文》学"与"蒙学"的结合。《字体蒙求》撮举了大量的汉字结构辨析，点明了 300 多个汉字结构特点，如：

第 5 章：奇爲大可，陰作今云。配分酉己，成是戊丁。

第 16 章：倏形攸犬，解右刀牛。鬱上之缶，楙上之矛。

第 17 章：略田居左，畝久在右。衡中角大，周中用口。

第 30 章：肅爲聿淵，歲是步戌。船鉛从台，密蜜皆必。

第 38 章：默黔諸點，不承於下。羸嬴等字，亡口先寫。

第 39 章：敷敖之左，甫方土方。邊亦方腹，从容未詳。

第 42 章：彥產从文，上不从立。虔斐之足，亦與此一。

第 43 章：巂下从冏(ne4)，觿下从弓。二字之首，亦大不同。

第 61 章：聘騁从由，屆又从凷(kuai4)。冊顭从冄，稱亦非再。

二、添加音注材料，利于蒙童快速正确诵读、记忆字音，理解词义

《字体蒙求》特意添加了丰富的注释，尤其是为正文中的一些字和注释中的一些字添加了音注材料，帮助童蒙快速正确诵读、记忆字音，理解词义。据笔者统计，全卷64 章共有音注 52 个(其中有两个被注音字相同)。如：夲(音叨)；厸(音几)；亯(音兮)；辥(音屑)；亩(音廩)；丨(音衮)；𠂢(音派)；冘(音淫)；皀(音酌)；厂(音岸)；夊(音

吹)；厶(音私)；众(音盅)；犴(音染)；芈(音捉)；毌(音貫)；歺(音遏)；莽(音罔)；宀(音綿)；丏(音眄)；聿(尼輒切)；台(音兖)；釆(音辨)；巜(音澮)；𠬝(音伏)；㕟(音善)；禾(音稽)；隺(音確)；奞(音雖)；囟(音信)；向(音呐)；匕(音化)；广(音掩)；厂(音罕)；匚(音喜)；匚(音方)；𢦏(音千)；𢦏(音哉)；臤(音賢)；由(音弗)；乂(音刈)；𠂹(音肴)；朩(音品)；朮(音述)；朿(音刺)；甡(音莘)；朮(音侵)；朩(匹卦切)；扶(音伴)；廾(音拱)；冃(音冒)。以上音注，大多数都是为偏旁、部首注音，利于童蒙快速记忆汉字偏旁部首，为学习记忆更多的汉字打下坚实的基础。细分全卷注音格式，有两种：第一种，直音，如朿(音刺)，这类音注材料占全卷音注材料96%以上；第二种，用反切注音，只有两例，即聿(尼輒切)；朩(匹卦切)。用同音字直接注音比反切注音更利于蒙童诵读、记忆字音，所以尽量不用较难的反切注音法，比王筠《文字蒙求》常用反切法注音更简易些。全卷反切方式注音只有两例，是没有合适的同音字直接注音，才不得不用反切法注音。

全卷除音注材料外，还有13条音注补注材料。主要有三种情况。第一种，为偏旁或部首注音、辨析讹混的，怕人认错，记错，如：𠫓(音突，倒子字)；白(音自，與白不同)；谷(音隙，與谷字不同)、灬(音標，即火字)。第二种，帮助童蒙正确诵读、理解多音字、多音词。如："椹(音砧，斫木櫍也。《周禮》'椹質')"，"椹"实际上是个多音字，代表不同的词，"椹"还是"葚"的异体字，"椹(音砧，斫木櫍也。)"与"椹('葚'的异体字)"是同形字。其他还有：唇(音眞，驚也)；叚(音假，借也)；䄅(音眷，祭名)；圯(音夷，東楚謂橋曰圯)；圮(音否，毀也，方命圮族)。第三种，帮助童蒙正确诵读、理解复音词，如：艽(音求，艽野)；芄(音丸，芄蘭)；芃(音蓬，芃芃)。

《字体蒙求》全卷音注都非常实用，能帮助童蒙快速、准确诵读、记忆字音，理解字义。

三、押韵形式多样，寓教于乐，有助于童蒙诵读、吟唱、记忆

汉字是世界上唯一的形音义一体的文字，这种特点构成了汉字教学不同于其他语言教学的特有艺术。汉字是单音节文字，必须一个一个地认，一个一个地记，这给学童的识字带来一定的困难。但也由于汉字的方块形、单音节特点，易于组成整齐、押韵的词组和短句，便于童蒙诵读、吟唱、记忆，快乐学习。

汉字学史上，许多古代童蒙字书是利用汉字特点，采用韵语体裁、对偶句式，模仿四言诗体进行编写的。四字为句，隔句为韵，是西周至汉代韵文的重要形式。如《史

籀篇》四字为句，二句为韵；[①]《仓颉篇》[②]以四字为句，一般是隔句押韵，每章一韵到底，韵例有时也很灵活，有时是一句一韵的形式，不入韵的句子，往往使用韵部接近的字，近似交韵；[③]《急就篇》突破四言的格局，以七言韵语为主，杂以三言、四言。[④] 唐代李翰《蒙求》是第一部以"蒙求"命名的儿童识字课本，以介绍掌故和各科知识为主要内容，继承并发展了古代童蒙字书"韵以四言，取便蒙诵"的形式，全书都用四言韵文，每四个字是一个主谓短句，上下两句成为对偶，各讲一个掌故，两句或者四句话表达一个完整的意义，二句或四句一韵，或转或否，结构灵活，可以有效地吸引儿童的注意力。[⑤] 既符合学生的身心发展特点，又能激发学生的学习兴趣，读来琅琅上口，听来铿锵悦耳，切于实用，便于背诵；还可以用来唱，这样既有音乐的美感，又不至于太单调；四言的内容还能当口令来用，甚至还能用来玩，这样学习就跟玩乐结合起来，寓教于乐。

《字体蒙求》是讲汉字知识、指导识字的童蒙读物，不仅以"蒙求"为名，也采用《蒙求》的编法，继承古代童蒙字书的重要形式"韵以四言，取便蒙诵"，四字一句，四句一章，共256句，编成64章，其押韵形式多样，主要有以下几种情况：

(一)仅偶句押韵

此类在《字体蒙求》全文中占绝大多数。如：

第2章：次曰二欠，切作七刀。燮非三火，爽分两爻。

第7章：霸頭从雨，斜旁異斗。阜下非七，卒上非九。

(二)仅奇句押韵

第19章：罰下非討，賚上非夾。俎左非爻，賴右非頁。

第30章：肅爲聿淵，歲是步戌。船鉛从台，密蜜皆必。

(三)奇、偶句分别押韵

第50章：卑畀之首，與鬼各殊。會曾之頭，效魯則誣。

第54章：劉上从卯，斲則無之。教上从爻，孝則殊之。

---

① 黄德宽、陈秉新：《汉语文字学史》(增订本)，安徽教育出版社2014年，第8页。

② 参见罗振玉《流沙坠简》一"小学术数方技书"；劳榦《居延汉简》"小学类"第19—20页，1943年印行本；《居延汉代遗址的发掘和新出土的简册文物》，《文物》1978年第1期；《敦煌马圈湾汉代烽燧遗址发掘简报》，《文物》1981年第10期；《阜阳汉简简介》，《文物》1983年第2期；《阜阳汉简〈仓颉篇〉的初步研究》，《文物》1983年第2期。

③ 黄德宽、陈秉新：《汉语文字学史》(增订本)，安徽教育出版社2014年，第10—11页。

④ 同上书，第16页。

⑤ 姚荣环：《〈蒙求〉及其续书研究》，东北师范大学硕士毕业论文2014年，第10—11页。

(四)仅第1、2句押韵

第32章:稽不从禾,絕不从色。隺不从宀,將不从寽。

(五)仅第2、3句押韵

第16章:倏形攸犬,解右刀牛。鬱上之缶,楙上之矛。

(六)第1、2、4句押韵

第29章:睿壑同頭,貪含共首。龀右非匕,保(bao3)肩非口。

(七)第2、3、4句押韵

第3章:恙乃羊心,告爲牛口。冥下从六,抛中非九。

(八)第1、2句与第3、4句分别押韵

第45章:初複裕裨,衣部收之。鬧鬩鬬鬮,門部不收。

第46章:廈廳廁廄,厂部不究。匹匽匿區,匚部則無。

《字体蒙求》是讲究押韵的,但它是根据实际需求来的,不是为了押韵而押韵,也有少数几章不押韵,但每四个字是一个主谓短句,上下两句成为对偶。如:

第1章:閏王居門,黍禾入水。皋白大十,婁毌中女。

第25章:音十曰章,止四成澀。广兼曰廉,羽白成習。

为了"取便蒙诵",《字体蒙求》不仅采用了古代蒙书及《蒙求》"韵以四言"的方式,还采用《蒙求》的体式特征去撰写,采用了判断、反问、排比、对比等多种句式分析、总结、强调字形结构特点,且形成对偶。

蒙学读物多以韵文的语言形式来编纂,能与人的生理节律相谐调,使蒙童在阅读、背记时产生愉悦的情绪体验,可增强对语言的记忆力,从而更好地掌握相关内容。韵文使语言简约精炼,对语言表达有着潜在促进作用。

结语

《字体蒙求》是对李翰《蒙求》的继承与革新,既有"蒙求"之名,也有《蒙求》之实,继承并发展了《蒙求》的体式特征,专注于汉字教学,抓住字体是汉字教学的关键,启发我们编写当代识字教材要重视辨析汉字的结构特点,采用韵语体裁,把教学大纲中规定的常用汉字,组成最常用的词,采用整齐押韵的四字句式,编成易于理解,通俗有趣,篇幅短小的识字读本,便于儿童在诵唱中识字、记字。《字体蒙求》还和《蒙求》一样,加了自注,兼及音和义,更利于蒙童识字、记字,也为我们编写识字课本适当加注帮助童蒙理解,起了榜样作用。

当然，随着汉字形音义的改变，《字体蒙求》的一些内容已经和现代汉字教学内容相背了，不实用了。比如，“夲(音叨)”现在读为“滔”；现在汉字书写“谷(音隙)”与“谷”已经合成“谷”字，不再区分；“彦”“产”从“立”，不从“文”。

参考文献

[1]易本烺:《字辨证篆(〈续修四库全书〉经部第240册)》，上海古籍出版社2002年。

[2]易本烺:《字辨证篆(〈金石古文字学术典籍丛刊〉第24函、25函第101—106册·文字学编)》，安徽人民出版社2015年。

[3]易本烺:《字辨证篆·自叙(〈续修四库全书〉经部第240册)》，上海古籍出版社2002年，第338页。

[4]易崇堦:《字孳补·跋》，同治九年重刊，京山易氏家藏。

[5]黄德宽:《金石古文字学术典籍丛刊·文字学编·字辨证篆·版本提要》，安徽人民出版社2015年，第1154页。

[6]黄德宽、陈秉新:《汉语文字学史》(增订本)，安徽教育出版社2014年。

[7]姚荣环:《〈蒙求〉及其续书研究》，东北师范大学硕士毕业论文，2014年。

（雍淑凤：安徽大学文学院、安徽大学汉字发展与应用研究中心，230039，合肥；

安徽巢湖学院文学传媒与教育科学学院，238000，巢湖）

基于对外汉字教学的义符表义功能考察

王 静

提要 本文从对外汉字教学的角度出发，考察汉字义符对于字义的提示功能。数量有限的义符在字形上系联了大量汉字。在现代汉字层面，义符与所构成的汉字字义之间的关系可分为直接联系、间接联系和无共时联系三类，其中直接联系又可分为若干小类，一些小类具有能产性和较强的规律性。单个义符表义功能的强弱取决于其构字数量、表义度和表义的一致性。构字数量多、表义度和一致性高的义符对于对外汉字教学具有重要作用。

关键词 义符 表义功能 表义度 表义一致性 对外汉字教学

一、引言

对外汉字教学是国际汉语教学中的难点。在造字之初，汉字以形表意的特征较为明显。不同于拼音文字，汉字字形是独立于音义结合的语言单位而存在的书写符号，这种特征一方面加重了学习者汉字识记的负担，另一方面形义之间的联系也为学习者提供了获得字义信息的途径。连接字形与字义的重要纽带是义符①，义符有时也称“形旁、部首”，不同名称各有侧重，“形旁”限于形声字范围内，“部首”属辞书学术语，而“义符”是从功能上对汉字部件进行的分类。因本文旨在考察表义部件对于字义的提示功能，故采用“义符”这一概念。

随着字义及字形演变，汉字表义性呈降低趋势。一些学者对现代汉字中义符的表义功能进行过有益的探讨，如：向多林（1987）、费锦昌和孙曼均（1988）、施正宇（1992）、康加深（1993）、李国英（1996）、尹斌庸（1998）、顾安达（1999）、李蕊（2005）、张积家等（2006）。他们或对义符与字义的关系进行分类，或对表义度进行赋值，或从汉语作为二语学习者的认知角度测查义符的表义性，或通过心理学实验的方法考察义

① 根据裘锡圭（2013）的定义，义符为“不是依靠自己的形象来起作用，而是依靠本身的字义来表意的意符。”

符对于判断汉字语法类别的作用。由于考察范围和判断标准不同，对于义符和字义关系的分类框架不尽相同，得出的义符表义度也差异较大。

本文基于对外汉字教学的目标，以《汉语国际教育用音节汉字词汇等级划分》(2010，以下简称《等级划分》)中的3000字表作为考察对象，侧重从汉语作为二语学习者的角度考察义符对于现代汉字字义的提示功能。

二、《等级划分》3000字所含义符统计分析

本文以《字源》(李学勤主编，2012)的释义判断某一部件是否为义符，将《等级划分》3000字中包含的义符离析出来。因学习者认知汉字的起点是字形，我们将字形上包含某一义符的字，均列为该义符构成的字。在义符构成的字中，义符常充当形声字的形旁，如“门”充当“闸、阎、阁”等字的形旁；有时充当会意字的部件，如“门”充当“闭、间、闯”等字部件。少数义符的形体有时又可以作为形声字的声旁，如“门”作为“闻、问、闷”等字的声旁；或仅作为合体字中的记号，如“普、曾”中的“日”。对于同义异体义符是否归入同一个义符，本文的依据是看其两种形体差异是否明显，若差异明显，便分列两个义符，如“扌”和“手”；若差异较小，便归为同一个义符，如“土”和“土”。

因对外汉字教学应利用构字数量较多的义符，本文选取构字达到一定数量(5个以上)的义符作为考察对象。据本文统计，3000字包含的义符中构字数在5个以上的有97个，它们共构字2495个，占3000字的83.2%。可见，在汉语作为二语学习者需掌握的汉字范围内，从字形上看，有限的义符对于汉字的系联作用十分明显。按构字数分布的义符如下表所示：

《等级划分》3000字范围内义符构字数分布情况表

构字数	义符数量	义符条目
151以上	2	扌、氵
101—150	3	亻、口、木
51—100	8	艹、讠、月、土、纟、辶、女、日
41—50	6	阝、钅、忄、心、贝、宀
31—40	3	刂、火、禾
21—30	12	竹、疒、石、广、彳、力、页、攵、足、目、山、犭
11—20	27	灬、巾、礻、尸、穴、冫、饣、衤、囗、子、门、车、田、米、王、厂、耳、雨、马、弓、皿、寸、虫、人、又、酉、大
5—10	36	手、舟、衣、彡、走、户、鸟、欠、立、夂、矢、方、牛、革、白、罒、殳、斤、见、士、四、十、隹、糸、夕、冖、廾、厶、勹、戈、身、羽、几、鬼、匚、歹

97 个义符中绝大多数(86 个)为表示名词性意义的义符,多是与人们自身身体、衣食住行、日月星辰、草木山河息息相关的物象,少数为表示动词性意义的义符("辶、走、攵、欠、立、殳、见、厶、勹")及表示形容词性意义的义符(只有"白、大")。从构字数量上看,构字数较多的义符多为表示名词性意义的义符,其中少数名词性义符构字数量非常大,动词和形容词性的义符一般构字数较少。

三、义符与字义的关系类型

义符在字形上能够系联大量汉字,那么,义符在意义上对于所构成的汉字字义的提示功能究竟如何?本部分试图从现代汉字共时层面考察义符与字义的关系,从而揭示义符对于字义的提示功能。

现代汉字通常为多义字,基本义为最基本、最常用的义项,也是其他义项的引申起点,是学习者应首要掌握的义项。因此,本文采用汉字的基本义项[①]作为判断字义的标准。对于同形语素(即一个字形代表两个以上语素),只要其中一个常用语素的基本义和义符有关,便可认为义符与字义有关;对于多音字,只要其中一个常用读音下的基本义和义符有关,也可认为义符与字义有关。

义符所构字的字义与义符本身的意义按远近关系可分为以下三类。

(一)直接联系

97 个义符中绝大多数为表示名词性意义的义符,且它们构字数最多,因此本文重点考察 86 个名词性义符与所构成的汉字的意义关系。

1.所构字仍表示名词性意义。

(1)构字与义符表示同一事物。如:汉字"嘴"与义符"口"、"草"与"艹"、"树"与"木"。

(2)构字义与义符为种属关系。如:"仙、仆、儒、侣、侨、佣、僧、侠、伴、佛、僚、仇"与义符"亻"之间为小类与大类的关系;"铁、银、钢、铅、铜、钙、铝、锡"与义符"钅"为个体与种类的关系。此外,"轮、辐、轴"与"车"为部分与整体的关系,"浪、波、潮、沫、瀑、涛、澜、涡"可看作义符"氵"的特殊形态,也可归入种属关系之中。

(3)义符表示某种材料,构字义为该材料制品。如:"鞋、鞭、靶、靴"为义符"革"制成的物品;"糖、糕、糊、粥、粽、糟"为"米"制品。

---

① 现代汉字的基本义项一般为《现代汉语词典(第 7 版)》中某字目下的第一个义项。

(4)构字义表示义符的相似物。如:“线、经、络、纲、缆、缕、绳、辫”等均是与义符“纟”相似的或具体或抽象的事物;“窗、窟、窿、窝、窑、窍”是与“穴”相似的事物。

(5)构字义与义符之间具有其他认知相关性。如:“池、港、湾、沟、源、滨、滩、涯”表示容纳水或水边的地点;“客、宾、宴”表示义符“宀”之义“房子”里的人或事件;“号、名、唾、味”表示“口”发出的信号、产生的分泌物或领有的属性;“姑、姐、妈、妹、奶、娘、婆、妻、姨、姥”等都是女性称谓。

2.所构字转表示动词性意义。

(1)义符为构字义表示的动作行为的主体。如:“跟、跑、跳、踩、蹈、跌、蹲、跪、践、跨、踏”等动作的主体是义符“足”;“驶、驰、驻”等动作行为的主体是“马”。

(2)义符为构字义表示的动作行为的对象。如:“锻、铸、销”等动作的对象是义符“钅”;“赌、赔、赠、赚、赐、贩、赋、贿、赂”等行为的对象是“贝”表示的意义“财物”。

(3)义符为构字义表示的动作行为的工具、材料、背景等。如:“戈”是“战、戳、截、戒”等动作行为的工具;“纟”是“织、编、绕、绑、缠、缝、缚、结”等动作使用的材料;“氵”是“漂、渡、浮、泡、溶、济、泳、游、沉、泛、潜、涉、泊、淀”等动作行为发生的背景。

3.所构字转表示形容词性意义。

(1)构字义表示义符具有的某项性质、状态或特征。如:“崇、峻、崭、屹、幽”表示义符“山”具有的不同特征;“冷、凉、凄、净”表示“冫”可能具有的各类特征;“娇、媚、婉、妖”表示女性常具有的特征等。

(2)构字义表示因义符而具有的性质、状态、特征。如:“饱、饿、饥、馁、馋”都是因食物充足或缺乏而引起的感觉状态;“疼、痛、疯、瘦、痴、疲、痒”都是因疾病而产生的状态;“明、暖、暗、晴、旱、晰、昧”都是因太阳而具有的不同特征等。

4.所构字转表示其他词性意义。如:义符“亻”构成的“你、他”为人称代词,“俩”为表示人的数量词,“们”为人的复数后缀;义符“口”构成的“哪、咱”为代词,“啊、吧、吗、呢、啦、哇、嘛、呀”为语气助词,“哎、喂、唉、嘿、哦”为叹词,“叭、呜”为拟声词,“咔、咖、啤”为音译词;义符“木”构成的“棵、株、栋、枚、朵”为量词,用来限定植物或木制品。

下面我们再考察9个动词性义符(“辶、走、攵、欠、立、殳、见、厶、勹”)与它们构成的汉字之间的意义关系,以构字数较多的义符“辶”为例进行说明。

义符“辶”所构成的汉字字义大多表示与义符相同或相似的动作行为,构字的语法类别仍为动词性。如:“过、还、进、退、达、运、追、避、返、逛、逻、逃、逐、遣、巡、送、迎、递、迁”等均表示“辶”之义“人在路上走”,不过添加了一些限制条件,如“迈”表示

“提脚向前走”,“逆”表示“向着相反的方向走”。

此外,构字义有时也可表示义符所示动作行为发生的背景、结果等,如:“道、途、迹”可看作人的动作行为“走”发生的背景,此类构字为名词性;或动作行为本身具有的、和动作行为有关的特征,如“远、近、辽、遥”等,此类构字为形容词性。

形容词性义符“白、大”构字数较少,本文暂不作分析。

(二)间接联系

有些义符和字义之间只存在隐约的联系。如:义符“攵”有“敲、打、击”之义[①],引申出“督促、致使”义,它构成的“放、改、教、数、散、敦”等字都隐约含有该义:“教、敦”含有“督促”之义;“放、改、数、散”含有“对事物施加影响”之义。义符“欠”为“张口出气,打呵欠”之义,它构成的字“歌、歇、欣、欢、歉、软”也一定程度与上述意义相关:“歌”需“张口发声”;“歇”与“喘气”有关;“欣、欢”都与“开口笑”有关;“打哈欠”引申出“精力不足,欠缺”之义,“歉、软”都与“欠缺”义有关。间接联系的义符和字义之间理据较弱。

(三)无共时联系

有相当数量的现代汉字和义符之间从共时层面很难看出联系。形成这种现象的主要原因是字义的演变,其他原因也包括用字假借和字形演变。汉字造字之初,本义和义符一般有着或多或少的联系,但随着字义演变,本义逐渐隐退,如:“骄”的本义是“马匹高大”,引申出“不驯服的,傲气的”之义,该义成为现代基本义,已看不出和义符“马”的联系。“然”的初文为“燃”,和“灬”有明显联系,后来假借用作表示“如此;这样;那样”的指示代词“然”,与义符“灬”没有任何联系。“艰”的繁体字形为“艱”,本义“祸患,灾难”,与现代基本义相近,其左边部分简化后写成“又”,这里的“又”仅为记号,因此“艰”和义符“又”表示的意义“手”自然无共时联系。此外,一些在现代汉语中主要表示专有名词的汉字,如“澳、沪、俄、杭、刘、赵、唐、冯”等,其字义也与义符无关。

四、义符整体表义概况

前文所述的97个义符共系联了2495个汉字,这些字的字义与义符的关系基本可归入上述类型。各类型出现数量及比例如下表所示:

---

① 本文关于义符和汉字本义的阐释均以《字源》(李学勤主编,2012年)为依据。

97 个义符与构字之间的意义关系类型及比例表

<table>
<tr><th>联系类型</th><th>义符的
语法类别</th><th>构字的
语法类别</th><th>构字义与义符的关系</th><th>字数</th><th>比例</th></tr>
<tr><td rowspan="14">直接联系</td><td rowspan="11">名词性
义符</td><td rowspan="5">构字为
名词性</td><td>构字义与义符表示同一事物</td><td>41</td><td>1.6%</td></tr>
<tr><td>构字义与义符为种属关系</td><td>322</td><td>12.9%</td></tr>
<tr><td>义符表示某种材料，构字义为该材料制品</td><td>167</td><td>6.7%</td></tr>
<tr><td>构字义表示义符的相似物</td><td>37</td><td>1.5%</td></tr>
<tr><td>构字义与义符具有其他认知相关性</td><td>91</td><td>3.6%</td></tr>
<tr><td rowspan="3">构字为
动词性</td><td>义符为构字义表示的动作行为的主体</td><td>442</td><td>17.7%</td></tr>
<tr><td>义符为构字义表示的动作行为的对象</td><td>60</td><td>2.4%</td></tr>
<tr><td>义符为构字义表示的动作行为的工具、材料、背景等</td><td>178</td><td>7.1%</td></tr>
<tr><td rowspan="2">构字为
形容词性</td><td>构字义表示义符具有的特征</td><td>108</td><td>4.3%</td></tr>
<tr><td>构字义表示因义符而具有的特征</td><td>59</td><td>2.4%</td></tr>
<tr><td colspan="2">构字为其他词性</td><td>37</td><td>1.5%</td></tr>
<tr><td rowspan="3">动词性
义符</td><td>构字为
动词性</td><td>构字义表示与义符相同或相似的动作行为</td><td>47</td><td>1.9%</td></tr>
<tr><td>构字为
名词性</td><td>构字义表示义符动作行为的背景、结果等</td><td>6</td><td>0.2%</td></tr>
<tr><td>构字为
形容词性</td><td>构字义表示义符动作行为本身具有的、或有关的特征</td><td>7</td><td>0.3%</td></tr>
<tr><td colspan="4">间接联系</td><td>72</td><td>2.9%</td></tr>
<tr><td colspan="4">无共时联系</td><td>821</td><td>32.9%</td></tr>
</table>

从上表可知，字义和义符有直接联系的占 64.2%，有间接联系的占 2.9%。如果把直接联系和间接联系均视作“有效表义”，那么这 97 个义符的总表义度为 67.1%。

字义和义符的对应关系中，一些类型具有较强的规律性和能产性，且涉及到的义符有时具有一定的类别特征，以名词性义符构字为例，主要包括以下几类：(1)种属关系；(2)制品与材料(涉及的义符多为常见物质材料，如“钅、木、火、土、纟、竹、石”等)；(3)动作行为本身和动作行为主体(涉及的义符多为身体感官等，如“口、心、忄、扌、足、目”等)；(4)动作行为本身和动作行为工具、背景等；(5)事物具有的特征和事物本身。其中，(1)和(2)构字仍表示名词性意义，(3)和(4)构字转表示动词性意义，(5)构字转表示形容词性意义。这几类关系包含了特指、转喻等人类普遍的认知机制，因而构字数量较多，且易于被学习者认知。

上面的发现对我们利用义符进行对外汉字教学有一定启示。对于构字义和义符关系的不同类型，应采用不同的方法进行教学。对于构字义与义符直接联系的类型，尤其是几种构字数量多、规律性强的意义关系，教师应适时归纳总结，帮助学生熟知义符构字意义的规律。对于字义与义符间接联系的类型，虽难以预测字义，但讲解字义和义符的关系，能够帮助学生对于这些汉字的形义关系不仅知其然且知其所以然，更牢固地记住字形和字义。对于字义和义符没有共时联系的情况，则不适宜利用义符讲解字义，但对于一些本义和义符有关且承载着中华文化的字，讲解其字形来源，有利于加深学生对中国文化的认识，寓文化于汉字教学，如："药"字的义符"艹"揭示了中药不同于西药的取材来源；"糟"本义"未经过滤的带渣滓的酒"，说明了以粮食为原料的中国造酒工艺，后引申为"指事情或情况坏"；"绘"本义"五彩的刺绣"，与义符"纟"密切相关，为中国民间传统手工艺术；再如"礼"的现代基本义"社会生活中由于风俗习惯而形成的为大家共同遵守的仪式"和表示"鬼神、祭祀"有关的义符"礻"无关，但究其本义，指"祭神求福的仪礼"，后演变为作为中国古代教育体系"六艺"之首的"礼"，体现了中华民族礼仪之邦的文化传统。

五、单个义符表义功能分析

前文考察了 97 个义符整体表义的功能，下面考察单个义符的表义功能。我们以"表义度"和"一致性"两个标准进行考察。本文中单个义符表义度是指某个义符所有构字中，与义符具有直接联系和间接联系的构字占构字总数的比例；一致性指一个义符的所有构字表示的意义集中的程度。下面以义符"扌、氵"为例进行说明：

义符"扌"构字表义情况分布表

联系类型	构字的语法类别	字义和义符的关系	构字	数量	比例
直接联系	动词	用手进行的动作行为	1. 用手的动作：按、抱、打、挂、拍、提、推、托、握、招、抓、拔、搬、拨、擦、插、捕、抄、撑等 2. 本义用手，后不限于用手的动作行为：报、掉、搭、担、挡、播、搞、护、换、接、据、找、挨等	162	95.9%

（续表）

联系类型	构字的语法类别	字义和义符的关系	构字	数量	比例
直接联系	名词	手的部分	指	1	0.6%
		和手具有其他认知相关性的事物	技、措	2	1.2%
	介词		把	1	0.6%
无共时联系			挺、捷、拙、	3	1.8%

义符“氵”构字表义情况分布表

联系类型	构字的语法类别	字义和义符的关系	构字	数量	比例
直接联系	名词	水构成的地貌	海、河、湖、江、洋、溪、沼、潭、渊、泽	10	6.3%
		液体的种类；水的特殊形态	酒、汽、汤、油、汗、泪、泥、液、汁、涕、津、污、漆；浪、波等	21	13.1%
		和水具有其他认知相关性的事物	池、港、湾、沟、源、滨、滩、涯、汛	9	5.6%
	动词	水作为动作行为的主体	流、漏、涨、沸、渗、淌、泄、泻、淹、溢、涌、滴、激、溃、滥等	22	13.8%
		水作为动作行为的对象	泌、泣、沏、注、沾、溉、灌、浇、泼、洒、沃	11	6.9%
		水作为动作行为的背景、借助材料	漂、洗、渡、浮、泡、涤、淋、滤、沐、涂、浴、涮、溶、济、泳、游、澡、沉、泛、潜、润、涉、泊等	29	18.1%
	形容词	水本身具有的性质状态	满、清、深、洁、浓、浅、浊、淡、澄、浑、渺、浏、潇、汪、沧、涝	16	10%
		因水而具有的性质状态	渴、滑、湿	3	1.9%
无共时联系			渐、沿、澳、沪、淮、潘、浦等	39	24.4%

上面表格数据可绘制成下图：

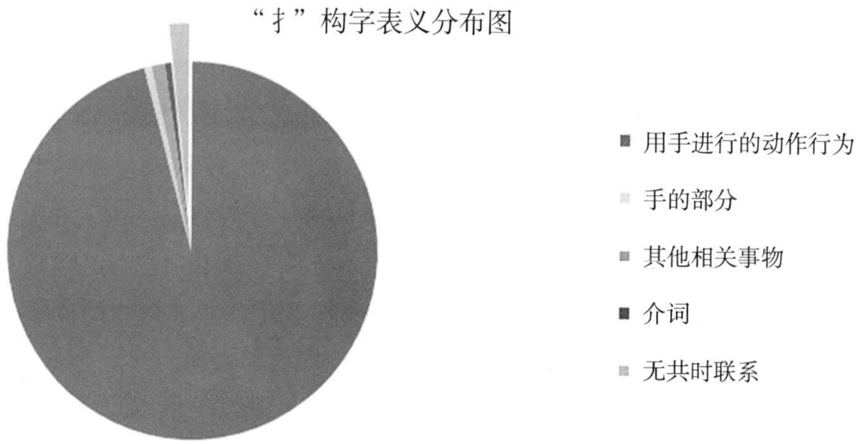

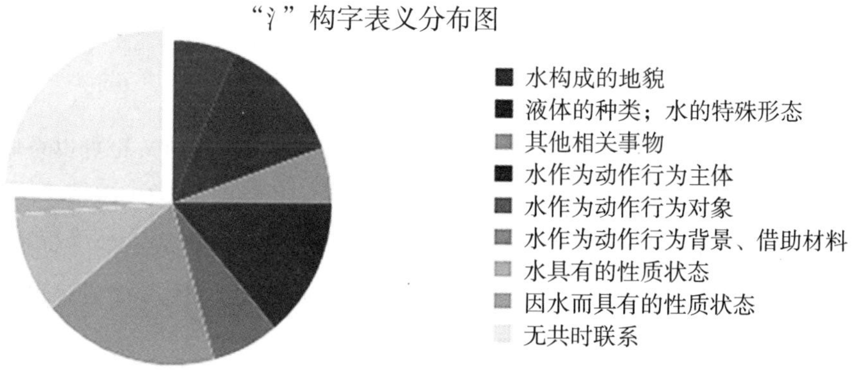

（注：图中相离扇形部分表示构字义和义符无共时联系的情况）

从上面图表可知，在义符“扌”构成的汉字中，98.2％的字义都和义符有关，表义度为98.2％；且意义和语法类别非常集中，几乎都表示用手进行的动作行为，语法类别为动词性，因此可认为义符“扌”表义的一致性非常高。义符“氵”构成的汉字中75.6％和义符有关，表义度为75.6％；但意义和语法类别较为分散，约四分之一的字义与义符之间看不出共时关联，有直接联系的构字中，分属名词性、动词性和形容词性的字义所占比例相当，且各语法类别内部意义的逻辑关系又分属不同小类，因此可认为义符“氵”表义的一致性不高。

如果一个义符构字数量较多，且表义度和一致性均较高，可以认为该义符具有较强的表义功能。

本文选取构字数5个以上的义符为考察对象，共97个。本文将某个义符全部构字中超过半数以上和义符有联系的视为表义度较高，低于半数和义符有联系的视为表义度较低。97个义符中表义度在50％以上的有：扌、氵、亻、口、木、艹、讠、月、土、纟、辶、女、日、阝、钅、忄、心、贝、刂、火、竹、疒、石、彳、力、足、目、山、犭、灬、巾、衤、尸、穴、冫、饣、衤、冂、门、车、雨、马、弓、皿、寸、虫、酉、手、舟、衣、彡、走、鸟、欠、攵、矢、牛、革、罒、斤、见、四、隹、糸、勹、戈、身、鬼、歹，共69个；表义度在50%以下的有：宀、禾、广、页、攵、子、田、米、王、厂、耳、人、又、大、户、立、方、白、殳、士、十、夕、冖、廾、厶、羽、几、匚，共28个。总体来看，表义度较高的义符一般构字数也较多，表义度较低的义符一般构字数也较少。

我们再对69个表义度较高的义符进行一致性考察，发现构字义与义符的关系集中在一种类型的（如上文“扌”）并不多见，本文将意义关系集中在两三种类型以内的视作一致性较高的义符，将意义关系分散在四五种以上的视作一致性较低的义符。其中，一致性较高的义符有：扌、木、讠、月、土、纟、辶、女、钅、忄、心、贝、刂、火、竹、疒、石、彳、力、足、目、山、犭、灬、巾、礻、冫、饣、衤、车、雨、马、皿、寸、虫、手、舟、走、鸟、加、革、罒、见、糸、鬼、歹，共46个；一致性较低的义符有：氵、亻、口、艹、日、阝、尸、穴、冂、门、弓、酉、衣、彡、欠、矢、牛、斤、四、隹、勹、戈、身，共23个。

经过统计分析最终得出的这46个表义度和一致性均较高的义符可以系联大量汉字，且构字义与义符对应关系较为集中，学习者对这种对应关系的掌握便于他们以义符为纲，系统地记忆该义符构成的汉字形义；由于表义一致性较高的义符具有“见字知义、见字知类”的作用（张积家，2006），在一定的阅读文本中，学生或可根据上下文语境预测生字义类，从而达到跨越文本障碍的目的。

六、结语

汉字的形义关系是汉字理据性的重要体现。现代汉字虽表义性有所降低，但字形仍然承载了一定的字义信息。数量有限的义符可以在字形与字义两方面系联较多数量的汉字，尤其是一些构字数量较多、表义度较高且表义的一致性较高的义符，它们与字义间的对应关系具有较强的规律性，应成为对外汉字教学的重点。教师有意识地对这些义符构字的规律进行总结归纳，可以帮助汉语二语学习者系统地、大量地记忆汉字形义，在一定程度上减轻汉字学习的困难，从而增强汉字学习的积极性和趣味性。

参考文献

[1]裘锡圭：《文字学概要（修订本）》，商务印书馆2013年。
[2]向多林：《形声字四大形符分类试说》，《玉溪师专学报》1987年第2期。

[3]费锦昌,孙曼均:《形声字形符表义度浅析》,载《汉字问题学术讨论会论文集》,语文出版社1988年。

[4]施正宇:《现代形声字形符表义功能分析》,《语言文字应用》1992年第4期。

[5]康加深:《现代汉语形声字形符研究》,载《现代汉语用字信息分析》,上海教育出版社1993年。

[6]李国英:《论汉字形声字的义符系统》,《中国社会科学》1996年第3期。

[7]尹斌庸:《关于汉字评价的几个基本问题》,载《汉字问题学术讨论会论文集》,语文出版社1988年。

[8]顾安达:《汉字偏旁表义度探索》,载《汉字与汉字教学研究论文选》,北京大学出版社1999年。

[9]李蕊:《对外汉语教学中的形声字表义状况分析》,《语言文字应用》2005年第2期。

[10]张积家,方燕红,陈新葵:《义符在中文名词和动词分类中的作用》,《心理学报》2006年第2期。

[11]国家汉办,教育部社科司《汉语国际教育用音节汉字词汇等级划分》课题组:《汉语国际教育用音节汉字词汇等级划分》(国家标准·应用解读本),北京语言大学出版社2010年。

[12]李学勤:《字源》,天津古籍出版社2012年。

[13]中国社会科学院语言研究所词典编辑室:《现代汉语词典(第7版)》,商务印书馆2016年。

(王静:安徽大学文学院,230039,合肥)

国际汉语教学中的同类属偏旁词语考察

代玲玲

提要 偏旁是汉字体系中重要的结构单位，也是影响汉字组词能力的重要因素。本文对《汉语国际教育用音节汉字词汇等级划分》中565个同类属偏旁词的分布与分类，对62组同类属偏旁的词汇系联能力进行了研究。在此基础上，提出了"偏旁系联"的字词教学方法以及有关教学建议。

关键词 同类属偏旁 词语系联 语素扩展 汉字教学

一 引言

在国际汉语教学中，如何克服庞大词汇量所带来的学习困难，一直是词汇教学研究的重要任务。李大遂(2004)指出，把识字教学与词语教学结合起来能大大促进学生汉语词语的学习。沙宗元(2012)也指出，综合课在进行词汇教学时，教师应将汉字教学、语素教学、词语教学有机结合，做到以字系词、字词一体。因此，如何实现汉字教学与词汇教学二者的沟通和融合，是值得我们深入思考的。

偏旁是构成合体字的基本单位，是汉字形音义系统形成的主要因素。李大遂(2002)就曾强调汉字偏旁在汉字教学中具有纲举目张的教学作用。既然具有构形组字能力的汉字偏旁可以系联出庞大的形系字族，那么同样也可以系联出庞大的词族，从而实现以汉字教学促进和带动词汇教学的目的。

目前在国际汉语教学中，汉字偏旁的研究成果集中应用于汉字教学领域，如章文文(2012)尹艺璇(2014)蔡娜(2014)张亚丽(2017)均有此类内容的著述。然而，在现代汉语词汇中存在很多词语，其构词语素的书写偏旁相同或相近，如"把握、说话、活泼、楼梯、肥胖、恐慌"；同时，同一偏旁还可以系联出更多具有同语素的词语，如"挨打—拨打—打扮—打扫—打扰—打折—打捞—打搅—打招呼"。针对这种情况，本文提出"偏旁系联"的字词教学方法，建议在相关教学中抓住偏旁这个"纲"，把偏旁与词汇的形义联系作为研究重点。

二　同类属偏旁词语分布及分类

（一）同类属偏旁词语分布

我们对《汉语国际教育用音节汉字词汇等级划分》(2010)（以下简称《等级划分》）中《词汇等级划分》所收11092个词语进行了穷尽性考察，统计出构词语素具有相同或相近偏旁的词语（以下简称“同类属偏旁词”）共565个，占全部词语总数的5.09%，详见表1。此类词语既包含由两个书写偏旁相同或相近的构词语素所组成的双音词，也包含由两个以上书写偏旁相同或相近的构词语素所组成的多音词。

表1　《词汇等级划分》中同类属偏旁词语的数量分布

	普及级		中级		高级			
					高级		高级“附录”	
音节	双音	多音	双音	多音	双音	多音	双音	多音
同类属偏旁词数(个)	40	2	139	14	240	16	84	30
词语总数(个)	2245		3211		4175		1461	
占比(%)	1.78	0.09	4.33	0.44	5.75	0.38	5.75	2.05
合计(%)	1.87		4.77		6.13		7.80	

表1显示，一方面，随着等级水平的提高，同类属偏旁词的数量也不断增加，需要掌握的同类属偏旁词数量比例在初、中、高级学习阶段呈递增趋势，即高级阶段需要掌握的同类属偏旁词占比最大，为6.56%，学生每学习15.23个词，其中就有1个是同类属偏旁词。另一方面，除了双音节同类属偏旁词的数量与比例在初、中、高级学习阶段逐渐递增外，多音节同类属偏旁词的数量与比例在初、中、高级学习阶段也逐渐递增，从初级阶段的0.09%上升至高级阶段的0.82%。

（二）同类属偏旁词语分类

根据偏旁的异同对同类属偏旁词语进行归类，是最简便的一种分类方式。在565个类属偏旁词语中，共出现62组同类属偏旁，其中偏旁为“水（氵冫）”的词语最多，共82个，占比14.51%；其次为“心（忄）”旁，共61个，占比10.80%；第三为“手（扌）”旁，共46个，占比8.14%。前十位具体例词见表2。

表 2 同类属偏旁词语示例

序号	偏旁	例词	数量(个)	占比(%)
1	水(氵冫)	游泳、水泥、泡沫、冷冻	82	14.51
2	心(忄)	思想、恐怕、懒惰、怨恨	61	10.80
3	手(扌)	手指、抵抗、拼搏、揣摩	46	8.14
4	人(亻)	价值、命令、催促、僧人	38	6.73
5	走(辶彳足)	走过、迅速、跟踪、徘徊	38	6.73
6	言(讠)	讲话、言论、诉讼、诽谤	35	6.19
7	木	树林、松树、栏杆、楷模	29	5.13
8	口	呼吸、咖啡、口号、唠叨	28	4.96
9	日(月)	早晨、青春、明朗、旭日	25	4.42
10	火(灬)	热烈、火灾、炎热、焚烧	19	3.36
……	……	……	……	……

为了论述的方便，我们设同类属偏旁词语中构词语素的共有偏旁原形为 A，共有偏旁变体为 a1，相近偏旁为 a2、a3，相异偏旁为 B 和 C。以“水”旁为例，A 为“水”，a1 为“氵”，a2 为“冫”，B 和 C 在“泡沫”一词中分别为“包”和“末”。需要说明的是，本文中偏旁原形概念较为宽泛，单笔画变形不影响原形辨认，因此不算作变体，如“木”旁、“火”旁最后捺笔变为点仍算作原形范畴。

根据偏旁之间的内部结构关系，我们还可以将同类属偏旁词语划分为以下两大类：

1. 构词语素偏旁形体完全相同

(1)独体字(成字偏旁)＋偏旁原形，即 A＋AB

即该偏旁既可以单独成字，作为该词语中的一个语素出现，又同时以原形形式出现在另一个语素的偏旁位置。如：恶心、心态、忠心、树木、木材、木板、口号、口吃、熄火、火焰、旭日、妇女、车轮等。

(2)偏旁原形＋偏旁原形，即 AB＋AC

即两个语素均为同一偏旁的原形形式和相异偏旁构成。如：感恩、志愿、命令、赶赴、树林、榜样、燃烧、烧烤、早晨、明朗等。

(3)偏旁变体＋偏旁变体，即 a1B＋a1C

即两个语素均为同一偏旁的变体形式和相异偏旁构成。如：把握、拥抱、汪洋、波澜、惯性、惋惜、讲课、谈论、伙伴、俊俏、遥远、纺织、肥胖、萌芽、陷阱、衬衫等。

(4)相近偏旁＋相近偏旁，即 a2B＋a2C

即两个语素共有一个相近同类偏旁。如：凄凉、冷冻、踊跃、跟踪、徘徊、窗帘、窟窿等。

2.构词语素偏旁形体不相同

(1)独体字(成字偏旁)＋偏旁变体，即 A＋a1B

即该偏旁可以单独成字，作为该词语中的一个语素出现，同时以变体形式出现在另一个语素的偏旁位置。如：手指、把手、海水、水温、心慌、言语、谎言、人体、传人、行走、走进、点火、火热、丝绸、病痛、饮食等。

(2)独体字(成字偏旁)＋相近偏旁，即 A＋a2B

即一个语素为成字偏旁独立构成，另一语素为其相近同类偏旁和相异偏旁构成。如：行走、水准、足迹、日期等。

(3)偏旁原形＋偏旁变体，即 AB＋a1C

即一个语素为偏旁原形和相异偏旁构成，另一语素为偏旁变体和相异偏旁构成。如：揣摩、源泉、悼念、感性、健全、任命、追赶、超过、灼热、炎热、分别等。

(4)偏旁原形＋相近偏旁，即 AB＋a2C

即一个语素为偏旁原形和相异偏旁构成，另一语素为相近偏旁和相异偏旁构成。如：赶往、星期、晴朗、阴暗、期间等

(5)偏旁变体＋相近偏旁，即 a1B＋a2C

即一个语素为偏旁变体和相异偏旁构成，另一语素为相近偏旁和相异偏旁构成。如：清凉、路边、路途、往返、通行证等。

三　同类属偏旁的词语系联作用

我们以《等级划分》中《词汇等级划分》为范围，对 62 组同类属偏旁的词语系联能力进行了考察。“系联”在本文中指，以同语素扩展出所有具有同类属偏旁的词语，如气温—气派—气泡，这 3 个词语共有同语素“气”，相异语素“温、派、泡”则具有相同偏旁“氵”。

分析发现这 62 组偏旁一共系联出词语 875 个(共计 949 个，去除了 74 个重复词语)，占《等级划分》全部词语总数的 7.89％。其中“心”旁系联出的词语最多，共 125 个，占比 14.29％；其次为“走”旁，共 105 个，占比 12％；第三为“水”旁，共 103 个，占比 11.77％。前十位具体例词见表 3。

表 3 同类属偏旁词语系联示例

序号	偏旁	系联例词	最长系联词语数(个)	系联总数(个)	占比(%)
1	心(忄)	恶心—心态—心愿—忠心—忍心—心思—心意—留心—粗心大意—心慌—一心一意—全心全意—惊心动魄—触目惊心	14	125	14.29
2	走(辶彳足)	通过—通道—通行—通往—通行证	5	105	12
3	水(氵冫)	海水—洪水—泪水—污水—水泥—纯净水—汗水—流水—潜水—洒水—水温—水源—水准—泼冷水	14	103	11.77
4	人(亻)	不但—不仅—不便—不停—不值—不像话	6	101	11.54
5	言(讠)	讲话—说话—谈话—说实话—话语—说闲话—俗话说—谎话—无话可说	9	74	8.46
6	手(扌)	挨打—拨打—打扮—打扫—打扰—打折—打捞—打招呼—打搅	9	72	8.23
7	木	树林—松树—桃树—柏树—柳树—树木—树梢—树枝—杨树—槐树	10	55	6.29
8	口	口号—口哨—口味—口吃	4	35	4
9	火(灬)	火灾—点火—火焰—火热—熄火—焰火—烟火	7	30	3.43
10	日(月)	星期—早期—期间—日期—晚期—青春期	6	29	3.31
……	……	……	……	……	……

通过将表 2 和表 3 对比发现，构造同类属偏旁词语能力最强的 10 个偏旁与同类属偏旁词语系联能力最强的 10 个偏旁一致，分别是心(忄)、走(辶彳足)、水(氵冫)、人(亻)、言(讠)、手(扌)、木、口、火(灬)和日(月)。

在同类属偏旁系联的 875 个词语中，普及化等级词汇共 145 个，中级词汇共 271 个，高级词汇共 459 个，在《等级划分》初、中、高级阶段分别占比 6.46%、8.44%、

8.14%。以系联词语数量最多的心(忄)旁为例,其中普及化等级词 16 个,中级词 27 个,高级词 82 个,在《等级划分》初、中、高级阶段分别占比 0.71%、0.84%、1.45%。以系联词语数量第二的走(辶彳足)旁为例,其中普及化等级词 30 个,中级词 25 个,高级词 50 个,在《等级划分》初、中、高级阶段分别占比 1.34%、0.78%、0.89%。可见,同类属偏旁词语系联分布较均衡,并未出现某一等级词语出现频率过低或过高的现象。这也进一步验证了本文所提出的"偏旁系联"这一字词教学方法的科学性。

例如,以普及化词语"意思"为系联初始词,其心(忄)旁系联如下:意思—愿意—不好意思—意愿—意志—意想不到—心意—恶意—留意—粗心大意—没意思——心一意—全心全意,其中"意思、愿意、不好意思"3 个词为普及化词汇,"意愿、意志、意想不到"3 个词为中级词汇,"心意、恶意、留意、粗心大意、没意思、一心一意、全心全意"7 个词为高级词汇。

在分析系联关系的过程中,我们还注意到一个有意思的现象,即两组负责系联的语素不同,但系联偏旁和系联关系却保持一致。如:"低价—低估"和"评价—评估","开机—开枪"和"手机—手枪","流浪—流水"和"海浪—海水","真情—真心"和"爱情—爱心","隐情—隐性"和"人情—人性","良心—良性"和"恶心—恶性","留心—留意"和"恶心—恶意","发言—发誓"和"宣言—宣誓"等。

究其原因,一方面是部分共用偏旁的被系联语素和负责系联的同语素成词后,语义相近。李安(2014)基于《现代汉语分类词典》(2013)中的五级语义分类体系,将词义系统中的语义距离划分为跨义类、同义类和近义三种关系类型。如"真情"与"真心"均属于"抽象事物—意识—思想—良心—真意"类,语义距离为 0,属近义关系;"爱情"与"爱心"分别属于"抽象事物—意识—感觉—感情—爱恋"类和"抽象事物—意识—感觉—感情—好心"类,语义距离为 1,属同义类关系。另一方面,部分词性相同的系联词语组因为被系联语素共用偏旁,所以两组间语义距离相近。"真情"与"真心"语义距离为 0,"爱情"与"爱心"语义距离为 1,两组词语义距离非常接近。"隐情"与"隐性"分别属于"抽象事物—意识—感觉—心绪—隐衷"类和"抽象事物—属性—性质—性质—隐性"类,语义距离为 4;"人情"与"人性"分别属于"抽象事物—意识—感觉—感情—人情"类和"抽象事物—属性—性质—性质—人性"类,语义距离为 4,两组词语义距离相同。

四　“偏旁系联”词汇教学的应用

（一）偏旁教学贯穿汉字教学始终

偏旁可分为“成字偏旁”和“不成字偏旁”两类。在62组同类属偏旁中，成字偏旁占多数，尤其是前10组最主要的系联偏旁均包含“成字偏旁”，它们既可以和偏旁原形组词，又可以和偏旁变体、相近偏旁组词，因此在汉字教学阶段，“偏旁系联”法应从这些构词能力较强的“成字偏旁”（独体字）开始，让学生掌握其作为独体字使用的字形、字义和字音，作为构字偏旁时常处的位置以及所携带的音义信息。不成字偏旁的教学则应多侧重变体形式和原形之间的形义关联，同类属偏旁之间的形音义联系，如“扌”和“手”，“走”和“彳”“足”等。

张和生（2006）认为，汉字教学部分的词义教学与词汇部分的词义教学不同，并提出了词表法。我们赞同以上观点并认为“偏旁系联”也可借助于“词表法”，即教师选用一些常用的、能体现汉字字义的同类属偏旁词语及拼音和词语注释，要求学生通过偏旁了解字义词义，注意把握偏旁在参与构字时的意义与词义之间的关系。例如：

A. 在学生学过“氵”旁之后，提供学生词语表：海水、洪水、泪水、污水、水泥

B. 在学生学过“冫”旁之后，提供学生词语表：冷水，冷冻、冷淡、冷漠

通过A，学生很容易建构成字偏旁（独体字）“水”和变体“氵”的联系，通过B又可以建构相近偏旁“冫”旁和“水”“氵”的联系，从而培养学生利用偏旁理解、记忆合体字和词语的能力。

（二）利用偏旁系联扩大词汇量

上文统计显示，《词汇等级划分》中同类属偏旁词共565个，数量与比例在初、中、高级学习阶段逐渐递增，不仅符合词汇量不断扩大的教学要求，而且通过62组偏旁的语素扩展还可系联出词语875个，即一共可掌握1077个词语（除去363个重复词语），占比达9.71%。可见，偏旁是影响汉字组词能力的重要因素，而偏旁的组字构词能力显然是词汇学习的有利条件。

在词汇教学中应用“偏旁系联”法，可以采取以下两种方式来建立词语间联系和加强词语复现。

一是偏旁类聚法。教师给出一个常用已学偏旁，让学生写出或说出同类属偏旁词语，越多越好；教师也可以采取以旧带新的方式，在给出一串旧词之后添加新词，让

学生猜测新词语的词义。这种积极引导的方式可以在增强学生信心的同时消除畏难心理，激励学生循序渐进地掌握目标词汇。如：

C. 木：树林、核桃、机构、机械、楼梯、松树、柳树、榜样、多种多样……

D. 火（灬）：热烈、爆炸、火灾、燃烧、焦点、热点、灿烂、炉灶、烟火……

二是语素扩展法。教师给出一个初始词语，让学生写出或说出“同语素”的双音节或多音节复合词，要求扩展语素的书写偏旁必须相同、相近或相关；教师同样也可以在学生说出一串旧词之后给出新词，让学生猜测新词语的词义。这种方式相较于以往“同语素”法难度更大，能够提升具有中高级汉语水平的学生的学习挑战性。如：

E. 海水：海浪—海湾—海洋—沿海—海滨—海滩—滨海……

F. 讨论：议论—结论—辩论—言论—评论—谈论—论证—……

五　结语

综上，汉字教学在很大程度上可通过偏旁实现与词汇教学的沟通和融合。刘珣（2000）指出，字与词的教学应紧密结合，充分利用汉字极强的组词能力，采取“以字解词”“以词析字”的方法，培养学习者望字猜义的能力，了解字组成词的规律。吕必松（2015）也提出“字法基础语法”的概念，认为汉语语法中的字法、词法和句法都不是孤立的，词法是字法的自然延伸，句法是词法的自然延伸，都与字法经脉相连。“偏旁系联”字词教学法正是将字法（即字的组合规则）作为基础，把“偏旁—汉字”教学和“语素—词汇”教学相融合，按偏旁、汉字、词汇三个层次进行教学，用偏旁串联起汉字和词汇，编织起词语和词语，帮助学生把握汉字的系统性，从而大大提高进一步学习汉字、词汇的能力。

参考文献

[1]李大遂：《突出系统性，扩大识字量——关于中高级汉字课的思考与实践》，《语言文字应用》2004 年第 3 期。

[2]沙宗元：《对外汉字教学的若干基础性问题》，《海外华文教育》2012 年第 3 期。

[3]李大遂：《简论偏旁和偏旁教学》，《暨南大学华文学院学报》2002 年第 1 期。

[4]国家汉办，教育部社科司《汉语国际教育用音节汉字词汇等级划分》课题组：《汉语国际教育用音节汉字词汇等级划分》（国家标准・应用解读本），北京语言大学出版社 2010 年。

[5]李安：《多义词义项的语义关系及其对词义消歧的影响》，《语言文字应用》2014 年第 1 期。

[6]苏新春：《现代汉语分类词典》，商务印书馆 2013 年。

[7]张和生:《汉语可以这样教——语言要素篇》,商务印书馆 2006 年。
[8]刘珣:《对外汉语教育学引论》,北京语言大学出版社 2000 年。
[9]吕必松:《汉语语法新解》,北京语言大学出版社 2015 年。

(代玲玲:安徽大学文学院,230039,合肥)

中国文字学会
第十届学术年会在郑州大学召开

2019年10月12—13日，中国文字学会第十届学术年会在郑州大学召开。会议由中国文字学会主办，郑州大学汉字文明研究中心和文学院承办。来自高等学校、科研院所、新闻出版机构的180余位专家学者参加会议。

郑州大学文学院院长、汉字文明研究中心主任李运富教授主持12日上午的大会开幕式。中国文字学会会长、清华大学出土文献研究与保护中心主任黄德宽教授，郑州大学副校长吴宏阳，教育部语信司规划协调处处长王奇，在开幕式上讲话。黄德宽会长指出，中华人民共和国成立70年来我国经济社会发生了天翻地覆的历史巨变。中国文字学在这样的大背景下，同样取得举世瞩目的成就。70年来，中国文字学成功实现现代转型，汉字研究在继承传统"小学"的基础上，立足于我国经济社会发展与文化进步的新要求，得益于甲骨文等大量古文字材料的新发现，取得了全面发展和显著成就，逐步发展成为独具特色的现代学科，主要表现在：一是适应新社会、新时代现实需要，推进文字改革和语文现代化建设，开拓了现代汉字、汉字教学、汉字信息化处理等研究领域，从根本上改变了传统文字学研究的视点和走向；二是文字学学科建设和理论研究面向现实需求，取得了重要的进展，为国家语言文字政策的制定和实施提供了理论支撑；三是古文字研究取得巨大成就，近代汉字研究异军突起，为汉字发展史研究奠定了坚实的基础；四是重视发扬汉字研究优良传统，汉字与中华历史文化深层关系的各类研究新作迭出。当前，中国文字学研究处于历史上从来没有过的优越条件和环境，大量出土文献新材料、便捷的现代化信息手段，为文字学研究创新提供了条件保障。党和国家高度重视甲骨文等古文字的研究，习近平总书记指出："要重视发展具有重要文化价值和传承意义的'绝学'、冷门学科，这些学科看上去同现实距离较远，但养兵千日、用兵一时，需要时也要拿得出来、用得上。还有一些学科事关文化传承的问题，如甲骨文等古文字研究等，要重视这些学科，确保有人做、有传承。"可以说中国文字学研究进入到一个美好新时代，大有可为，一定会创造出更加辉煌的新成就！

王奇处长讲话指出，语言文字事业事关历史文化传承和经济社会发展，事关国家统一和民族团结，事关国民素质提高和人的全面发展。新中国成立以来，我国大力推广普及国家通用语言文字，科学保护各民族语言文字，全面推进语言文字法制化、规范化、标准化、信息化，走出了一条具有中国特色的语言文字事业发展之路。党的十八大以来，党中央、国务院高度重视语言文字事业发展，习近平总书记多次批示，为语言文字工作指明了方向。新形势下语言文字工作战略地位进一步明确，国家语言能力全面提升，语言文字工作迈向国际步伐明显加快。她还介绍了教育部、国家语委联合中宣部、文化和旅游部、河南省人民政府等部门，围绕甲骨文发现 120 周年将要开展的相关工作，主要包括三项内容：10 月 18 日在河南安阳举办纪念甲骨文发现 120 周年国际学术研讨会；10 月 22 日在国家博物馆举办甲骨文专题展览；11 月 1 日在人民大会堂举办纪念甲骨文发现 120 周年座谈会。此次纪念活动是甲骨文发现以来首次在国家层面举办的纪念活动，意义重大，影响深远。她还对中国文字学会推荐相关单位承担的纪念甲骨文发现 120 周年纪念册《甲骨春秋》编纂工作的圆满完成，对甲骨文论文精选项目取得阶段性进展，对以黄德宽会长为主任的甲骨文专项工作专家委员会为办好纪念甲骨文发现 120 周年纪念活动付出的心血和努力，特别表示感谢。

吴宏阳副校长代表郑州大学致辞。他指出，河南是汉字的发源地，有着悠久的汉字研究和教育的历史。他希望与会学者对学校工作多给予指导帮助，共同推动语言文字学科的建设事业再上新台阶。

本次会议为期两天，以大会报告、分组讨论等形式交流。会议收到论文 150 多篇，内容以古文字为主，同时涉及近代汉字、现代汉字、少数民族地区汉字、域外汉字、比较汉字与汉字理论等广泛领域。

浙江大学曹锦炎、陕西师范大学党怀兴、清华大学黄天树、中国人民大学王贵元、安徽大学徐在国、台湾师范大学季旭昇、复旦大学刘钊、北京语言大学万业馨、人民日报社杨立新、西南大学喻遂生、郑州大学黄锡全等先生分别做了大会报告。

12 日下午和 13 日上午在四个分会场进行分组讨论。古文字组内容覆盖甲骨文、金文、战国文字、秦汉文字，既有对旧有材料的重新释读，也有对清华简、安大简等新材料的释读，既有古文字考释方法的研究，也有出土文献字际关系研究。近代汉字组论文主要涉及近代汉字源流演变及形体构造探求、大型字书疑难字的考释、辞书疑难词句的考辨、近代文献版本考证与语文研究、近代汉字理论研究及研究方法探索等。跨文化汉字与比较文字研究组主要涉及民族文字(主要是东巴文、哥巴文、方块壮字的研究)、民族文献研究、比较文字研究、域外辞书研究、域外汉字研究等。现代汉字与汉字理论研究组主要涉及汉字简化与规范标准、汉字学学科建设、汉字发生机制多角度的揭示、汉字字用问题考察、《说文》学等。

中国文字学会副会长兼秘书长、浙江大学资深教授张涌泉主持闭幕式并对年会进行了总结。他指出这次会议规模空前,参会人员以年轻人居多,显示了中国文字事业的繁荣,可谓后继有人。尤其古文字组,队伍日益壮大,成果丰硕。近代汉字和现代汉字方面的研究相对较少,但甚为重要,希望后辈学人能将其向前推进。他代表文字学会对本届年会的举办方表示感谢,并通报了理事会的相关事宜及文字学会近两年来的相关工作。

(中国文字学会秘书处陈双新)